文庫

不在の哲学

中島義道

筑摩書房

不在の哲学【目次】

不在の哲学

凡例

1　引用文における傍点はすべて原著者のものである。

2　引用文における（　）は原著者のもの、〔　〕は筆者が補足したものである。

3　引用文において、多少表記および表現を変えたところがある。

4　本書は専門書ではないので、本文中と引用とを問わず、翻訳されている洋書は、手に入りやすい翻訳書を掲げることにした。

5　引用文のない書名は、すべて本文中に挿入した。そのうち、和書のみ発行元を示し、洋書は、翻訳が複数あることも鑑み、発行元を示していない。

序章　実在と不在

なぜ「不在」なのか？

本書のテーマは、「不在（absence, Abwesenheit）」であって、「無（nothing, Nichts）」ではない。これまで、さまざまな哲学者が無について語ってきたが、そのほとんどは（私見によれば）不在なのであって無ではない。無と不在との違いの一つは、前者にはそれを語る視点がないが、後者にはその視点があるということである。私は他人の死について「彼は死んでしまった」と語れるが、「私は死んでいる」と語れない。なぜなら、私は他人が死んでも私の視点を有するが、私が死ぬとその視点を失うからである。この場合、私にとって彼はまさに不在であるが、死んでしまった彼にとって彼自身は無である。だが、「私は間もなく死ぬだろう」とか「私は昨夜熟睡した」と語ってもごく普通の言葉の使用法に適っている。なぜか？〈いま〉語る「私」と未来あるいは過去における語られる「私」

が乖離しており、〈いま〉語る私が現在している限り、後者の「無の私」でさえ不在としてとらえられるからである。

デリダに典型的であるように、こうした「話し言葉（parole）」とは別に「書き言葉（écriture）」特有の問題があるとみなす哲学者がいるが、少なくとも、視点に関して差異はない。ある男が「死後に開けてくれ」と言って家族に遺書を渡し、その冒頭に「私は〈いま〉死んでいる」と書き記すとしても、（ヘンではあるが）誤用ではない。なぜなら、この場合、それを書いた時点、彼は生きていたのであって、書き記された遺書を読む時点との差異が前提されているからである。書き言葉は視点が明示されていないゆえに、そのつど補わねばならないだけである。言いかえれば、無について適切に語ることができる限り、その語られるものは無ではなくて不在である。無は語ることができないのではなく、適切に語ることができないものであって、（死んだ者のように）語る資格のない者が語ると想定するときに登場するものである。こうした考察によって、「不在の哲学」では無の代わりに不在という概念を持ち込むことにしたのである。

不在は、何等かの視点を前提している。そして、言葉を学んだ有機体としてのわれわれは、〈いま・ここ〉に視点を定め現在しながらも、〈いま・ここ〉で直接体験していること以外の膨大な不在の出来事について語れるのである。だからこそ、「不在」は哲学の議論においていたるところに出没して実在を支えるものとなっている。

一般に、不在という概念は「現在（presence, Anwesenheit）」という概念の対立概念として使用されているが、本書では「実在（reality, Realität）」という概念と対立的に使用することにする。では、実在とは何か？　西洋哲学において、実在には初めから統一的・持続的・客観的世界という意味がこびりついている。それは、確固として存在するものであり、われわれ人間（の心）にとってのみではなく、それ自体として存在するものである。だが、まさにこのことが、実在はわれわれ人間にとっては、じつのところある種の不在であるという転倒をもたらすことになる。プラトンのイデア界も、カントの道徳界も、いや数学的対象も、物理学的対象も、〈いま〉「私」が現に体験していることとは何か別のものであるのみならず、「私」以外のあらゆる人間が現に体験していることとも別のものである、という意味で不在なのである。すなわち、実在は、むしろ誰かが現に体験しても、誰も体験していなくても同様に「ある」ものであり、誰かが体験することがその実在性に一切関与しないように「ある」のだ。すなわち、あらゆる視点に依存しない点で、実在は無と似ている。

こうして、実在と不在とは、対立しながら、というより互いに排他的でありながら、むしろ互いに支え合っている。膨大な不在に支えられてでなければ、実在は存立することができないからであり、実在を前提してでなければ不在は不在として登場しえず、したがって語りえないからである。

自己中心化と脱自己中心化

以上の実在と不在との関係を明らかにするために、本書では、まず大がかりな図式を導入する。それは、われわれ人間は有機体として①もともと自己中心化しているが、②その有機体が言語を習得することによって脱自己中心化し、さらに③二次的自己中心化する、という単純な図式である。これは、ピアジェの「脱中心化」という用語を借用したものであるが(『知能の心理学』)、ピアジェにおいては、脱中心化とは、幼児が、発達心理学におけるある時期に自己中心的世界から脱して言語的・理性的・普遍的世界に入ることだとしているが、これを言語習得に限定している。先の図式は、ピアジェと異なり、発達心理学的過程を描いているのではなく、言語を学ぶときの基本図式として論理的に導入したものである。とはいえ単なる有効な概念枠の一つではなく、カントの超越論的観念論と重ね合わせてそれを読み解く道具(図式)として使用している。

もちろん、この大まかな図式では、言語習得の有様を正確にとらえていることにはならない。しかし、本書の目的は、そこにはない。ただ、この図式によって、哲学の古典的難問のいくつかを解く統一的観点が与えられるのではないか、と考えているのである。哲学の伝統的アポリア(難問)が横たわる場所は決まっていて、普遍的・客観的・統一的世界(いうなれば脱自己中心的世界)と、そのつどの〈いま・ここ〉からの風景、言いかえれば

「この身体」にとって、特権的に現れる世界（いうなれば自己中心的世界）とのあいだのギャップである。脱自己中心的世界と自己中心的世界とは互いに「世界像（ピクチャー）」を異にしていて、重なり合うことはないのだが、それ以上に興味深いことは、哲学の問いはいつも前者の世界像を前提したうえで、後者の世界像を問題にする、という形式をとっていることである（けっして逆ではなく）。

われわれは物理学的・生理学的物質の塊である大脳の存在を不思議に思うことはなくて、その大脳に「住まう」特有の「心」の存在を不思議に思う。電磁波が各身体の網膜に入り、電気パルスとなって大脳の中枢まで達することを不思議に思わないで、「赤い」という感覚が生ずることを不思議に思う。ニュートンの運動法則を不思議に思うことはなくて、それに逆らうかに見える腕の自由な上げ下げを不思議に思う。すなわち、われわれが不思議に思うのは、実在ではなくて実在から零れ落ちる不在なのであり、諸々の（広義の）パースペクティヴであり、それに相関的に現れる世界である。パースペクティヴは膨大であり、その主体（見ている者）も多元的である。その場合、言語を学ぶと、こうした多元的不在のうちに特権的な一つの不在を認めることになる。それは、現に知覚している世界であり、現に想起している世界である。それは、「私の世界」である。すなわち、不在には、「現にある不在」と「現にない不在」というまったく異なったあり方をする二種類があることに気づく。

デカルト以来の心身二元論により、心の存在に煩わされることなく物理学的世界像に基づいた物理学が発展し、「身体＝物体」世界のそれ自体としての整合性を否定できなくなったとき、「心」は、そこから零れ落ちるものとして問題になっていったのである。すなわち、いわゆる心身問題の根は、「思惟」と「延長」という互いに相容れない二実体間の問題にあるより、むしろ統一的・脱自己中心的世界像と多元的・自己中心的世界像とが両立不可能であるという問題にあるのだ。

前者を固定したうえで、後者を消去する、あるいは前者から導出する、という素朴な遣り方は見込みがないことが判明しつつある。われわれに残されたのは、逆に後者に前者を採り込むことではなく、後者に定位して、前者の抽象性を明らかにすることだけである。だが、多くの哲学者がこの道に抵抗を覚えるのは、物理学をはじめとするあらゆる脱中心化した科学が実在をとらえていない、という結論を導くことになるからであろう。

客観的世界という仮象

われわれ人間は、言語を学ぶと、脱自己中心化した後に、二次的自己中心化するのであって、いかに普遍的世界を理解しても、有機体としては自己中心化された世界に生きているのであるが、それでも両世界を対等に保持しているのではない。言語を学んだ有機体は、なぜか普遍的・統一的・脱自己中心化された世界を自己中心化された世界より優位に置くのである。こうして、人間においては、脱自己中心化した言語的主体と自己中心化した有機体的主体とがいつもズレているのであり、しかも（おおまかな古典的タームで分けると）前者は「本来的自己」あるいは「理想の自己」であり、後者は「現象的自己」あるいは「現実の自己」なのだ。

言語を学ぶと、なぜか、この序列も学び、これに抵抗できない。このことから、自己中心化した有機体的主体が現に知覚したり想起したりする世界は「不在」として脱落していき、脱自己中心化した言語の主体である「私」に開かれている世界が「実在」という身分を獲得することになる。しかし、前者は文字通りの「無」として掻き消えるわけではなく、それなりの仕方で実在的・客観的世界にまといつく。その関係があらゆる哲学的難問（アポリア）を呼び起こす。本書では、以上の論点をはっきりさせるために、「心身問題」という難問（アポリア）に照準を定めて議論を進めていく。

バークレィの言うように、哲学者が「まず埃を立てておいて、それから見えないと不平を言う」[1]わけではない。ヴィトゲンシュタインの言うように、本来いかなる哲学的問題もないわけではない。むしろカントの言うように、有機体が言語を学ぶと「理性」を獲得し、それは統一的世界を実相（実在）と思い込むのであり、そこから零れ落ちるものがいかにヴィヴィッドに与えられていても、それを「実在」から排除しようとする、あるいは、その在り方に不思議の念を持ってしまうのである。

こうした営みのすべてが統一的世界を求める理性（言語）の欲求に基づいた思い込みなのではないか？　客観的・統一的世界がそれ自体として「ある」はずだ、という思い込みこそ、（カントの言う）「超越論的仮象」の最たるものなのではないのか？　言語を学んだわれわれは、「不在」を「実在」へと転倒させることはできない。懐疑論を選択するわけでもない。ただ、これほど豊かな不在を捨象してようやく成立している「実在」は仮象ではないかという問いを提起し、この大掛かりな仮象から目覚めることだけである。

哲学の問題は解決できるものではない。ある問題の解決は、直ちに別の問題を生み出すであろう。最終的解決は永遠にないであろう。なぜか、言語を学んだ有機体としてのわれわれ人間は世界を完全に言語で語り尽くすことはできないようである。これは、われわれに課された「原罪」にほかならない。では、哲学の仕事とは何か？　それは、世界を完全に語り尽くすことではなく、なぜ完全に語り尽くせないか、それを明らかにすること、言いかえれば、哲学的難問（アポリア）のうずくまる場所を暴き出すこと、しかも、できれば統一的に暴き出すことである。本書の目標はここにある。

第一章　不在というあり方

1　物体とパースペクティヴ

哲学の開始

哲学はどこから開始すべきか？　あるいは、哲学はその論述の開始に当たって何を世界の基本構造として選ぶべきか？　ヘーゲルが熟考した問題である。それは、「端的に確実なもの」を前提して開始すべきではない。「端的に確実なもの」は無前提に決まるものではなく、無前提という名目で匿名のある前提に立っているからである。

では、どこから開始すべきなのか？　それは、まさにヘーゲルが熟知していたように、その到達点（目標）を定めて「そこ」から見返すべきなのであり、到達点との相関ではじめて開始点が確保されるべきである。だが、たとえこうした到達点と開始点が確保されたとしても、それは絶対的に客観的なものではない。それは、常にある匿名の主観的関心に支えられており、その枠内における到達点であり開始点なのだ。

デカルト以来、その匿名の主観的関心を科学（とくに数学や物理学）による世界把握に適合させることが多かった。そのうえで科学的世界把握に対していかなる態度を取るか、とくに、「科学がとらえ切れないもの」に対していかなる態度を取るかによって、さまざまな哲学理論が差異化されたと言っていいであろう。こうして、一方では、数学や物理学の描く科学的世界把握を維持しつつ、他方、これによってはとらえきれないように見える「心」や「意識」や「私」と呼ばれるものを、科学的世界把握に対していかに位置づけるか、これといかに共存させるか、という大枠が、デカルトからデイヴィドソンまでの西洋近現代哲学の主要関心となったのである。

本書の主要関心もこの大枠のうちにある。ただし、ラッセルやクワインのように、科学的世界像をそのまま維持するのではなく、フッサールのように、科学的世界像を括弧に入れるのでもなく、むしろ科学的世界像をそのまま認めながらも、それを希薄化し相対化する道を選ぶであろう。その点、カントが科学的世界像をそのまま認めながらも、それを物自体ではなく現象と呼んだ道に近い。ただし、カントの場合、到達点が道徳的世界（叡知界）であったのとは異なり、われわれの到達点は絶えず湧き出し絶えず消えゆく〈いま〉

である。

「いま」は、指示代名詞ではないが、哲学的には「ここ」や「これ」と同様の指示語(index word)であり、世界を客観的に記述する言語ではなく、それぞれの場面で話者との関係によって成立する言語である。本書では、概念としての「いま」は「いま」と表記し、それが指し示すものは〈いま〉と表記する。さらに現在の時間間隔を表すには「この〈いま〉」という表記を用い、過去のある時間間隔を表すには「あの〈いま〉」という表記を用いる。これに対して、客観的における過去や未来と並ぶ時間様相の一つとしての〈いま〉を「現在」と表すことにする。

なお、「現在」を「現在する」というように動詞化する場合は「不在」との対立的意味で使用する。よって、この〈いま〉のみが現在し、これまでの〈いま〉群は不在なのである。

直線的時間表象を否定する点において、こうした大枠はベルクソンの提示した枠に近いと言えよう。だが、その思考の開始点は微妙に重なりつつ異なる。ベルクソンが「イマージュ(image)」を開始点としたのに対して、本書では一つの物体の無限のパースペクティヴを開始点とする。なぜここを開始点とするのかは――これもヘーゲルが強調するように――本書の論述全体によって理解するほかないが、とはいえ、ヒントを示せば、こうした開始点を採ることによってのみ、さまざまな哲学的アポリア、とりわけ「心身問題」や

「他者問題」あるいは「自由と必然」あるいは「知覚と想起」などの二元論的構図のうちで凝固している観のある近現代哲学の「アポリア」を突破することができるように思われるからである。

不在のパースペクティヴ

以上が本書の基本的立場であるが、そのうえで論述の開始点として選んだのは（これも論述の全体によって理解されたい）、世界のパースペクティヴ的構造である。

世界のパースペクティヴ的構造は、世界の中にある物体が登場することによって、露わになる。世界の中にある物体（K）が登場することによって、さしあたりそれを見る主体が存在しなくても、その物体を見る位置に呼応した無限のパースペクティヴも同時に登場してくる。（時間を捨象した）空間的なパースペクティヴのみではない。時間を加味すれば、「ずっと前」「少し前」「さっき」「いま」など、それぞれの時間位置に呼応したパースペクティヴも開かれる。

この場合、重要なことは、そのパースペクティヴから見られうる物体Kの「像＝射映」であるB_1、B_2、B_3、B_4……は、Kが存在する物理学的世界に並んでは存在しないことである。無限のパースペクティヴから見られうる多様な像は、物理学的対象ではないのだ。さしあたり、それらは可能性に留まっている。

だが、その一つである任意のパースペクティヴP_1を引き受ける主体（機械、有機体、人間など）がそこに登場し、P_1からの像B_1を現実化する（現に知覚する）と、それに呼応する対象Kから視覚中枢までの過程も現実化する。そして、P_1以外のパースペクティヴであるP_2、P_3（これらの任意のものをP_fと表記する）および、それに呼応する無限の像B_2、B_3（これらの任意のものをB_fと表記する）は同時に「見えない」という仕方で（「不在」として）存在するようになる。

世界のうちの一つの対象Kの存在は、ア・プリオリに多数の（論理的には無限の）パースペクティヴを開いている。これが世界の根源的構造である。われわれの住んでいる世界は、ア・プリオリに、特定のパースペクティヴP_1から見た一つの対象の像B_1が現在するなら、他のすべてのパースペクティヴから見た像が「不在」になるような構造をしているのだ。

そして、そのうち一つのパースペクティヴを現にとる（特定の視点P_1からKを現に見る）主体の登場は、こうした世界の根源的構造を（創作するのではなく）現実化するだけなのである。対象Kに可能的に開かれているパースペクティヴ群において、あるパースペクティヴP_1に呼応する像B_1が現実化することをもって、他のパースペクティヴP_fに呼応する像B_fは「不在」という仕方で存在することになるのであって、P_1の出現以前は、それらは「不在」ですらなく、単なる可能性に留まる。

ここで、あらためて「不在」という概念を明確にしておこう。それはこれまでの叙述からもわかる通り、さしあたり物理的存在を実在とする場合、そこから排除されるという意味を持つが、単なる幻覚や空想ではない。「不在」とは、物理学的対象を〈いま・ここ〉から知覚するときに、そのパースペクティヴに現出する特定の知覚風景なのだ。現代生理学の知見により、その知覚の過程を瞳孔から視神経を通って大脳中枢までたどることもできよう。そして、その過程すべてもまた実在的なものからなっている。だが、「見えていること」「聞こえていること」は物理的世界にいかなる場所をも占めない、という意味で不在なのだ。

なお、ここに注意しておくと、「不在」というあり方は人間の生理的条件によって世界に登場してくるものではない。それは、言語そのものが世界にもたらすものであり、言いかえれば言語をもって世界を語る限り、もともと世界の基本構造に備わっているものである。動物はさまざまな視点から対象を見ているであろうが、不在を知らないであろう。なぜなら、不在とは一つの「否定的なもの」であるが、否定的なものは言語によってはじめて世界に登場してくるからである。なお、一般的には、「不在（absence）」に対する概念は「現在（presence）」であるが、この両概念はともに物理学的対象としての「実在（reality）」に対立した意味を有する。すなわち、ある物質Kが「現在する」とはまさに〈いま・ここ〉で「現に知覚されていること」であるが、自然科学的世界像において、K

を「実在」とみなすとき、こうした「現在」もまたそこから排除されるという意味で不在となるのである（詳細は第二章で考察する）。

言語を学んだ有機体S（以下、その任意の一つをS_1と表す）は、なぜか物理学的対象（物体）というモデルに基づいて統一的世界を形成しようとする。そして、それを「実在」と呼び、それを正確に表現している言語（命題）を「真理」と呼ぶ。われわれが実在とは何かを知っていることは、その実在を正しく表現する真理（物理学的世界記述）を知っていることにほかならないのだ。

そして、実在を確定することはそこから脱落するものを（広義の）「不在」と呼ぶことにほかならない。例えば、統一的世界記述に適合した直線としての客観的物理学的時間は実在するが、「もうない」過去や「まだない」未来そしてこれらとの連関で「ある」現在もまた不在となる。あるいは、統一的客観的世界に属する物体は実在するが、そのパースペクティヴは不在となるのである。

ここに重要なことは、S_1が言語を学ぶと、それ以前の単なる刺激Xが「意味受容作用」と「意味付与作用」という二重の作用に転換することである。S_1は（他の有機体のように）単にXを受けるのではなく、それを言語的に捉え直して判断し、さらにXに対して能動的に意味付与するのだ。こうした意味付与作用自身は、実在世界に属さないという意味で、いわば能動的不在である（この概念については第2節、第3節で詳論する）。それは（カントの用語を使えば）「経験を可能にする制約」あるいは「超越論的統覚」であり、みずからを能動的に「不在」にすることによって、実在世界＝統一的客観的世界を可能にする。言語を習得することは、この不思議な反転が起こることなのである。

統一的世界記述とそれへの反逆

物理学が典型的であるように、統一的世界記述を完遂するためには、客観的時間・空間に位置する諸物体を「実在」とし、その多様なパースペクティヴを「非実在（不在）」とする操作が不可欠である、Kの多様なパースペクティヴを残しておくと、統一的世界記述に矛盾が生ずるからである。オースチンが挙げている例であるが（『知覚の言語』）、紙の上に書いた円Zは斜め上から見ると楕円に見える。この場合も、やはりZは物体としては円であるが、〈ここ〉からは楕円に見えるのであり、なぜ楕円に見えるかを説明することによって楕円という見え姿それ自体を消去するのである。別の例を挙げれば、天井と壁の二面とがなす角度Wは、物体としては九〇度であるが、〈ここ〉から見える角度はおよそ一三〇度である。このパースペクティヴを世界記述に組み入れると、角度Wは九〇度であってかつ一三〇度であると言わねばならなくなる。そこで、物理学は、光の性質により〈ここ〉から見るとなぜ九〇度「である」角度が一三〇度に「見える」のかを説明することによって、〈ここ〉からの見え姿を消去するのだ。

一定のパースペクティヴから見える物体Kが〈そこ〉からはなぜそう見えるかが物理学的・生理学的に説明されても、〈いま〉現にそう見えているKの光景そのものは実在ではなく不在である。こうした光景を取り入れると統一的な実在世界が崩壊するからである。すなわち、S_1が言語を習得し、あらゆるパースペクティヴが消去されたKを実在として承認するとき、S_1はそのときどきのパースペクティヴに依存したKの光景L_1、L_2、L_3……を――いかにそれらがありありと見えていても――総じて不在としなければならない。こうして、言語を学ぶと、S_1は、諸物の集合としての統一的・客観的世界と、そのつどの〈いま・ここ〉からそれらを現に知覚している世界という二重の世界に生きることになるのだ。

ベルクソンは、はじめからイマージュを客観的に配列された諸イマージュの体系（システム1）とそれぞれの有機体の身体を中心に配列されたイマージュの体系（システム2）に区別している。世界は一つであるが、システムは二種類ある。一つの客観的システムと多数の有機体に自己中心化されたシステム群である。

> 私はイマージュの総体を物質と呼ぶが、これら同じイマージュが、ある特定のイマージュ、すなわち私の身体の可能的な作用と関係づけられた場合には、それらを物質についての知覚と呼ぶ。[1]

ベルクソンは言語習得を無視しているので、「システム1」と「システム2」は言語を習得していない有機体と言語を習得した有機体（人間）とに共通なものとして登場してくる。しかし、言語習得は有機体の知覚する世界を一変する。すでに述べたように、言語を習得した有機体S_1は「システム2」を単に受容するのではなく、それを能動的に言語化するのである。

言語を習得する以前は、いかに神経系が高度に発達した有機体でも、単純な自己中心的世界に住んでいる。それは（ベルクソンの分類をあえて使うなら）「システム2」に生きているだけである。知覚が行動と分かちがたく結びついているということは、物がその特定のパースペクティヴと分かちがたく結びついているということである。シマウマを狙うライオンは、その対象を物体として知覚しているとしても、それは、〈いま・ここ〉に開ける特定のパースペクティヴにおいて知覚される物体にすぎないのであって、その他の可能なパースペクティヴを不在としてそこに登場させることはないのだ。

言語を習得してはじめて、有機体S_1は、物体とその多様なパースペクティヴという二元的世界に生きることができ、自己中心的な知覚の上に脱自己中心的な知覚（システム1）を重ねることができる。この段階の具体的考察は次節の課題であるが、先行的にアウトラインを語れば、S_1は〈いま〉特定のパースペクティヴのもとに現にありありと知覚される見え姿を不在とみなすことによって、現にS_1が（いや他の言語を学んだいかなる有機体S_fも）

知覚しなくても存在する自己同一的な対象こそ「実在」とみなす。そのように「実在」という言葉をも習得するのである。

そういう言葉使いを習得することによって、S_1は「私」となるのであるが、依然として有機体であることを放棄したわけではないから、自己中心的パースペクティヴを維持している。サルトルは、この経過を次のように印象的に語っている。

もし即自存在が偶然的であるならば、この即自存在は、対自へと転落することによって、みずから自己を回復する。この存在は、対自のうちに自己を失うために、存在する。(2)

言語を学んだ有機体S_1は、有機体が脱自己中心化したものであるが、それはサルトルによると独特の「転落」である。また、それは自己中心的・有機体的自己（即自存在）を失い、まったく新たな言語的自己（対自存在）になることである。

こうして、普遍的言語を習得することによって、脱自己中心化を成し遂げたSは（言語の主体すなわち「私」としての）「そと」の視点と（有機体の主体としての）「うち」の視点という二重の視点を持つことになる。そして、むしろ「そと」の視点から「うち」の視点を振り返って、言語を習得した有機体のうちで他のいかなる者とも異なる「この私」の独特のあり方を不思議に思うのである。ここに、あらゆる哲学的問題が発生することになる。

不在としての現在・過去・未来

パースペクティヴに呼応してのみ「ある」ものの典型は、時間における未来と過去である。未来とは〈いま〉から見る限りにおいて「まだない」という不在としての時であり、過去とは〈いま〉から見る限りにおいて「もうない」という不在としての時である。これらは、「実在」があらゆるパースペクティヴを排除する限りにおいて、やはりそれから排除される。そして、「現在」もまた、〈いま〉という独特のパースペクティヴに呼応する時であるから、実在から排除されるのである。

こうして、実在の形式である客観的時間とは、現在・過去・未来のいずれのパースペクティヴをも持たない時間となる。現在・過去・未来は、実在する客観的世界という観点から見ると「不在」という位置を占めることになるのである。

そうは言っても、客観的世界はその「実在」のうちに現在・過去・未来を含んでいるように見える。しかし、ここには巧妙なトリックが仕掛けられているのだ。このことは次章で立ちいって議論するが、客観的世界における客観的時間とは一本の直線によって表象され、その上の各点は可能な現在である。左側（マイナスの方向）の直線上の各点が可能な過去であり、そして可能な現在である各点の右側（プラスの方向）の直線上の各点が可能な未来である。すなわち、直線上の各点は可能な現在・可能な過去・可能な未来として等価である。言いかえれば、そこには現実的現在である〈いま〉は断じて書き込まれていないのであり、書き込まれえないのである。

では、現実的現在である〈いま〉とは何か？　それは、絶えず何ごとかが湧き出している時であり、新たなことが生じつつある時であり、「私」がそれに絶えず新たに意味付与している時である。この独特のあり方は、客観的世界においては完全に無視され、ただの「すでにない」未来や「もうない」過去と並んで、その「あいだ」に位置する単なる時間として不在とみなされている。

すなわち、現実的現在である〈いま〉が不在とみなされることこそが、客観的世界が実在性を有するために不可欠の条件なのである。しかも、〈いま〉が客観的世界から不在として排除されるのは、客観的世界よりさらに充実して「ある」からなのだ。現在は「可能的にある」のではなく、まさに「現実的にある」からこそ、すなわち絶えず何ごとかが湧き出している時であるのみならず、「私」が絶えず能動的に意味付与している時であるからこそ、そこから排除されるのである。

こうした〈いま〉は、多様な視点を持つ、すなわち多様に自己中心化された多元的世界であり、そのあり方が統一的な視点を持つ統一体としての、客観的世界とは相容れない。すでに述べたように、もともと世界は多元的中心を持っているのであり、もともと世界は多様なパースペクティヴを開くのであり、このことは「なぜ」という問いを遮断する原事実である。

あらゆる有機体は、こうした多元的世界においてある独特の（広義における）視点を獲得し、「そこから」世界を（広義において）見るようになる。現にこうした有機体に生じる感覚は、比喩的に言うと、まさに〈いま〉各々の有機体が新たな湧き出しに接触しての「こすれる音」である。新たなものが湧き出している〈いま〉においてのみ、有機体は現に何ごとかを知覚しうるのである。

そして、ある有機体（人間）S_1がこの世界のただ中において言語を習得すると、こうした世界の根源的な多元的構造に基づく根源的な自己中心化構造に言語的表現を与えようとする。S_1は感覚刺激という受容作用を意味付与作用という能動的作用によってとらえ直そうとするのである。

次節では、このメカニズムを考察していく。

2　脱自己中心化と二次的自己中心化

脱自己中心化

世界に諸物体のみが存するとしよう。そこに諸物体の位置する空間と時間が開かれていて、(可能的に)多様なパースペクティヴも開かれている。それらのパースペクティヴが開ける「そこ」を一定の物質が引き受け、固有の物質の塊から成る身体を持ち「そこから」世界を知覚するもの、すなわち有機体が発生する。ベルクソンの言うように、各有機体は一つの(いわゆる)客観的世界の他に「そこから」知覚する自己中心的な(いわゆる)主観的な世界を繰り広げる。ここまでは、じつのところ哲学が扱いうる問題ではない。ただの事実問題であり、それに対して「なぜ?」と問うことはできない。

だが、ある種の有機体S_1が言語を学ぶようになると、固有の身体を持つS_1は驚くべき転回を成し遂げる。ひとことで言えば、S_1は自己中心的な身体に反逆し、自己に現に開かれているパースペクティヴと並んで、他の(とりわけ他の類似の有機体すなわち他の人間の)パースペクティヴをも承認してしまう。いや、むしろ世界にはさまざまなパースペクティヴが開かれていることを理解してしまい、みずからの身体は偶然的にそのうちの一つを受け持つにすぎないと理解してしまうのである。

このとき、S_1は「私」という言葉を理解し適切に使用するようになるのだが(「私の成立」は第四章でまとめて論ずる)、ここに重要なことは、S_1は言葉を習得することによって、その固有の身体が自己中心的なシステムを保持しているにもかかわらず、それに反逆して、身体を脱自己中心化することを学ぶということである。

このことが、デカルトに顕著に見られるように、自己中心的な身体とは別に自己を身体から独立の「心＝魂」という存在者とみなす方向に追いたてる。だが、言語の習得が自己中心的身体に反逆して脱自己中心化のシステムを切り開くといっても、だからといってそこに「考える実体（res cogitans）」が認められるわけではない。むしろ、ここには言語習得以前の自己中心化するシステムと言語習得後の脱自己中心化するシステムとのぶつかり合いが生じているのだ。

言語を習得した有機体S_1は、一つの物体Kを自分の身体を中心にしてその固有のパースペクティヴP_1から知覚するのみならず、同時に他の多様なパースペクティヴP_2、P_3、P_4、P_5……が開かれていること、さらにそれらのパースペクティヴのいくつか「から」他の有機体が同じKを知覚していることを理解し、それどころか、他の言語を習得した有機体S_2、S_3、S_4……が「そこから」世界を知覚していることをも理解してしまう。

すなわち、言語の習得とは、有機体としての自己中心的知覚をそのまま言語化することではない。むしろまったく逆に、すでに自己中心化された身体に現れる世界に反逆して、脱自己中心的観点からそれを反省し、さらに世界には同様に言語を習得することによってみずからの身体に反逆して脱中心化する同類（他者）が多数存在していることを理解することなのである。

こうした文脈で見なおすと、これまで（とくにヴィトゲンシュタイン以降）の問いの立て方を完全に逆転しなければならないことがわかる。分析哲学者や現象学者たちは、「この私がいることは確かであるが、他人がいることはいかにして可能なのであろうか？」というかたちで問うてきた。これは、デカルト以来の観念論の伝統である。例えば、カントは『純粋理性批判』第二版の「原則論」の中に「観念論論駁」という部分を挿入し、自分の超越論的観念論の敵はデカルトのような「懐疑的観念論」とバークレィのような「独断的観念論」であると宣言している。前者は、「私の存在（mein Dasein）」を超えた外的世界が「ある」かどうかはわからないという立場であり、後者は、外的世界は「ない」という立場である。この場合、カントと「観念論者」とのあいだに「私の存在」が疑いえないものとして前提されていることに注目しなければならない。

フッサールやヴィトゲンシュタインあるいは大森荘蔵などの問いの立て方自体が間違っているのだ。彼らは私の存在は疑いえないが、他人の存在は疑わしいという大前提を崩すことはない。だが、むしろそれぞれの有機体の自己中心的な世界への態度、すなわち「そこから」世界を知覚するということを、まず初めに「多元的原事実」として認めるべきなのではないか？　とはいえ、なぜ、パースペクティヴを引き受ける有機体が地上に現れたのか、なぜそれが動物という体内に脳と神経系を具えた知覚する有機体になったのか、さらにそれが言語を習得しうる人間になったのか、と問うことは、言語がなぜ地上に現れたのか、と問うことと同様、哲学的には無意味である。壮大な仮説を積み重ねるほかないからである。

むしろ、哲学的に興味あるのは、いかなる有機体も他の有機体の存在を疑問視しないのに、言語を学んだ有機体（人間）だけがこのことを問題にすることである。有機体として依然として自己中心的に世界に対しているはずの者がなぜ他の人間の痛みに対して疑問を覚えるのであろうか？　自分が端的に感じない領域があることを問題にするのであろうか？

こう問うと、すべてが別の相貌を見せてくる。言語を学んだ有機体は、自分が何ごとかを端的に知覚することには疑問を抱かず、自分と同じく言語を習得した他の有機体（他人）が知覚している（らしい）現場に自分が「入り込めないこと」に不思議な思いを抱いている、ということである。これは、いわゆる物理主義に支えられて、他人の大脳をいかに観察しても、そこから「痛みを感じている」ことは導けないという不思議さに連関する。これは、広く多元的原事実に対する疑いであり、多元的原事実を認めたくないという思いに裏打ちされている。言いかえれば、言語を学ぶと、唯一の視点から見た世界（一元的世界）を要求するようになり、自己と他者とを等価に見ることができる全能者の視点が与えられていないことを不思議に思う。有機体としての自然な自己中心化に反逆して、有機体でありながら脱自己中心化した世界に生きようとするのである。

本書では、このすべては一元論的世界観にしがみつくことによる思い込みであることを示そうと思う。では、この思い込みが消えるときに、すべての哲学的問題は消えるのか？

そうではない。本書において、問いは多元的原事実それ自体には向かわない。よって、他人が痛いときなぜ私はそこに踏み込めないのか、あるいは端的に感じられない他人の痛みをいかにして私は理解できるのか、という問いは立てない。そうではなく、なぜある痛みを「私」はごく自然に「自分の痛み」として引き受け、そして別の痛みを「他人」に帰属させるのか、という形で問いを立てる。不思議なのは、むしろ有機体としてはこれほど異なる自分の痛みと他人の痛みに同じ「痛み」という言葉を適用することなのである。

二次的自己中心化

こうした、脱自己中心化モデルを活用している哲学者として、ヘーゲルとベルクソンに注目してみよう。ヘーゲルは『精神現象学』の「自己意識」の章において、「生命(Leben)」から「(人間的)自己意識(Selbstbewußtsein)」への高まりを論じている。生命は、一方では、すべての他の有機体と対立しそれらを自分のために利用し尽くそうとする。その意味で自立的であり、固有の形態(「うち」の部分)を持っている。他方、いかなる生命も単独で生き続けることはできず、生命全体という「単一な流動体(Flüßigkeit)」の中で他の有機体と依存し合って生きている。こうした弁証法的構造は、自己意識のより高い段階において繰り返される。すなわち、自己意識を持つ有機体S_1は、一方で、他の自己意識を持つ有機体S_2、S_3、S_4……を廃棄する欲求を持つことによって、まさにみずからと同等の他者、すなわちみずからを廃棄する欲求を持つ他者を産み出す。こうして、S_1は独立で自由な他者S_fを介することによって独立で自由な自己自身に達し、まさにこの段階が「私」なのである。

こうして、ヘーゲルは「生命」の段階から「自己意識」の段階へと、一定の形式を維持しながら弁証法的に高まるとしたが、前者から後者への移行において決定的に重要なファクターは（ヘーゲルが無視している）「言語」である。ある種の有機体S_1が言語を習得すると、S_1は脱自己中心化して、言語を習得した他の有機体と基本的な言語の「意味」を共有するが、同時にその体験自体を共有しているのではないことをも承認する。S_1は任意のS_fが「痛い」と語るとき、その「痛い」という意味を了解しつつ、同時にそれが現に自分が「痛い」ときに伴う体験を欠いていることをも承認するのである。言いかえれば、S_1はS_fが「痛い」と語るとき、その体験を自分が共有しないにもかかわらず、その意味を了解してしまっている。すなわち、S_1は言語を学び、脱自己中心化を達成すると同時に、普遍的意味を習得することを通じて、その普遍的意味が表していない自分と任意のS_fとの体験的差異を自覚して、そのことから自分が世界で唯一の独特の不在（現実的体験に裏づけられた不在）であることを自覚するようになるのである（二次的自己中心化）。

先に触れたように、ベルクソンもまたヘーゲルと同様、言語習得を無視しているために、言語習得後の人間にも言語習得以前の有機体モデルをそのまま当てはめるという一面化に陥っている。よって、自己中心化した「システム２」については配慮ある記述を遂行しているが、脱自己中心化した「システム１」がどのように成立しているのか、それをどのように各有機体が「分有」しうるのかが不明のままになっている。言語を習得した有機体（人間）が、なぜ自己中心化した「システム２」を取りながらも、自己中心化を脱した「システム１」を取りうるのか、これらのことがわからなくなるのである。

ベルクソンは、イマージュ一元論を取りながらも、まず「システム１」を単純に前提したうえで、「システム２」をそれに重ね合わせている。しかし、じつのところ有機体は言語を習得することによって、「コペルニクス的転回」を経験するのだ。すなわち、それは、もともとの有機体が具えている自己中心化に反逆して脱自己中心化を遂行し、自分の「そと」の視点を取りうるのであり、そのうえで「そと」の視点を維持したまま、ふたたび自己中心化しようとするのである（二次的自己中心化）。

言語を習得した有機体S_1は言語を習得しても、有機体であることを廃棄するわけではないから、自己中心的な態度を否定するわけではない。だが、それはもはや言語を習得していない有機体が有する直接的な自己中心化ではなく、いったん脱自己中心化を遂行し、この過程を経ることによって媒介された間接的な自己中心化である。それは、二次的に自己中心化した視点を獲得しながらも、依然として先の脱自己中心化した視点を廃棄してはいない。言いかえれば、S_1は脱自己中心化した成果を踏まえ、その言語をもって自己中心化した世界を記述しようとする。そして、S_1はそのとき同時に、自分がさまざまな他の言語を学んだ有機体S_fとはまったく異なったあり方をすることに気づく。S_1とS_fとのあいだに言語の意味による差異性ではないもう一つの差異性が開かれているのだ。S_1は脱自己中心化した「痛み」という言葉の普遍的意味は了解できるが、自分が「痛い」という言葉を発するとき、「現に痛い」のに対して、S_fが「痛い」という言葉を発するとき、自分は「現に痛くない」という差異性も知るのである。

こうして、二次的自己中心化したS_1においては、一方では、言語を習得したことによる脱自己中心化した視点を維持しつつ、他方では、S_1が「現に体験する」こととS_fが体験することと、すなわちS_1が「現に体験しないこと」とが共存しながら対立している。この互いに重なり合わない世界像（ピクチャー）こそがあらゆる哲学的問題の源泉であると言っていいであろう。普段は忘れ去られているが、何かの機縁でこの対立に気づくとき、各人が「私の」痛みのみ感ずることができ、「他人の」痛みを感ずることができないことが不思議になる。しかも興味深いことは、S_1は脱自己中心化した視点の側から二次的に自己中心化した視点を問題にするということである。脱中心化した視点（唯一の普遍的視点）から、私が、私の「痛み」と他人の「痛み」を等距離から観察できないことが、あるいは、私が他人の「痛み」を現に感じないことが、あるいは互いに介入できない多元的「痛み」が広がっていることが不可解に思われてくるのだ。ベルクソンの用語を使えば、言語を習得してしまったあとで、S_1は「システム1」から「システム2」を問題化するのであって、逆に「システム2」から統一的世界像を成り立たせる「システム1」を問題化することはない。

ノエマとその射映

以上のことを、フッサールの『イデーン』における「ノエマ（noema）」とその「射映（Abschattung）」という用語を使って説明し直してみよう。言語を習得することによって、物体とその無限のパースペクティヴの上に、言語のレベルで、物そのものを表す「主語となる概念」とその「記号化された見え姿」とが重ね合わされる。

フッサールは外的時間・空間的世界における実在的なものをレアール（real）、意識における実在的なものを「レエール（reell）」と呼び分けている。レエールなのは意識作用ノエシスであってノエマ（意味としての「家」そのもの）ではない。さらに、フッサールに従うと、S_1が眼前の家を見る場合、S_1にはノエマとしての家ではなくその〈いま・ここ〉からの射映が与えられている。

心身問題は、こうした物とその射映（古典的には物の「心像」であろう）とを二種類の肯定的なものとしてとらえてしまうことによって発生する。そして、それを解決しようとして、そこに「第三のもの」を持ってくる。それが神であろうと、精神であろうと、技巧的な問題設定に対して技巧的に答えているにすぎない。

確かに、家を〈いま・ここ〉から写真に撮れば、その写真は特定の射映を表示するであろう。しかし、〈いま・ここ〉から写真に撮られた家はもはや射映ではなく、一つの物的対象でありノエマである。私はその写真をさらにさまざまなパースペクティヴのもとに見ることができるのだから。

S_1が現に家を見ている場合、S_1は家を見ているのであって、「家の射映」を見ているわけではない。家はS_1にとって〈いま・ここ〉からは「こう」見える。だが、このことはS_1が〈いま・ここ〉からの射影を家と並ぶ対象として見ていることを意味せず、〈いま・ここ〉から家を「こう」見ているだけである。S_1と家との「あいだ」に射映という「第三のもの」が介在しているわけではない。

フッサールは、射映が「第三のもの」ではないことを知っていた。

> われわれの見ている空間事物は、それがいかに超越したものであるにもかかわらずやはり知覚されるものであり、その生身のありありとしたありさまにおいて意識に対して与えられる。そうしたものの代わりに、ある写像ないしある記号などが与えられるのではない。(3)

大森荘蔵流に言えば、S_1は射映を通して家を見ているわけではなく、S_1に家がじかに立ち現われているのだ。これを言いかえれば、ノエマとしての家とその射映とは認識のために協働する「肯定的なもの」なのではなく、肯定性と否定性との関係、現在するものと不在のものとの関係なのである。空間事物としての家をレアール、その意味としての家をイデエールとみなす限り、その射映はレアールにもレエールにもなりえず、またノエシスのようにレエールにもなりえない。射映は、いわば「現出してくる不在」なのであって、三次元物体としての家の見えない三側面が不在であるように不在なのである。

しかも、それは純粋に受動的な不在ではなく、言語を学んだ有機体S_1が「家のこの側面」という意味を付与する作用であり、その意味で先に（第1節で）述べた能動的不在である。これを言語習得の過程から見直せば、二次的自己中心化における「〈いま・ここ〉で現に見ている」という特権的体験であり、この能動的不在が言語によって成立しているゆえに、S_1は不在としての他の可能な射映群も理解できる。S_1は眼前の家が〈いま・ここ〉で「こう」見えることを知りながら、〈いま・あそこ〉では「ああ」見えていることを容易に想像できる。さらに、S_1は能動的不在を通じて、他の言語を学んだ有機体S_fが〈いま・あそこ〉で「ああ」見えていること、〈さっき・あそこ〉で「ああ」見えていたこと、〈間もなく・ここ〉で「こう」見えるだろうこと……等々も了解する。

こうして、言語を学ぶと、S_1はごく自然に膨大な「不在」とかかわることになる。〈いま・ここ〉に私に見えている家の射映も能動的不在なのであり、それを通じて、〈いま・ここ〉から私に見えない家の射映も、〈かつて・あそこ〉から私に見えた家の射映も、〈いま・あそこ〉から他人に見えている家の射映も〈かつて・ここ〉からあるいは〈あそこ〉から他人に見えていた家の射映も「不在」なのだ。

一般的に記述し直すと、S_1がある対象Gを特定のパースペクティヴP_1から、すなわち特定の射映A_1において知覚しているとき、他のパースペクティヴ群P_fからの射映群A_fもまた、S_1に「不在」として現出してくる。S_1は有機体として自己中心化していて〈いま〉はGを特定のパースペクティヴP_1から、すなわちGの射映A_1しか知覚しえないのだが、同時に自分が現に有していないP_fあるいはA_fをも端的に不在として知覚するのである。これは想像ではなく、推量ではなく、S_1が一つのGを自分がP_1から（A_1において）現に知覚するや否や、生ずる端的な承認なのだ。ちょうど、S_1がひとりでGを知覚しているときに、すでにその裏側や自分に見えない諸パースペクティヴをごく自然に承認しているように。

「不在」の痛みを理解する

次に、このことを内部知覚である「痛み」に則して検討してみよう。S_1が身体のある部分（例えば歯）に痛みを感ずるとき、それを「痛い」という言葉で表現した瞬間に、その言葉は無限のパースペクティヴを持った擬似物体として登場する。それは、初めから特定の刺激Q_1ではないものという了解をもって、他の似たような刺激群Q_fにも適用できる言葉として現出してくる。S_1はかつて体験した痛みと似た刺激を受けたから「痛い」と語ったのである。両者の同一性を判定したからではない。S_1はとっさに体験的にわかったのである。

しかも、さらに重要なことは、S_1に刺激Qが体内に生じ、現に「痛い」ときのみ、この言葉を使えるわけではない。S_1が全然痛くないときにもこの言葉を使える。その典型は過去の痛みを語る場合であろう。転んだとき、起き上がりながら私は顔をゆがめ膝をさすって「ああ、痛かった」と語る。その場合は、うっすらと痛みが残っているかもしれない。だが、そう語れるとき、S_1はもはやまったく痛みの残っていない翌日も「ああ、痛かった」と語れるのである。

S_1が「痛い」という言葉を学ぶとき、初めに現に痛い場合を学び、次にうっすらと痛みが残っている場合にも適用し、最後にまったく痛みが残っていない場合にも拡張する、という三段階の過程を経るわけではない。S_1は「痛い」と語り始めたときからこのすべてを修得している。すなわち、S_1が「痛い」という言葉を習得した瞬間から、現に痛くない痛みにも現に痛い痛みと同じ「痛い」という言葉を適用する仕方を学んでしまっているのである。

S_1は「痛い」という言葉を学び、その適用する仕方を学んだときから、ごく自然に他の有機体S_fの痛みも理解することができる。S_1にとってS_fの痛みは「不在」であるから、さしあたり、かつて痛かったが〈いま〉や全然痛くない痛み、すなわちもはやない「不在」のS_1の痛みと変わるところはない。この場合、かつてS_1自身が体験した痛みを「痛かった」と過去形で語ることのほうが先か、それともS_fの痛みを「彼は痛い」と語ることのほうが先か、という順番をつけることはできない。すなわち、S_1ははたしてS_fの痛みを理解せずにS_1の過去の痛みを理解しうるか、あるいはS_1の過去の痛みを理解せずにS_fの痛みを理解しうるか、という問いを提起しても答えられない。

S_1自身の過去の痛みを過去形で語ることができれば、あらゆる過去の痛みを過去形で語ることができるように、S_fにその痛みを帰属させることができれば、すべての言語を習得した有機体にその痛みを帰属させることができる。もちろん、S_1は間違って他人ではないもの（蠟人形、ロボット）に痛みを帰属させることもあり、S_fが〈いま〉「痛い！」と叫んでいても、彼に痛みを帰属させるか否か、躊躇することもある（嘘かもしれないから）。だが、こうしたグレイゾーンがあること、それがS_fの痛みを理解していることなのである。

クオリア問題は消去される

以上を踏まえて、この節の終わりにクオリアの問題を考え直してみたい。

ある色（赤）の広がりは、〈いま・ここ〉からは現にこのように見えるが、〈いま・あそこ〉からは可能的にそのように見えるであろう。演奏会におけるあるメロディーは、〈いま・ここ〉からは現にこのように聴こえるが、〈いま・あそこ〉からは可能的にあのように聴こえるであろう。

クオリアは、これまで論じてきたパースペクティヴに連関する世界の根源的事実であって、とくにそれだけを取り上げて解決すべき問題なのではない。それは、ライプニッツが「事実の真理（vérité de fait）」と呼んだものであり、フッサールが「原事実」と名づけたものである。それはせいぜい確認することができるだけであって、さらにそれに関して「なぜ?」と問うても答えは得られない（ライプニッツは「神の選択」と言った）。

各パースペクティヴに呼応する固有な質（すなわちクオリア）の存在が哲学的問題に見えるのは、次の二つの事実を想定するからであろう。

（1）パースペクティヴの多様性に呼応して、各パースペクティヴには固有のクオリアが与えられている（この特定の主体S_1に視点を定めると、S_1には現に特定のクオリアが与えられている）。

（2）その特定のクオリアは、単に与えられたものではなく、S_1がみずから能動的に意味づけたものである。

クオリアを問題とみなすとき、しらずしらずのうちに、われわれは古典力学以来の自然科学的世界像、すなわち唯一の視点からの統一的世界記述という前提に立っており、多様な視点からの世界記述は不思議なものになってしまう。これが形を変えると、多様なパースペクティヴに与えられているもの（これがクオリアである）自体が問題となってしまう。ロックのように、客観的自然は延長や運動など、現在の物理学が描く第一性質だけから成っていて、それ以外の色や音や匂いなどは第二性質としてそれから排除され各有機体の心の中に追いやられる。そして、やがてこの素朴な二元論を信じる態度が持ちこたえられなくなると、第一性質の側から第二性質のあり方に対して疑問が生じてくるわけである。

　われわれは、一方で、そのつど開かれているパースペクティヴの現実性に懐疑を抱くことはなく、他方で、客観的世界の実在性を疑うことはなく、その統一的記述を疑うことはない。しかし、興味深いことに、われわれは、〈いま・ここ〉に現れるものを実在とみなしたうえで客観的世界から実在性を剝奪するのではなく、むしろ客観的世界を実在と見なしたうえで、〈いま・ここ〉に現れてくるもの（まさにクオリア）のあり方のほうを「問題」だと感ずるのである。

とすると、ここには哲学的に解決しなければならない「問題」はない。われわれは一元論的世界像の観点に立って多元的世界像を同一化する態度を控えればいいのである。しかし、クオリア論においては、こうしたパースペクティヴの多元性を物理学的実在性とは別の実在（心的実在？）として認めるという道しか用意していない。すなわち、実在とは一元的物理学的実在だけなのか、それとも他の実在を認めるべきなのか、という選択肢しかないのだ。しかし、「不在」というあり方を認める道が残されている。物理学的実在性は唯一の実在性として妥当する。そこから排除されたパースペクティヴの多元性は、他の実在性ではなくて、「不在」というあり方として、それ以上理由を問えない根源的事実なのである。

こうして、問いが（1）に留まる限り、クオリア問題はパースペクティヴの多元性という原事実に消去される。だが、クオリア問題の射程はこれに留まらない。それは、さらに言語を学んだ有機体の能動的意味付与作用にかかわるのだ。これは次節において検討する。

3　物質の形而上学

物質と感覚とのあいだ

本章を終えるにあたって、以上のことを「物質」の観点から見なおしてみよう。この〈いま〉のみが存在し、かつてのあらゆる〈いま〉はすでに完全に不在であり、これからのあらゆる〈いま〉も不在であるという「不在の哲学」を完遂するには、――意外に聞こえるかも知れないが——物質の形而上学を必要とする。

　ありとあらゆるパースペクティヴを消去し、どこから見られたのでもない物体を実在性の基準にする自然科学的世界像は、同時に物質を実在性の基準にする世界像のように見える。だが、じつは物質のあり方は物理学的世界像とは正面から対立する。なぜなら、自然科学的世界像においては、諸物体が自己同一性を保ちながら（過去・現在・未来を通じて）「ある」のであって、その「うち」にある物質は絶えず湧き出し消え去り変化するとみなされているからである。同一の物体は、一方で、その自己同一性を保ちながら、他方、その内部の物資は絶えず変化しているのだ。

　この場合、物体のほうに実在性を付与するのが、古典力学に典型的に見られ、常識にもかなっている自然科学的世界像であるが、「不在の哲学」は、むしろ同一の物体を単なる観念、言いかえれば「意味構成体」とみなし、物質に実在性を付与する。一三八億年の世界とは〈いま〉単なる観念として「ある」だけであって、物質＝実在のレベルではすっかり消え去っているのだ。実在として「ある」のは〈いま〉新たに湧き出している物質とそれに意味を付与している作用だけである。

　このことを充分洞察しなかったために、これまでの観念論は（いや経験論もまた）物質を目の敵にしてきた。物質は観念論にとって「処置に困る」もの、「手におえない」ものであった。それを無視して世界を描くことはできず、しかも、それは原理的に世界の「そと」になければならないのであるから。ちょうど、ヤコービが物自体について「物自体なしには超越論的観念論には入れず、物自体をもってしてはそこに留まりえない」と語ったことがそのまま当てはまるのだ。

あらゆる観念論において、世界の質料は感覚であるが、感覚は物質と初めから呼応するものとして導入されている。これはロックが考案した構図であって、外界の諸粒子が私の身体（眼、耳、鼻、舌、肌）を触発して私の観念世界が開かれるのであって、私が知覚し再認し想起する世界とはこうした観念としての世界なのである。この場合、外界からの物質の刺激がこの世界を支えつつも、この世界の「うち」ではそれは感覚刺激としてのみ意味を持つことになる。だが、観念論が物質を消去して感覚のみ残そうとすればするほど、物質は奇妙な仕方で観念としての世界に影のようにまといつく。

観念の「そと」に実在が広がっているわけではなく、実在とはただの想定（X）であるとしたカントの超越論的観念論は、観念論の完成形態であると言っていいが、そこにも物質は奇妙な仕方で顔を出す。カントにおいて、観念＝現象としての世界を可能にする条件は時間・空間それにカテゴリーという形式のみである。だが、そうしながらも、カントはその統一的な現象が「実在する」ことを無視できなかった。

そのために、カントは感覚を「感覚の多様」として現象の質料とみなしたにもかかわらず、感覚の「背後」の物質を無視できず、あらゆる対象（物体）を可能にする条件として、

「超越論的対象X」を導入した。こうして、超越論的観念論においても、感覚の背後には物質がぴったり寄り添っているのであり、そのことによって、超越論的観念論は観念の「うち」に閉じこもりながらも、その「そと」を指し示しているのである。

フッサールは自然的態度を括弧に入れて、すなわち物質を遮断して現象学を遂行しようとするが、レアールなものを現象学的世界の相関者として残さざるをえなかった。一九〇五年の講義『内的時間意識の現象学』において、彼は物質を遮断して「内的意識」だけから時間を構成しようとしたが、「原印象(Urimpression)」を認めているからには、その背後に何らかのレアールなものを認めていることになろう。「原印象」は根源的所与であり、それがあるからこそ、ある音Tは「原印象」を欠いた「ファンタスマ」(想像上の音や記憶における音)から区別される。こうして、フッサールは自然的態度を括弧に入れながらも、ヒュレを手放さないのだから、その根底にある「物質の形而上学」を排除しえないのだ。

フッサールは第二次記憶における時間的に異なった時間客観、例えば、さっき聴いたメロディーMといま想起しているメロディーMが同一であることは、意識がそれを独特の作用によって直接把握するというのでは充分ではないと言っている。解読しにくいところであるが、引用してみる。

この場合、われわれはある継続関係を所有するのであるが、しかしこの関係は関係づける考察によって構成されているのではなく、むしろ相当性や差異の直観の前提とし一切の《比較》や《思考》に先立って存しているのである。[4]

意識が想起の対象に知覚の対象との同一性（継続感界）を付与するに先立って、それが向かうもののうちに同一性へとまとめ上げられる特性が「先立って存している」のでなければならない。そして、「先立って存している」ものとはヒュレとしての感覚であり、その背後に想定される物質である。現象学は意識が意味付与する以前に「ある」もの、すなわちレアールなものを前提しているのであり、たとえ音を空気の粗密波とみなすことを括弧に入れるとしても、音は意識が無から創造するものではなく、「与えられる」ものである限り、それに呼応する「与えるもの」は感覚や意味に留まらず、その「そと」の物質的なものにまで至らねばならない。

フッサールも、カントと並んで、質料としての感覚から始めるが、感覚は〈いま・ここ〉に与えられている知覚が、想像や想起ではないことを保証するものであって、その限り感覚にはその「向こう」に物質がぴったり張りついている。そのつどの〈いま・ここ〉に、何かが根源的に与えられている。それは感覚であるが、感覚はそのまま意識外の物質を指し示すのだ。意識内の感覚が意識外の物質の正確な代理をするのである。こういう意味を込めて、ここでは物質を指し示す感覚を「感覚刺激」と呼ぶことにしよう。感覚刺激は時間とともに湧き出しては消え去る。ここで、時間というファクターを厳密にとれば、t_1における物質の塊は一秒後のt_2においては、感覚刺激の微細レベルではすでに異なったものである。有機体が典型的であるように、ただその構造が保たれているにすぎないのだ。

感覚と意味とのあいだ

私は、ベンチに腰かけて周りの風景を眺めながら、刻々と異なっていく周囲の物質からさまざまな感覚刺激を受けている。そして、私は眼前の感覚刺激に「池」と意味付与し、それを取り囲む感覚刺激に「木々」と意味付与し、自分が腰掛けている感覚刺激に「ベンチ」と意味付与している。

それはあまりにも自然であるので、私は自分が意味付与しているのではなく、感覚刺激からこれらの意味そのものがやってくるように思われる。もともと意味付与されている「池」や「木々」や「ベンチ」を知覚しているような気がするのである。だが、これは錯覚である。〈いま〉私の網膜を打つ電磁波の「なか」にも、それらから刺激を受けている感覚の「なか」にも「ベンチ」という意味は含まれていない。

意味付与とは、物体ないし（「空」や「虹」など）その類似物に名前を付けるだけではないが、ひとまずこうした場合に限ってみても、感覚と意味とのあいだには隙間が開けている。先のオースチンの例をふたたび取り上げてみよう。

円Zをノートに正確に描き、次にそれを持ちあげてさまざまなパースペクティヴP_1、P_2、P_3……から眺めると、Zは次々に相貌を変える。ZはP_1では円に近い楕円であるが、P_2ではきわめて薄い楕円であり、P_3ではほとんど直線である。この場合、Zの位置とその表明を反射する光が私の瞳孔へ入る進路をたどることにより、さまざまな知覚像の説明はできる。私がP_1において「Zは楕円である」と判断するのは、そのような感覚刺激が私の瞳孔に入るからであり、P_3において「Zは直線である」と判断するのは、そのような感覚刺激が私の瞳孔に入るからである。私は、このときも感覚刺激に応じて意味を付与している。

だが、この場合、感覚刺激には差異はなくとも、Zに属する知覚像と属さない知覚像に区分けして、Zを真上から見たとき(P_0)の知覚像「円」はZに属するが、それ以外のP_1、P_2、P_3……で見たときの知覚像はZに属するのではない。では、これらの知覚像が属する先は何であろうか? あえて答えれば、「私の心」という漠然とした領域であり、それは実在的世界から排除される。

しかし、よく考えてみよう。はたして「円」という形状はZという物体に属するのであろうか? 物体Zは特定の形状をしているが、それは言語を習得し「私」という言葉を習得した有機体Sが、真上から見れば円に見え、少し傾けると楕円に見え、さらに傾けると直線に見えるような、そういう形状を持った物体であり、私は物体そのものに特権的に「円」という形状を属させ、その他の知覚風景を「心」の側に配置するという操作によって成立する。すなわち、「円」という意味は物体Zの「なか」にもともと含まれているのではなく、私がZを知覚するたびに一定のルールのもとに意味付与するものなのである。デカルトの例を挙げてみよう。デカルトによれば、太陽はそれ自体「大きい」のであるから、遠くの太陽が「小さく」見えるのは、感覚による惑わしである。だが、太陽はそれ自体として「大きい」わけではない。太陽という物体（気体？）は特定の体積を持つ天体なのであって、それを「大きい」とか「小さい」と判断するとき、Sがそれにこれらの意味を付与しているだけなのである。

こうして、色や形、音や味などのいわゆる単純印象でさえ、それらを言葉で表すことによって、すでに意味を付与していることがわかる。そして、意味ではないそれら自体を表す言葉はない。それらは「赤」という意味を付与されるような感覚刺激あるいはそれに呼応する物質（「円」という意味を付与されるような感覚刺激あるいはそれに呼応する物質）という言い方しかできないであろう。

バークレィは物体の存在を触覚に帰着させようとしたが、これはうまくいかない。確かに、測定の基準は身体ないし測定器を物体に接触させることであり、よって水中で曲がって「見える」箸は曲がって「いる」わけではなく、まっすぐで「ある」。だが、実在世界の成立は、触覚を基準にするわけではない。私が、いや誰ひとりとして触覚によってとらえていないときにも「ある」世界、それが実在世界なのである。Sの知覚は視覚が最も遠方まで届き、それに聴覚が続く。その他の触覚、嗅覚、味覚はそれぞれの身体の近傍に限られている。Sはこうした五官を適度に相互に補充して、〈いま・ここ〉で何ごとかを知覚しているのである。

知覚の因果説およびその批判

よって、いわゆる「知覚の因果説」は、物質と感覚とのあいだを跳び越すのみならず、感覚と意味とのあいだをも跳び越す無謀な理論と言えよう。この理論は、普通次のように定式化される。すなわち、私の体内のある対象を私が知覚するとき、その表面を反射した電磁波が私の瞳孔に入り電気パルスによって脳中枢まで至って「赤」という色が生ずる。「原因」とは「結果」を「産み出す」のだとすれば、対象表面から発した電磁波から大脳中枢の興奮までの物質の過程が「赤」を生み出すのである。

こうした「知覚の因果説」に対して哲学者たちはさまざまな態度を取ったが、ここでは大森荘蔵の反論を検討してみよう。大森は初期の「立ち現われ一元論」時代に「知覚の因果説検討」(『言語・知覚・世界』岩波書店)という論文において、真っ向からこの理論を批判している。その骨子は、次のものである。私は初めから「知覚像」を規準に物の位置および性質を確定したのであって、電磁波から大脳中枢の物質過程を経て、はじめてその知覚像が「産み出される」わけではない。私の体外にある物から大脳中枢までの物質的過程と私の体内の知覚像の関係は、因果関係ではなく「即」の関係なのであり、一つのものを「物言語」と「知覚像言語」という二通りの言語によって記述することなのである。

この反論は、整合的であるように見える。だが物質と感覚との関係を「即」というひとことで片付けるのではなく、そこに隠されている跳び越しをよく見てみる必要がある。確かに、大森の言うように、物質と感覚とは初めから対応するように設定されている。感覚としての赤には、赤い感覚を生じさせるような一定の物質の構造が対応している。一定の構造Rを有するリンゴの表面を反射した光が瞳孔を経て大脳中枢に至るとき、感覚としての赤R'が生ずるのであり、構造Gを有するリンゴの表面を反射した光が瞳孔を経て大脳中枢に至るとき、感覚としての緑G'が生ずるのだ。

そして——注意すべきことに——両者のあいだをつなぐ糸は（物質から感覚へとではなく）感覚から物質へと張られている。初めから結果としての「赤（R'）」という感覚を生じさせるような一定の物質の構造（R）をリンゴ表面に原因として設定しただけなのである。よって、その意味では、大森の言うように、知覚の因果説とは、感覚と物質とのあいだに初めから対応関係を設定したうえで、これを光から神経系を通って大脳中枢に至る伝達過程の時間的継起に重ね合わせて因果関係へと偽装しているだけである。

これは、物質と感覚とのあいだに因果関係が成立しているわけではないという批判の限り正当であろう。だが、大森が「すでに意味づけられたものの受容」と「能動的に何かに意味を付与する作用」とのあいだを跳び越している点は問題である。大森は世界から「意味以前」をシャットアウトし、意味としての「赤」から出発すべきだと提案している。意味の成立を語ることはできないことを考えると、それは正当な見解であるが、真に問題とすべきことは、その「あと」すなわち、物質の表面構造としてすでに固定された意味としての「赤」と、私が〈いま〉能動的に意味付与しつつある「赤」という二つの意味のあり方の関係なのである。

　確かに、大森の言うように、私が「赤」を知覚するとき、私の瞳孔を撃つ電磁波も、神経系を伝わり大脳中枢に至って生ずる感覚刺激も「赤」という意味から隔絶されているわけではない。私は一定の物質の構造に「赤」と意味付与するのであり、この場合の一定の物質の構造は、すでに「赤」の意味と対応している。それはリンゴという物質の一定の表面構造としての「赤」であり、リンゴの性質としての「赤」であり、私がそれに眼を向けなくても「赤い」と語るときの「赤」である。

　だが、意味としての「赤」にはもう一つのまったく異なった相がある。それは、私が〈いま・ここ〉で現に眼前の何かを「赤」として見ているという体験であり、言いかえれば、私がそれを能動的に「赤」として意味付与しつつあるという体験である。言語を習得した有機体S_1が知覚するとは、そうでない有機体のように、単に感覚刺激を受け取るということだけではなく、感覚刺激を受け取りつつ能動的に意味付与するということなのである。

（1）言語を習得する以前の有機体が、自己中心化に基いて「刺激＝赤」を受け取る段階。

（2）言語を習得し脱自己中心化を遂行した有機体が、「刺激＝赤」をすでに意味づけられた普遍的な「観念＝赤」として承認する段階。

（3）その言語によって媒介された普遍的な「観念＝赤」を、ふたたび自己中心化し（二次的自己中心化）、〈いま・ここ〉で体験している段階、すなわちそれをあらためて「赤」として意味付与しつつある段階。

すなわち、先に（第一章第1節、第2節で）述べたように、言語を習得した有機体であるS_1が「赤」を知覚するとは、単に固有の「刺激＝赤」を受け取ることではなく、その「刺激＝赤」を、自分以外の言語を習得した有機体であるS_fにとっても同じように把握できる普遍的な「観念＝赤」に変換したうえで（脱自己中心化）、その言語に媒介された「赤」を〈いま〉現に体験すること（二次的自己中心化）なのである。とりわけ重要なのは、（2）と（3）とのあいだに開かれる間隙であり（このあいだの間隙を大森は見逃している）、S_1が「赤」を現に知覚するという体験は、すでに意味づけられた普遍的な「観念＝赤」をただ受容することではなくて、「意味付与しつつある」という能動的体験である。こうして、S_1が「赤」を現に知覚するということは、「観念（意味）＝赤」と「刺激＝赤」との差異性を切り開き、かつ閉じる（両者の間隙を飛び越える）ことなのだ。

能動的不在

ここで注意すべきことは、こうした能動的意味付与作用体験は、物質にも感覚刺激にも帰属しえず、その体験はまるごと物理学的世界においては「不在」だということである。感覚刺激は特定の物質と（必ずしも一対一ではないにしても）対応させることができ、その限り「刺激＝赤」は世界における現在する事象であり、さらに普遍的な意味としての「観念＝赤」も特定の物質の構造に対応しているが、〈いま〉私が「意味を付与しつつある作用」を物質に対応させることはできず、その限り（物理学の描く）客観的世界においていかなる場所も占めることができない。

よって、一定の物質の構造としての「観念（意味）＝赤」と「体験＝赤」すなわち「赤という意味を付与しつつある体験」との関係は、二通りの「現在するもの」の関係ではなく、（物理学的に）実在する物質の構造と（物理学的に）不在である意味付与する体験との否定的関係なのである。もちろん、言語を学んだ有機体Sが意味付与する仕方には多少の揺らぎがあるかもしれない。同じ物質の構造から同じ感覚刺激を受けても、Sのそれぞれが異なった内部処理をし、互いに異なった意味を与えるかもしれない。これに関して、ベルクソンは次のように主張している。

> 私はイマージュの総体を物質と呼ぶが、これら同じイマージュが、ある特定のイマージュ、すなわち私の身体の可能的な作用と関係づけられた場合には、それらを物質についての知覚と呼ぶ。[5]

物質についてのこの知覚と物質そのものとのあいだには、本性の相違ではなく程度の相違があるだけで、純粋知覚と物質の関係は部分と全体の関係に等しい。[6]

有機体S_1の「そと」に広がる自然とS_1の「うち」に閉じ込められた自然がある。前者を「自然1」、後者を「自然2」と呼べば、（ベルクソンの用語では）「自然1」は「物質」にほかならず、「自然2」は「物質についての知覚」である。そして、「自然1（物質）」と「自然1（物質についての知覚）」との関係は全体と部分の関係にほかならない。ベルクソンにとって、精神的なものの源泉は記憶であるから、それを捨象した権利上の知覚である「純粋知覚」はいかなる精神的なものも混入していない物質そのものである。すなわち、有機体にはその「そと」から物質的刺激が殺到し、その「うち」でそれを固有の仕方で処理するが、それもまたすべて物質のプロセスなのである。その場合、ある有機体S_1の外の物質の構造が「自然1」としての「赤」であり、S_1がそれを固有の仕方で処理したものが、「自然2」としての「赤」である。よって、それぞれの有機体が同一の「自然1」に対しながら互いに異なる「自然2」を有することはありえる。

しかし、言語を習得した有機体S_1であれば、「自然2」をそのまま維持することはなく、それをまず脱自己中心化して普遍的な「観念＝赤」の形成に向かい、次に、その普遍的「観念＝赤」をさらに自己中心化して（二次的自己中心化）、特有の「意味付与体験」を持つに至るのだ。

ベルクソンは、言語習得をとくに考慮せずに、有機体の原理をそのまま（言語を学んだ有機体である）人間に適用している。だが、言語を学ぶことはまさに「コペルニクス的転回」を引き起こすのだ。すでに述べたように、ここには（ヘーゲルのタームを使えば）「否定の否定」という弁証法的過程が成立しているのである。

こうして、言語を習得した有機体S_1が「赤」を知覚するということは、単に感覚刺激を受けることではなく、眼前の物体表面に付いている「観念＝赤」をそのまま受容することでもなく、眼前の物体表面に「赤」という意味を付与するという能動的作用なのである。この能動的作用自体は、（物理学が描くような）客観的世界において現在するわけではなく、むしろ客観的世界においていかなる場所も持ちえないという意味で「不在」なのである。

まさにパースペクティヴやクオリアが客観的世界においては不在であることが、ここに繰り返される。

能動的不在という概念をクオリア問題に関連づけると、次のような新たな局面が開かれる。言語を学んだ者は、風の音を初めから「さらさら」という音として理解し、波形を「ある複雑な幾何学図形」として理解する。これは自然現象としての刺激ではなく、意味づけられたもの、すなわち（フッサールのタームを使えば）スペチエスであって、実際われわれがある色を「赤」として見ているとは、こういう観念化を遂行していることである。もともとクオリア問題は、こうした能動的意味付与作用を無視しているが——先に見たように——その限り、統一的物理学的実在性はパースペクティヴの多元性を「不在」として排除することによって成立しているという事実が確認されるだけであって、哲学的問題は消去されてしまうのだ。

多元的原事実が充満する世界に産み落とされた主体（S_1）は、個々の刺激から「赤」という言葉を学ぶや否や、すでに「赤一般」を理解できる立場に移行している。S_1は「赤」という言葉を自己中心的に学ぶのであるが、いったんそれを学んでしまったら、むしろ固有の刺激に反逆しそれを脱自己中心化して、「赤一般」（観念としての赤）を理解し、〈いま・ここ〉で現に生じている「赤〈クオリア〉」をそれを通して理解しようとする。かつて言語を学ぶ前に中心化してとらえていた「刺激＝赤」を、言語を学び脱中心化することによって獲得した「観念＝赤」の一事例としてとらえ直そうとするのである（二次的自己中心化）。

それは物理学的実在とは異なった実在（心的実在）であるように見える。しかし、そうではない。それは、二重の意味で「不在」なのだ。第一に――すでに述べたように――物理学的実在が一元的世界像に基づいている限り、そこから排除されるべき多元的パースペクティヴとして不在でなければならない。そして、第二に、それは、S_1がそのつど能動的に意味付与する限りにおける不在、すなわち能動的不在にほかならない。

観念論の構図

以上の観点から、観念論と実在論との区別を考えてみよう。それは世界のあり方の区別であるかのような外観を持っているが、その区別はじつは意味の成立の問題に収斂する。実在論とは、世界それ自体が（人間的主観とは別に）初めから意味を有している、という考え方である。その場合、意味を有さない物質を前提したとしても、初めから意味は物質と対応しているのだから、物質とその意味との「あいだ」にはいかなる間隙も空いていない。古典的には神が意味を付与したのであり、それをわれわれ人間は読み取りさえすればいいのだ。神の言語は自然言語とは限らない。神はさしあたりわれわれ人間には知られていない高度な言語で世界に意味を与えているかもしれず、その場合、われわれは自然言語の背後に隠された「真の言語」を見出しその意味を読むべきなのだ。これが、ライプニッツからフレーゲを経てラッセルに至るまでの実在論である。

これに対して、典型的な観念論によれば、世界はそれ自体が意味を有しているのではなく、意味は意識（私）が世界に付与するものなのだ。よって、意識によって意味付与された世界は意識にとっての世界となり観念となる。この場合、その「そと」をどのように設定するかによって多少の差異はあるが、意識はのっぺらぼうな場としての世界に意味付与するのではないから、意識が意味付与する「前に」すでに物質は（一対一でなくてもいいが）一定の意味を担うように構造化されているとみなされる。意識が物質と触れる場は「感覚」であり、感覚は「そと」からの刺激を正確に授与して意識に手渡し、意識がそれぞれの与えられ方に応じて、しかも能動的に意味付与するというわけである。以上のことから、次のことが明らかになる。観念論が知識（認識）の源泉を経験に求めることができるのは、経験に属する物質それ自体に意味の源泉がないとしながらも、物質をあらかじめ観念と正確に呼応するように構造化されたものとして理解しているからである。すなわち、観念論は知識の源泉（の一部）が意識の「そと」にあるとしながら、意味付与されたものとの正確な対応物を「そと」に読み込むことによって、感覚と意味とのあいだに開ける間隙を跳び越してしまうのである。

感覚と意味との「あいだ」に開かれる間隙は、知覚の場面ではなく再認＝想起の場面に移ることによって、より明らかになる。私が公園内の池を一周してまた同じベンチに腰掛ける瞬間に、私はそれを「同じベンチ」であると再認する。しかも、それは同じベンチであって同じベンチではない。なぜなら、私はそれを単に知覚しているのみならず再認しているからである。だが、私が「ああ、あれはさっきのベンチだ」とか「ああ、もう誰かが腰掛けている」と語るとき、すでにそこに「もはやない」過去が忍び込んでいる。

ここで単純な問いを出してみよう。ほとんど先ほどと同じ電磁波が私の網膜を打ち、ほとんど同じ刺激が私に生じているはずであるのに、なぜ私は池を一周したあとで、過去に関与することができるのであろうか？　過去はすでにない。あるのは〈いま〉だけである。では、「あった」と私が確かに判断しているときに、そこに何が生じているのであろうか？　私はそのとき過去に戻っているわけではない。私が「これはさっきのベンチだ」と語り出すとき、突如としてこの〈いま〉のうちにさっきの〈いま〉がこれと並んで出現するわけではない。そうではなくて、さっきの〈いま〉は、まさにこの〈いま〉のただなかに、不在というあり方として現れるのである。

昨日自分が腰掛けたベンチを私が再認するとき、それは、疑いなく昨日のベンチと同一のベンチであるが、昨日のベンチそのものではない。なぜなら、今日はもはや昨日ではないのだから。このことを、あるいはベンチという「物」は同一であるが、「ベンチに腰掛けたこと」という「体験」は消え去った、と言いかえていいかもしれない。だが「ベンチに腰かけた」という体験が消え去ったのであれば、その体験時の「ベンチ」の要素である物質も消え去ったのでなければならない。

昨日のベンチという物質の塊は体験とともに消え去った。だが、その特定の構造は〈いま〉の物質に伝達されていて、私は昨日自分が腰掛けていたベンチを再認する。私は〈いま〉与えられている一定の物質の構造の「うち」に、すなわちそこから伝達される電磁波による私の感覚刺激の「うち」に、知覚の対象としての「現在するベンチ」という意味と並んで昨日の「不在のベンチ」を意味付与するのである。

記憶物質

記憶を可能にするには、ベンチを構成する物質と並んで、言語を学んだ有機体S_1各々の大脳内の「記憶物質」が必要となる。これは、各人がある対象を知覚する限り、色や形や遠近をはじめ一般名詞を付与する限りほぼ同じ意味を付与するのに対して、想起する局面になると意味付与が大幅に異なることを説明してくれる。

先日、久しぶりに金閣寺を訪れた。雨が降っていた。私は池の彼方に雨に煙る金閣寺を眺めながら、そこに中学校の修学旅行以来何度も訪れたことを思い出していた。眼前の金閣寺とともに、さまざまな過去の光景がそこに現出してきた。こうした過去の光景はどこから来たのか？　どこからも来ない。まさに〈いま・ここ〉にある。私が〈いま〉金閣寺を見るということ、それは、私の網膜に電磁波が到達することに尽きるのではなく、初めからさまざまな過去の光景を思い出しながらそれを見るということである。

以上を、物質の観点から見なおしてみよう。眼前の物質の塊は、一定の構造が少しずつ変形しながら（古びながら）五〇〇年あまりのあいだ次々に伝達されてきた。そこを訪れた者は、その構造を「金閣寺」という名の痕跡として見る。一九五〇年七月二日、金閣寺は灰燼に帰し、その構造は消失し、同時にそれを痕跡として見る可能性も消失してしまった。だが、五年後に再建され、新たな物質に金閣寺という構造が刻み込まれ、ふたたび訪問者はそれを金閣寺の痕跡として見ることができる。よって、焼ける前の金閣寺が五〇〇年前の創建時そのままの姿を伝えていて、消失後の金閣寺がそれを伝えていないわけではない。いずれの金閣寺においても、創建時の物質はすっかり消滅してしまい、その構造だけが〈いま〉伝えられていることに変わりはない。

金閣寺を訪れる人は、その特定の構造を同じように眺めている。そして、そこに同じように「金閣寺」という意味を付与している。だが、それに加えて各人は固有の知識に基づいて異なった意味をそれに付与しているにちがいない。あの金閣寺は、私の周囲にうごめく多数の訪問者には、私とは異なって現れているであろう。その誰ひとりとして、〈いま〉中学校のときのあの修学旅行を思い出しながら、金閣寺を眺めている者はいないであろう。彼らはみなそれぞれ大脳内に異なった記憶物質を持っているからである。こうして、私は周りにいる他人もみなあの同一の金閣寺に、私と同じように、しかし異なった内容の不在を意味付与しているのだろうと想像する。

各人の大脳内の記憶物質は、一つの痕跡（金閣寺）に対して、各人が別様の思い出を持っていること、それに別様の過去の出来事という「不在」を意味づけることを説明しうる。確かに、各人の大脳内における異なった記憶物質を前提しなければ、この多元性を説明できないであろう。では、各人は精巧なカメラを大脳内に持っていて、知覚とは、それによって刻々と周囲世界を撮影することなのであろうか？　そして、その膨大なフィルムを保存し、想起とは、その中のいくつかを取り出して現像することなのであろうか？

そうではない。こうした「カメラモデル」は、知覚を説明しえないように、再認も想起も説明しえない。いかに精巧なカメラで撮影し最高の技術をもって現像したとしても、そこに取り出されたもの（写真）はやはり単なる物体であり、その表面にさまざまな色のついたまだら模様であり、いや「色」や「形」という意味さえ欠如した物質の特定の塊である。そこに「金閣寺」という意味は含まれていない。知覚とは意味付与なのであるから、脳内カメラによる撮影が知覚の比喩として成り立つためには、やはりそれを意味付与するものが必要であるが、いかに複雑なメカニズムによっても、記憶物質自身がそれを受け持つことはできないのである。

同じように、カメラモデルは想起をも説明しえない。私は脳内カメラで昨年撮った金閣寺の写真を、私の脳内に何枚か保存している。それを折に触れて現像するのだが、私が取り出す「写真」は、いかに精巧な構造を有していても、どこからどこまですっかり現在するものであって、机上に置かれた眼前の写真と同様の単なる物質にすぎない。それを「昨年撮った金閣寺の写真」として意味づける作用は、大脳から取り出した写真という物体の「うち」には含まれていない。大脳内で撮られた写真は、眼前の写真と同様に、過去の出来事という不在が含まれていないのだから、あらためてその不在を付与するものが必要になるが、それを物質が受け持つことができないことは明らかである。

では、大脳から取り出さないで、何らかの仕方で私が自分ひとりだけその記憶物質に蓄えられているままのEという過去の出来事の写真B(E)を「内観する(introspecto)」のだろうか? だが、いかに複雑な構造があろうと、やはり記憶物質はすっかり物質なのであるから、現在するだけであって、そこに「昨年」という意味は含まれていない。その意味を読み込むのは「私」なのだ。

大脳内の記憶物質は、CDやDVDと基本的に変わることはない。その微細な構造の「うち」に過去を貯蔵しているわけではなく、それは過去から一定の構造を伝搬された現在の物質なのであり、それを機械にかけて聴こえてくる音や見える映像を「過去の」音や映像として意味づけるのは私なのである。しかも、そのすべてを私は〈いま〉遂行しているのだ。CDやDVDと同じく、大脳内の記憶物質は想起(再生)にとって必要不可欠の役割を演じている。CDやDVDを破壊するように、私の大脳から記憶物質を削除すれば、私はいっさいの過去を再認できず想起できなくなるであろう。それは、想起するための必要条件である。しかし、それは想起するための十分条件ではない。記憶物質という必要条件のもとで、想起するのは、すなわちその必要条件のもとで、〈いま〉あの金閣寺に中学の修学旅行という過去の出来事を意味付与するのは、（いかなる物質でもなくて）あくまでも「私」である。

知覚的意味と想起的意味

われわれが陥りやすい大いなる錯誤は、〈いま〉眼前の知覚風景を構成する物体には、はじめから「意味」がこびりついているとみなすことである。だが、見上げる空間はもともと「青い」わけではなく、眼の前には「池」があるわけではなく、私が腰掛けているのは「ベンチ」ではない。これらの意味はきわめて安定しているので、実感が湧かないが、やはり私は知覚しているたびに「青い空」という意味を「池」という意味を、「ベンチ」という意味を付与しているのである。

こうして、知覚風景をはじめから意味に充ちているものとみなすことによって、外的世界に配し、外的世界＝知覚風景なのだから、そこからこぼれ落ちる再認風景や想起風景は「心のうち」に閉じ込めてしまう。だが、「心のうち」に過去があるはずもないから、それらの風景は神秘的なもの、説明不能なものになってしまうのだ。

確かに、知覚の場合は、とにかく眼前の物質からの刺激が感覚器官に届いている。空はもともと「青い」わけではないとしても、青い感覚刺激を私の知覚中枢に呼び起こす構造をしているのであり、私が腰掛けている物質に初めから「ベンチ」という意味は付着していないとしても、それを眺めれば「ベンチ」という意味を付与することができる構造をしている。だが、「昨日腰掛けたベンチ」という感覚刺激は、〈いま〉眼前の物質から私の瞳孔に入るはずもない。

その通りである。だが、私に〈いま〉与えられているのは知覚風景だけなのであろうか？　知覚風景がきわめて安定しているだけであって、あるいは多くの人に共通である(ように思われる)だけであって、そこには同時に不安定であっても個人的であっても、想起的意味が成立しているのではないだろうか？　私は〈いま〉同じ物質の特定の構造に対して、知覚的意味と想起的意味を同時に付与しているのではないだろうか？　眼前の一定の構造を持つ物質に対して「茶色いベンチ」という知覚的意味と「昨日私が腰掛けたベンチ」という想起的意味を二重に付与しているのではないだろうか？

もし再認や想起が幻覚ではないのなら、われわれはここでふたたび「物質の形而上学」に戻らねばならない。確かに、過去の出来事を形成していた物質は〈いま〉やもうまったくない。各瞬間に新たな物質が次々に湧き出し、古い物質は消え去っていくのだ。だが、物質は時間の経過につれて刻々と湧き出し消え去りながらも、一定の構造を保って〈いま〉に至ることができる。古い物質は消え去りながらも、その「かたち」を新たな物質に伝達することができる。こうした力学はそのまま感覚に伝達され、意識内における基本構造となる。すなわち、感覚刺激は時間の経過につれて刻々と湧き出し消え去りながらも、世界のさまざまな局面で一定の構造を保って〈いま〉にまで至った物質の構造を指し示しているのである。こうして、想起や再認とは、はるばる過去から伝搬されてきた物質の特定の構造を指し示す感覚刺激を〈いま〉私が読み取ることなのだ。私は想起のたびに過去に戻るのではない。すべての作業は〈いま〉行われるのである。

ここに三〇年前に撮った写真がある。私が〈いま〉眼前で展開する光景からの刺激に「井の頭公園」という意味を与えることができるように、私は〈いま〉この写真からの刺激に「三〇年前の井の頭公園」という意味を与えることができる。なぜなら、その写真を形成している物質は〈いま〉あるのだが、その白黒の図柄（構造）は三〇年前からえんえんと物質から物質へと伝達されてきたのであって、それに私は〈いま〉「三〇年前の井の頭公園」という意味を付与しているからである。この古ぼけた写真の図柄には「三〇年前の井の頭公園」という意味は含まれていない。それは、〈いま〉眼前で繰り広げられる物質の特定の構造からの刺激に「井の頭公園」という意味が含まれていないのと同様である。ともに、特定の刺激に基づいて、私が〈いま〉意味を付与しているのだ（前者には想起的意味を、後者には知覚的意味を）。

〈いま〉私の大脳内の特定の記憶物質（M）が存在しなければ、私が眼前の古ぼけた紙片を「三〇年前の井の頭公園の写真」、眼前のベンチを「昨日自分が腰掛けていたベンチ」であると再認できないことは確かである。だが、Mはすみずみまで物質なのであるから、やはり〈いま〉あるにすぎない。その「なか」に「三〇年前の井の頭公園」という意味は入っていない。こうして、大脳の中に分け入っても、記憶物質は〈いま〉過去から伝搬された物質の特定の構造を維持しているだけである。物質が記憶するのではなく、私が記憶するのだ。眼前のベンチを「昨日自分が腰掛けていたベンチ」として再認するのは、記憶物質ではなくて私である。

私は周囲の物体ないし出来事にそのつど適切に意味付与しているのであるが、「ベンチ」や「茶色」や「長方形」というような単純な知覚対象はあまりにもその意味が安定しているので、その意味はすでに眼前の物質そのものの「うち」に沈澱していて、「向こうから」やってくるように思われる。だが、これは錯覚であって、私は特定の構造を持つ物質に対して安定した公共的な知覚的意味と並んで不安定な個人的想起的意味をも付与しているのである。私は、すでに安定した意味に充ちた世界に生まれ出たのであり、独力でその世界から意味を引き剝がすことはできず、ほとんどすべての意味を「受け取る」だけである。私が眼前の物質の塊の一定の構造に「ベンチ」という意味を付与するとき、私は他で学んだ「正しい」意味をそれに貼り付けている。私は眼前の物質を「ベンチ」ではなくて「テーブル」と意味づけることはできない。「茶色」ではなく「赤」と意味づけることはできない。としても、「ベンチ」という意味がもともと物質の「なか」に含まれているのではなく、私が〈いま〉眼前の物質に正しく「ベンチ」や「茶色」と意味を付与していることに変わりはないのである。

意味は物質にこびりついているわけではない。しかし、それが「いかに」発生したかと問うと、けっして答えられない。あえてその理由を探れば、私（後に「私」になるあるものS_1）は、もともと意味で充たされている世界のうちに産み出されたからであり、その世界のうちでS_1は他人（大人）から言語を学び、気がつくと学んだ通りに周囲世界で出会うものに意味を付与しているからであり、そして、まさにそのことによって、みずからをも「私」と意味付与し、S_1は「私」になったからである（こう語ることもすでに〈いま〉もはや消失した「不在」の世界に一定の意味を付与しているからなのであるが）。私がいかにして世界が意味に充たされるようになったのかがわからないのは、私がいかにして私になったのかがわからないのと同様である。これは根源的事実というほかあるまい。

物質と〈いま〉

「いかにして、物質が意味を担うことができるのか？」と問うと、われわれは困惑し答えることができない。だが、物質それ自体が意味を担いえないことだけは知っている。言いかえれば、われわれは、はじめから意味を担いえないものとして物質を理解しているのだ。この理解は何に基づくのであろうか？　ごく単純な経験によるように思われる。私はひとり部屋にいてホワイトボードやテーブルや椅子やその壁に掛かるブリューゲルの複製画「子供の遊戯」を見渡しているが、電気を消して私がこの部屋を去った後に何が残るのであろうか？

その暗闇に、私に知覚されるがままの鮮やかな色のついた「子供の遊戯」が残るという人はいないであろう。では、すべての知覚的意味いやすべてのパースペクティヴを消去した「子供の遊戯」を構成する物理学的物体Kが残るのであろうか？　そう考えることもできる。だが、Kが「ある」とはいかなる意味かと問うと、それはKという同一の物体が「ある」という意味をおいてほかにはない。

ここで注意すべきことは、こう語るとき、物体と物質とは乖離するということである。同一の物体Kを承認する者は、その物体を構成している物質が絶えず変化していることを否定しはしない。とすると、物体のレベルではなく物質のレベルに照準を合わせると、同一の物体を絶えず異なる物質が構成していることを認めていることになる。さらに、このことは、〈いま〉Kを成している物質はさっきKを構成していた物質とは異なることを承認していることになる。では、さっきKを構成していた物質はどうしたのか？　完全に消滅したのである。一時間前に「子供の遊戯」を構成していた物質は完全に消滅して、〈いま〉それを構成している部屋はまったく新たなものなのだ。

では、その〈いま〉とはどのくらいの長さなのであろうか？　それは一義的には決まらない。物質の変化は連続的であるから、厳密には〈いま〉の長さは無限小であるように思われる。すなわち、有限のいかなる長さでもなくゼロでもない極限値であるように思われる。だが、それはいかなる意味でも〈いま〉ではない。〈いま〉とはその連続的変化に楔を打ち、世界を適当な長さの単位の集合とみなすことによって、はじめて生ずるものである。とすると、その最小単位は——例えば将軍が鉄砲隊に「いまだ、撃て！」と命ずるときのように——〈いま〉という言葉が機能する最小単位にほかならないであろう。しかし、（第二章で検討するが）〈いま〉は直ちに観念化して、われわれは関心に基づいて、物質の連続的・微視的変化に基づかない広大な〈いま〉を語り出すことによって、それを登場させる。「〈いま〉は夏休みであり、〈いま〉私は部屋でうとうとしているのだ。〈いま〉日本列島に台風が近づきつつあり、〈いま〉地球は太陽の周りをまわり続け、宇宙は膨張し続けている。それぞれの〈いま〉は瞬間的現在を含むが、その「長さ」はほとんど無限に多様である。

バークレィは感覚の背後にある「物体的実体（corporal substance）」としての物質を否定し、それは完全に「無」であって、神でさえ知覚できないとしたが、このことが成り立つのも、「観念＝物体」という物体的世界観に立っているからである。「存在するとは知覚されることである（esse is percipi）」[7]とは「存在するとは知覚可能なことである」と言いかえられねばならず、その限り、「子供の遊戯」という観念は「子供の遊戯」という物体にほかならない。そして、物質は極小的〈いま〉にまで縮減されるのであるから、バークレィはその極限として瞬間的現在における物質を「無」とみなしたとも考えられる。

私が、物体としての「子供の遊戯」（物体K）が、部屋の電気を消したあとでも自己同一性を保って残るものとして了解していることは、その内部を構成する物質は絶えず変化しながらも一つの実在的可能的なものであることを了解していることである。Kを構成している物質という観点から見れば、電気を消したときに、電気が点いていたときの「子供の遊戯」は総じて消えてしまったのであって、ふたたび電気を点けるとき、目に入る「子供の遊戯」はさっきとはまったく別の物なのだ、こうして、物質は、じつのところ「経験の可能性の条件」ではない。それはむしろ経験を可能にしない条件なのである。経験とは絶えず湧き出し消えていく物質のあり方に逆らって作り出された世界である。まさにこの意味で、物質はいかなる意味も担うことはできないのだ。

まして、電気を消した部屋の暗闇には、当然「三五年前にウィーンで購入したブリューゲルの複製」という想起的・再認的意味も、「九一種類の遊びに興じている子供の姿」という知覚的意味も残らない。そこには、電気を点けて見れば、Kという一つの自己同一的物体であるような物質の塊があるだけである。

物体を、統一的・持続的・客観的世界を構成する統一的・持続的・客観的実在物として認めることは、すなわちその「うち」における絶え間なく異なった物質の入れ替わりを認めることにほかならない。刻々と経過する時間において、常にある〈いま〉を現在するものとして認めることは、すなわちその前の〈いま〉もその後の〈いま〉も不在であることを認めることなのである。そして、いかなる長さの〈いま〉であろうと、それを現在するものとして不在の過去や未来から区別するのは、感覚である。

確かに、感覚の「そと」には何もないというバークレィ流の観念論も、感覚の「そと」を問わないというヒューム流の観念論も理論的には可能であろう。しかし、「不在の哲学」は、〈いま〉刻々と新たな物質が湧き出し、それらは刻々と消滅してしまい、よって世界は刻々と変化し続けているという実感、言いかえれば、未来の出来事は未来から「来る」のではなく、過去の出来事は過去へと「行く」のではなく、〈いま〉のみが現にあるのであって、しかもそれは膨大な「不在」に囲まれて成立しているという実感に呼応している。

超越論的観念論において触発するXを前提することが形而上学であるように、「不在の哲学」において物質を前提することはまさに形而上学であろう。しかし、物質は、超越論的観念論における触発するXのように、「不在の哲学」の「うち」では何の役割も演じないが、「不在の哲学」全体をいわば支え、それに特有の相貌を与えるという役割を演じているのである。こうした自覚のもとに、ここであえて「物質の形而上学」を導入し、次章以下では、この概念を加えて再認や記憶について考察していくことにする。

第二章　不在と〈いま〉

1　変化と〈いま〉（アリストテレスの時間論）

あらゆる〈いま〉を等値する

前章では、物体とその多様に開けているパースペクティヴを世界の根源的構造とみなし、物理学的世界像に呼応した統一的客観的世界こそが「実在」であり、それはあらゆるパースペクティヴが消去された「どこから見られているのでもない諸物体の連関」として把握されていることを示した（こうした実在の条件を列挙したものがカントの「カテゴリー」にほかならない）。その場合、〈いま・ここ〉からの知覚風景、すなわちパースペクティヴP_1に開かれている光景L_1も、他のパースペクティヴ群P_fに開かれている光景群L_fと同様に、実在から排除されている（実在しない）のであり、実在から見れば「不在」なのである。こうして、物理学的実在を確保することは、〈いま・ここ〉に開かれているL_1をL_fと等値することによって抹殺するという操作によって成立している。

　この操作は、時間に限定すれば、この〈いま〉を過去におけるあれらの〈いま〉群と等値することによって、それをも諸物体の時間位置のみからなる時間から排除することである。その時間は数直線によって表され、数直線上の任意の原点0を定めれば、その線上の右方向にt_1、t_2、t_3……という未来の時間単位が、そして反対の左方向に$-t_1$、$-t_2$、$-t_3$……という過去の時間単位が延びている。この〈いま〉とこれまでの〈いま〉、さらにはこれからの〈いま〉との差異を完全に消去し、ただ時間順序だけから成る時間こそ、物体の連関だけから成る実在世界を測定する客観的時間なのである。これを言いかえれば、この〈いま〉を過去におけるあれら〈いま〉群と融合させることによって、あらゆる〈いま〉を「すでにない」という意味で「不在」の〈いま〉へと変身させたうえで、この〈いま〉とあれら〈いま〉との独特の関係を客観的時間から排除するのだ。

　具体的に考えてみよう。〈いま〉大空に満開の花を咲かせた花火Fは、次の〈いま〉にはもう消えてしまった。どこへ行ったのか？　「どこ」へも行かない。Fはただ単にこの世界から完全に消滅したのである。われわれは、一方でこのことをよく知っている。だが、他方、客観的世界を貫く客観的時間を導入することによって、Fは空間の三次元と時間の一次元から成る四次元連続体としての客観的世界から消滅したのではなく、ただ原点にあった〈いま〉から右の方向に一単位（例えば一分）ずれたt_1における〈いま〉へと移行しただけだとみなしてしまう。言いかえれば、物体としてのFは〈いま〉でも四次元連続体である実在世界において実在しているのだ。ただ、先の〈いま〉においては知覚される形で実在していたがこの〈いま〉においてはもはや知覚できない仕方で実在しているだけなのである。

客観的実在世界においては、華やかな姿で大空を飾ったt_0におけるFと、もはやまったく知覚されないt_1におけるFとの差異はさしたるものではない。なぜなら、t_0において〈ここ〉から見られたその光景は、実在世界においてはもともと「不在」だったからである。t_0におけるFとt_1におけるFの差異は、ただ客観的時間を表す数直線上の位置だけなのだ。

だが、こうした実在世界は、われわれが住んでいる世界の相貌とはなんと違うものであろう！　これが、実在世界の姿であるとすれば、一度生じたことは何ごとも消滅しないことになろう。消滅したかのように見えることは、ただt_0からt_1への時間的な場所の移動だけということになろう。こうした世界観は消滅というわれわれが熟知していることと反する。われわれはFが客観的時間の位置を移動したにすぎないというより一層根源的にFが消滅したことを知っているのである。

では、なぜ、それにもかかわらずこうしたわれわれの実感からほど遠いほとんど虚構のような世界が客観的実在世界とみなされるのであろうか？　その理由はただ一つである。すなわち、言語を学んだ有機体S_1は、必然的に自己同一的なものを求めるからであり、（さまざまなレベルで）不変の「実在」を求めるからである。そして、そうした実在を正確に表す言語（命題）を真理と呼ぶからである。

古来、人間は確固とした不変の実在を求めてきたのであり、変化・消滅・生成など、あるいは過去・現在・未来の差異など、あるいはあらゆるパースペクティヴにまつわる「精神的なもの」等々それを脅かすものを排除することによって、それを手に入れてきた。それが西洋哲学の歴史であった。もちろん、ヘラクレイトスの「万物は流れる（panta rhei）」に代表されるように、変化こそが実在であると主張する者もあった。だが、変化を実体とみなすことは、懐疑論と並んで、哲学の否定にほかならないのではなかろうか？

こうした実在概念はキリスト教のもとにおいては神との連関のもとに求められ、それがそのまま古典物理学に継承されて、質量・運動量・力・エネルギーなどさまざまな物理学的保存量として生き延びてきた。いや、こうした実在概念の根底にはやはり「物体」という実在概念があったと言っていい。デカルトに典型的に見られるように、「心」でさえ自己同一的・疑似物体である「思惟実体」（res cogitans）としてとらえられたのである。

そして、きわめて重要なことであるが、こうした自己同一的実在＝物体を確立することは、すでに（第一章第1節で）述べたように、そこから多様なパースペクティヴを「不在」として排除することにほかならない。実在を測定する客観的時間から、現在・過去・未来が、すなわちさまざまな〈いま〉が完全に削ぎ落とされるのもそのためである。実在に「属する」物体や出来事は、現在・過去・未来というパースペクティヴに左右されてはならず、そのパースペクティヴを「通じて」自己同一性を保たねばならない。

こうした要請は充分了解できるのであるが、それにしてもこうした実在的世界とそれに呼応した客観的時間は、われわれが生きている「まだない」未来―「ある」現在―「もうない」過去という時間体験とはあまりにも異なっている。一方で、自己同一的な物体や出来事あるいは世界それ自体の実在を否定することはできないし、他方、このありありした〈いま〉を否定することもできない。このことから、時間にまつわるアポリアが生ずることになる。

以下本章では、アリストテレス、マクタガート、フッサールに焦点を絞り、〈いま〉を統一的・客観的・実在的世界に直接取り入れようとすると、さまざまな難点が待ち構えていることを示すことにしよう。こうした問題意識は哲学の黎明期から認められ、アリストテレスは、〈いま〉にまつわる数々のアポリアについてきわめて真摯に考えていた。

数えられる数としての時間

アリストテレスの時間論においてまず注意すべきことは、時間と〈いま〉とが互いに対立的にとらえられていることである。しかもそれは、「数」を媒介にしている。

時間とはまさにこれ、すなわち、前と後に関しての運動の数であるから(1)(後略)。

ところで、数というのにも二義があるが、(中略)確かに、時間は、数えられるものとしての数であって、われわれがそれで数えるところのそれとしての数ではない(2)。

では、「数えるものとしての数」とは何か?

〈いま〉が前の〈いま〉と後の〈いま〉との二つであるとわれわれの霊魂《こころ》が語るとき、そのときにまた、われわれは、これが時間であると言うのである(3)。

これをすなおに解するに、「数える数」とは、数えるものと数える単位に分けられ、前者は〈いま〉であり、後者は「心」であろう。すなわち、「心」が〈いま〉という単位

〈数〉をもって時間を数えるのであり、これを言いかえれば、〈いま〉という単位〈数〉をもって「霊魂」によって数えられるものが時間なのである。しかし、これではまだ時間と〈いま〉との関係がはっきりしない。アリストテレスは、他のところで、「〈いま〉は時間のいかなる部分でもない[4]」、あるいは「〈いま〉はある限界である限り、『時間』そのものではなくて、時間に付帯するものである[5]」と言っている。

このことを加味すると、アリストテレスにとって、時間は「数えられる以前の時間（Z_1）」と「数えられた以後の時間（Z_2）」の二重の側面を持っていて、Z_1は連続量としての時間であり、Z_2はすでに数という単位によって区切られた時間である。これに応じて〈いま〉も二重の意味を持つ。Z_1に呼応する〈いま〉は、一つの運動B_1が終わったときであり、時間の部分ではなくまさに「限界」である。しかし、Z_2に呼応する〈いま〉とは、そのつどの限界に前の〈いま〉と後の〈いま〉という区切りがつけられるとき、その「あいだ」は一つの〈いま〉として時間の単位になりうる。こうして〈いま〉は「数える数」なのであって、「付帯的に」この数によって数えられた時間の部分なのである。

ここでアリストテレスの時間論の専門的解釈に立ち入るつもりはない。「時間を測る」とも「時間で測る」とも語る日常言語の使用法を見ても、ごく普通に考えて、時間は「数えられるもの」であると同時に「数えるもの」すなわち尺度でもある。アリストテレスの言う「霊魂」は現代的な言語感覚に従うと、「自我」ないし「私」と呼びかえていいであろう。こうして、時間とは「数えられるもの」であり、「数えるもの」は「私」である。

アリストテレスは変化を時間より優位概念とする。変化のないところには時間はない。変化の典型は運動であり、運動とは空間における物体の運動であるから、時間についての考察は、初めから空間や物体（運動するもの）を巻き込んで進行する。すると、運動する物体は（たとえ等速直線運動であっても）連続的に場所を変化させるのであるから、その測定される変化すなわち測定される時間も連続的に〈いま〉が次の〈いま〉に席を譲り、みずからは「もはやない」という不在に変貌する。存在と不在とは互いに排他的であるから、お互いが両立することはありえない。こうした存在から不在への連続的転変こそが数えられる時間の相貌である。

数える数としての〈いま〉

こうした測定される時間のみならず、われわれはまったく違った意味で、時間という概念を理解している。それは、尺度としての時間＝測る時間であり、アリストテレスの言葉を使えば「われわれがそれで数えるところのそれとしての数」であり、時間単位としての〈いま〉である。先に見たように、運動の連続と密着したものとして時間を考える限り、時間とは数えられるものであり、運動が連続的であるように連続的であり、その限界が〈いま〉である。しかし、実際に時間を〈いま〉によって測る（数を数える）場面を考えてみると（ある運動B_1が終わり、次に運動B_2が続く場合を考えてみよう）、一方で、〈いま$_1$〉はB_1の「限界」であり、〈いま$_2$〉はB_2の限界であり、B_1とB_2が区別できるから〈いま$_1$〉と〈いま$_2$〉は区別され、まさに「運動の前と後に関しての数」である。

しかし、「限界」としての〈いま〉は測定の段階に至ると、むしろB_1の運動もB_2の運動も静止してとらえようとし、同じ〈いま〉の「うち」に留め置こうとする。すなわち、〈いま〉とは運動するものをその同じ〈いま〉のあいだはあたかも静止するものであるかのようにとらえる働きを持っているのだ。こうして、測定する〈いま〉は時間の部分であるかのように振る舞う。比喩的に言えば、〈いま〉は連続的時間にみずからの離散的性格を投影して時間を離散化するのである。これは、カントにおいては「図式論」における「数の図式」の働きであって、「数の図式」は概念としての数を時間化するのであるが、これは時間を概念化（数化）することにほかならない。カントにおいては、「感性論」における直観形式としての時間が物理学的時間すなわち現象を測定する時間になるためには、「数の図式化」が必要だったのである。

では、数えるものとしての「心」ないし「私」と数える単位としての〈いま〉はどのような関係にあるのだろうか？　確かに、数えるものは「私」であり、数える単位は〈いま〉なのであって、両者の役割は分担されているように見える。だが、じつのところ時間を測る場合、数えるものとしての「私」が数える単位としての〈いま〉から独立に「ある」わけではない。それは、作用するものであるが、まさに作用する限りにおいて「ある」もの、すなわち、作用する〈いま〉そのものにほかならない。とはいえ、〈いま〉と「私」とは完全に重なり合うのではない。というのも、「私」とは、初めから時間のみならず、さまざまなものを数えることを通じて自己同一性を保つようなものだからである。すなわち、私は時間測定に携わる限り、〈いま〉によって時間を数えるその都度の作用それ自身であるが、「私」とは時間測定に携わらないこともありうる自己同一的な存在者なのだ。

そこで、「私」は時間を〈いま〉という単位によって数えるのであるが、そうした時間を数える限りにおける意識作用を（「私」ではなく）「★いま」と表記することにしよう。また、数える〈いま〉は数えられる時間と別々に登場してくるわけではない。数えるもののない数えられるものは無意味であり、数えられるもののない数えるものも無意味である。両者は互いに依存して一挙に登場してくる。「★いま」は〈いま〉の数を数えるのであるが、このことの「うちに」はじめて「私」は成立する。「私」は「★いま」によって〈いま〉を数えることによって、さらに言いかえれば、「★いま」によって、この現在する〈いま〉において「もはやない」不在の〈いま〉群を数えることによって、はじめて「私」なのである。そして、それぞれの〈いま〉も「★いま」によって数えられることによって、はじめて時間としての（すなわち、「数えられるもの」としての）〈いま〉なのである。

こうして、時間が世界に登場することは〈★いま〉を通じて「私」が世界に登場することにほかならない。時間を構成すること、それは「私」がそれ自身「★いま」に留まりながら〈いま〉系列を延長として構成することであり、それぞれの〈いま〉をそのうちに並列させることである。「私」は、一方で、この〈いま〉に位置し他の〈いま〉を過去として意味づけるのであるが、他方、みずからは常に「★いま」という作用（これは同時に意味付与作用である）に留まる。すなわち、新たな〈いま〉をそのつど根源的に開きながら、これと他の〈いま〉を関係づけるような「★いま」であり続ける作用の主体、それが「私」なのである（「私」については、さらに第四章、第五章で立ち入って考察する）。

フッサールが次のように語るとき、彼はこの「★いま」を手中にしているように思われる。

> 私がなしている感情移入作用や私が行っている意識作用一般は、流れゆく現在として、原的に（originär）にまた絶対的に与えられており（後略）[6]

ただし、「★いま」は必ずしも「流れゆく」という存在性格を有する必要はない。それは同時に「止まれるいま（nunc stans）」にも呼応している。それは、みずからが「★いま」であることによって、あらゆる原的な現象に〈いま〉という時間性格を付与する。だが、それだけではない。「★いま」はかつての〈いま〉に過去という時間も付することができるのでなければならない。「★いま」は、常にみずから「★いま」に留まることによって、根源的にかつての〈いま〉を自分とは異なる時間性格、すなわち過去としてとらえることもできるのである。

後に（第三章で）詳論するが、ある現象Eが過去であることを認識するには、その認識作用自体は〈いま〉成立しているのでなければならない。無時間的意識あるいは超時間的意識が過去をとらえることはできないし、Eが成立していた時点における意識（過去における）はEをただの現在としてとらえることしかできない。すなわち、世界に過去が登場してくるには、それ自体〈いま〉である「★いま」がかつての〈いま〉としてEをとらえるのでなければならない。測られる時間は世界時間の一部分であるから、この五分は他のいかなる五分とも交換不可能であるような固有の五分であるが、測る時間としての五分は、〈いま〉における五分においても過去における五分においても同じである。それは、「五分という時間間隔」として、現在・過去という時間性格を超えて同一に留まるのである。

無限小と極小単位

アリストテレスは「数えられるもの」を時間、「数えるもの」を「魂＝私」と呼んだのであるが、「時間」と「私」とのあいだの同一性と差異性とが入り組んだ関係をとらえることはなかった。しかし、アリストテレスは数々の時間にまつわる難問（アポリア）を検討している。その一つとして、ここでは、時間の部分としての数えられる〈いま〉には「幅」があるのかないのかという問題を取り上げることにしよう。

一方で、もし〈いま〉が数学の点に呼応するような瞬間であるとすれば、そこでは何ごとも起こることはない。また、数学的点としての瞬間をいくら集めてもゼロであり、時間の「長さ」は構成できない。他方、もし、〈いま〉が時間の部分であるとすれば〈いま〉は幅を持たねばならない。その場合、その〈いま〉にもさらに短い部分があり、それらも〈いま〉のはずである。そうすると、初めの〈いま〉は〈いま〉ではなくなる。だが、その短い〈いま〉も幅がある限りさらに短い部分を持つはずであり、その部分もまた〈いま〉であるはずであるから初めの短い部分は〈いま〉ではなくなる……こうして、この手続きは無限に至り、〈いま〉は瞬間でもなく、時間の部分でもない。ここに「無限小」という量が開かれ、〈いま〉はゼロでも有限のある幅でもないような量に行きつく。

だが、そうであろうか？　われわれはさまざまな状況において「いま」と語り、そのほとんどすべての場合「いま」は無限小の時を意味していない。アリストテレスが初めから時間を「数えるもの」と「数えられるもの」という概念でとらえるとき、その数えられる時間とは無限小ではない。それは有限の幅を持った適当に短い時間間隔である。時間測定が可能であるためには、時間単位を決めねばならない。いきなり無限小に突入するなら、時間は数えられないものとなってしまうであろう。

バークレィは最小の時間・空間単位を〝minimum sensible〟として認めたが、ヒュームもこれを受け継いでいる。無限小を前提する「飛ぶ矢は届かない」とか「アキレスは亀に追いつけない」というアポリアから脱するには、〝minimum sensible〟という概念の導入しかないように思われる。すなわち、いかなる長さの時間も空間も無限分割できるわけではなく、ある有限の微小な長さを単位とする(それ以上分割できない)のだ。さしあたりこの単位を適当に定めて、Δtと表記する。これが「分割できない」ということは、この長さはゼロではないが、その「うち」で時間が経過しないということである。よって、この「うち」では、いかなる現象も変化せず、不変である。だが、次の単位時間の到来によって一挙に変化が生ずる。すなわち、あらゆる現象は階段状に変化していくのだ。

単位時間Δtの初めの端t_1と後の端t_2の「あいだ」に現象はいかなる変化もしないが、時間はΔtだけ経過する。このことは、次の単位時間Δtにおける初めの端t_2と後の端t_3の「あいだ」においても同じである。だが、t_1とt_2あるいはt_2とt_3とが重なり合うところで現象は一挙に変化するのである。こうしたモデルを導入すると、アキレスは論理整合的に亀を抜くことができるのだ。

こうした運動のとらえ方は奇異ではない。じつは古典力学における物体の衝突及び運動量の伝達規則はこう説明されている(A図参照)。物体Aが速度vで運動し、静止している半分の質量の物体Bに衝突すると、Bは二倍の速度（2v）で動き出す。さらにBが質量半分の物体Cに衝突すると、Cはさらに二倍の速度（4v）で動き出す。こうして各物体が一定の時間間隔で次々に自分の質量と半分の質量の物体に衝突し続けるとすれば、各物体の速度は（連続的ではなく）段階的に二倍になり続けるであろう。

アキレスと亀との運動を同じように考えてみよう（B図参照）。

亀はアキレスよりずっと前に出発しているのだがアキレスの出発点をt_0とする。アキレスが走り始めて五番目の単位時間の後の端t_5にアキレスは亀に追いついたとしよう。そのとき、アキレスの鼻の先が亀の頭の先と正確に一直線上に並んだのである。

さて、この状態が維持されたまま、時間はΔtだけ進行し、その単位時間の最後の端（t_6）に達する。これは、次の六番目の単位時間目の初め（t_6）でもあるのだが、ここで一挙にアキレスは一ミリメートル進み、亀は一万分の一ミリメートル進む。五番目の単位時間の後の端（t_6）において亀と並んでいたアキレスは、六番目の単位時間の初めの端（t_6）において、亀を追い抜いたのである。

ここで、アキレスが「その半分の〇・五ミリメートル進む」ということ、亀が「その半分の二万分の一ミリメートル進む」ということを語ってはならない。なぜなら、それを測定する時間単位がないからである。アキレスは、Δtの四番目の単位時間には亀に追いつかず、そのΔt後に亀に追いつき、さらにそのΔt後に亀を一挙に抜いているのだ。

図A

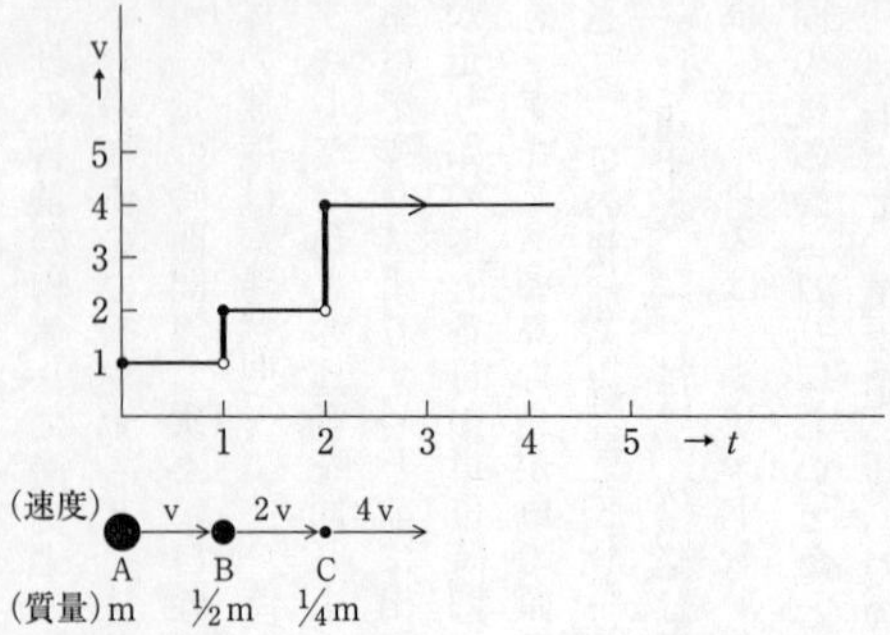

図B

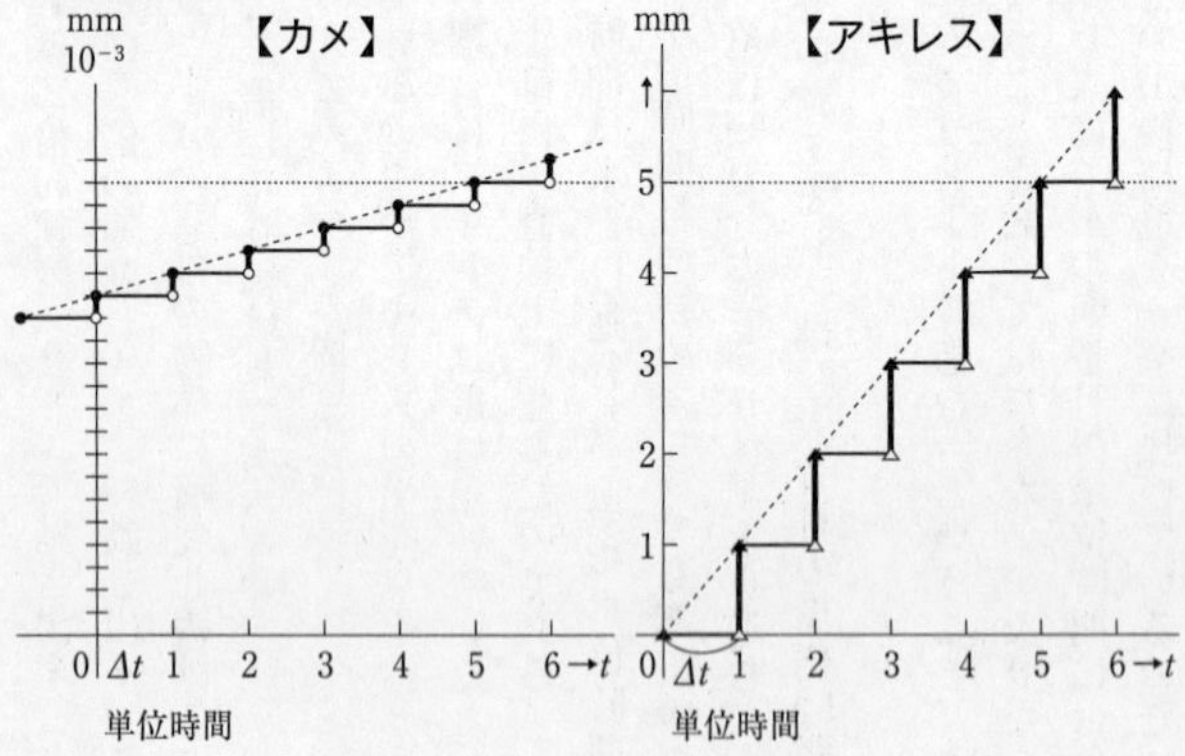

t_4	カメが先、アキレスが後
t_5	カメとアキレスは同じ位置
t_6	アキレスが先、カメが後

「運動」は区分できないというベルクソンの主張は、この微小単位に限定すればまさに正しいであろう。また、大森荘蔵も仏教における刹那滅と量子力学を重ね合わせてこの方向への助走を開始したことがある（「刹那仮説とアキレス及び観測問題」『時間と自我』青土社）。

まったく幅のない点において一挙に一ミリメートル進むというのが不整合に思われるかもしれない。だが、先に検討したように、また例えばダメットが提案しているように（『真理という謎』）、古典力学における物体の衝突とそのあいだの保存量の伝達法則において、伝達の瞬間に「幅」はないのだから、速度vは一挙に二倍になるのであり、二物体間が衝突するまでの時間幅をずっと微細化していけば連続量の近似は取れる。Δtを一億分の一秒程度に細分化すれば、自然科学のすべては法則を維持し、すべての実験結果と矛盾することもなく、何の不都合も起こらないであろう。

〈いま〉の幅

時間が実数無限の点から成っているという仮定は、あらゆる物理学的測定にとって、必要ではない。時間は（例えば一秒は一億分の一という粒の）きわめて微小な点から成っているとしても、あらゆる物理学理論と矛盾はしないのである。しかし、このことは、〈いま〉がきわめて微小な単位であるということを意味するのではない。〈いま〉とは初めから観念なのであり、発話者に関心のある語り方なのであり、一分とか一秒という物理学的時間単位とは無関係の概念である。すなわち、「いま」（以下「いま」は概念としての〈いま〉を表す）とは日常的には状況によってさまざまな相対的な時間幅を示すのであって、話者は多様な状況によって「いま」をきわめて短い時間間隔からきわめて長い時間間隔まで使用している。「いま、撃て！」という命令を出す場合は一秒より短い時間であり、「いま、電話している」という場合は五分であり、「いま会議中だ」という場合は二時間であり、「いま東京に住んでいる」という場合は一〇年であり、「いま地上最大の動物はシロナガスクジラである」という場合は一億年でさえある。

　こうして、〈いま〉は時間の有する客観的性質ではなく、発話者が「いま」という概念を使用するとき意図していることは、絶えず湧き出し消えゆく時間（および時間的現象）を承認しつつ、それに一定の「止まれる」相貌を与えることなのである。

　とはいえ、すべての「いま」の使い方において共通なのは、それぞれの「いま」が発話している比較的短い時間を含むということであり、その時間をΔtとすると、Δtとはたえず連続的に変化する物質の刺激に基づいて周囲世界に意味を付与する時間である。だが、このΔtがそのまま根源的〈いま〉というわけではない。発話者はΔtにおいて、その時々の関心に従って、Δtを含むさまざまな「いま」の幅を設定するのである。

　その時が「現在する」ということは、すなわちその前後が不在であるということである。われわれは「いま」と語ることによって、連続的時間継起に現象の変化のない一定の幅を持つ楔を打ち込むのだ。よって、古来「止まれる〈いま〉」と呼ばれているものは、そのあいだに「時間が経過しない〈いま〉」なのではなく、そのあいだに「現象が変化しない〈いま〉」として解されねばならない。

そして、「いま」と語り出してしまえば、そう語られた〈いま〉のみが現在し、他の〈いま〉は不在となる。一秒を〈いま〉をみなすなら、その一秒のみが現在し、一秒先は未来となり「まだない」という不在とみなされる。そして一秒後は過去となり「もうない」不在とみなされる。〈いま〉は一秒の長さだけ現在し、それは一秒経つとたちまち「もうない」という不在である過去に転落するのだ。そして、「まだない」不在であった未来が新たに現在する〈いま〉の位置を占める。一時間を〈いま〉とみなすなら、その一時間後は未来であり、一時間前は過去である。こうして、現在・過去・未来は連続的に一様に流れる時間的現象に「現在するもの」と「不在のもの」という相貌を与えることなのであり、どのくらいの長さを〈いま〉とみなすかは、その時々の関心によって揺れ動くのである。

すなわち、発話者は「いま〜である」と語り出すことによって、その前の「まだ〈いま〉ではない時」とその後の「もう〈いま〉ではない時」とを区分することを意図している。とくに語り出した「いま」において、世界が何らかの変化をすること、あるいは現在進行中であることを表現し、すでに変化せず進行せずに固まった時を「もう〈いま〉ではない時」として背後で切り離したいのである。

言いかえれば、「いま」は「ここ」や「これ」や「私」と同様、あらゆるパースペクティヴを排した物体をモデルにした客観的実在に属する言葉ではなく、まさに「さっき」とか「やがて」という言葉と同様、パースペクティヴに属する言葉なのである。

だが、「ここ」や「私」に比べると、われわれが同じ時間を共有しているゆえに、同じ〈いま〉を共有しているかのような錯覚に陥ってしまう。とくに、いかなる幅を〈いま〉に持たせても、まさに《いま》（無限小にまで縮減された微小な〈いま〉）Δtを含まねばならないゆえに、このΔtこそが「客観的いま」であるかのように間違って思われてしまうのだ。

微小時間単位としての《いま》

「いま」という言葉は、その時々の発話者の関心に左右されるのであるが（よって、客観的時間の「うち」で場所を得ないのだが）、次の技巧（歪曲？）によって、客観的時間の「うち」に滑り込んでしまう。

（1）いかなる「いま」も、一秒あるいはそれよりも短いこの微細な瞬間《いま》を含まねばならない。

（2）このことは、すべての「いま」において同等である。

この二つのことから、すべての「いま」を《いま》へと翻訳し、数直線上の一点あるいは微小範囲に対応させる。こうして、「いま」は発話者によって揺らぐことはなくなり、時間を表す数直線上のすべての点を覆う「時間単位」となる。時間はこうした《いま》から成っているのである。以上が、「いま」を客観的時間の「うち」に繰り込む第一の技巧である。

〈いま〉をこうした微小時間《いま》へと変換してしまうと、それは数直線上の一定の位置を占めることができるゆえに、それぞれの《いま》は数直線上の位置のみ異なり、あとはまったく対等となる。それぞれの《いま》の右半分は未来であり、左半分は過去である。それぞれの《いま》は、時間順序t_1、t_2、t_3……に正確に対応し、ある現象Eはt_1において未来であり、t_2において《いま》であり、t_3において過去である。しかし、Eはたまたまt_2という《いま》に位置するだけであって、t_1においても、《いま》だったのであり、t_3においても《いま》であろう。

それぞれの《いま》はまったく対等なのであって、違いはどの《いま》が実現されているかだけなのだ。言いかえれば、すべての《いま》は可能性に留まっていて、それぞれ一度だけ現実性を勝ち得るのである。ハイデガーは、これを「いま＝系列」と呼び、「通俗的時間理解」とみなしている（『存在と時間』）。

だが、こうした「いま」論は、二重の技巧によって、〈いま〉を論じているつもりで、じつはまったくそれから遊離した時間単位を論じている。こうして、〈いま〉を留まらせて直線における微小単位である《いま》へと変身させたうえで客観的時間のうちに取り込むという技巧は、破綻するほかはない。このことを精緻に論証したのが、マクタガートである。

2　時間の非実在性（マクタガートの時間論）

実在と無矛盾性

マクタガートは、時間とは現在・過去・未来を含まざるをえず、これら時間性格は（物体の実在性を基準にした）客観的世界の実在性と矛盾し、よって実在的ではないと主張した。これを言いかえると、彼は「（自然科学的）客観的世界」と〈いま〉とが両立しえないことを示して見せたのである。なお、本節では、マクタガートの主著（*The Nature of Existence*）と並んで、入不二義基の『時間は実在するか』と『時間と絶対と相対と』（勁草書房）における論述から、その大枠をとらえることにする。

「不在の哲学」の立場からマクタガートを見ると、時間の非実在性に関する議論に入る前に躓いてしまう。つまり、入口で立ち止まり、その議論に入ることができない。というのも、マクタガートは、現在・過去・未来という時間性格を有するA系列とt_1、t_2、t_3……という時間順序からなるB系列を対比させるのであるが、この対比そのものが、現在・過去・未来に「横並び」の即自存在（物化された存在）のような相貌をまとわせるからである。過去や未来を時間直線上に「並べる」ことができた瞬間に、過去や未来を現在と並ぶ時間直線上の即自存在としてとらえてしまうのであって、過去や未来の「もうない」とか「まだない」という不在としての意味が消えてしまう。そして、その限り、過去や未来は現在と並ぶ「一つの時間の三様態」となってしまい、一つの時間を表す何か（例えば直線表象）を共有するものになってしまうのである。

マクタガートは過去と未来を、現在と並べて位置づけることを疑わないばかりではない。さらに、彼はアリストテレスが熟考した無限小の問題にも立ち入ることはない。また、彼は「いま」の収縮する文法を完全に無視している。マクタガートは、むしろ「いま」を微小な《いま》へと単純化し、それぞれ時間順序における適当に短い時間単位Δt_1、Δt_2、Δt_3に正確に呼応すると考えている。こうして、さまざまなアポリアを潜り抜けたところから、マクタガートのA系列・B系列論としての時間論が開始されるのである。

こうして、マクタガートによると、時間には、t_1、t_2、t_3……という時間順序（B系列としての時間）と過去・現在・未来（A系列としての時間）とが内属しているが、A系列とB系列は両立しない。なぜなら、A系列を認めると、ある実在する出来事E_1は「過去にあったし、現在あるし、未来にあるだろう」ということになるが、過去・現在・未来の三述語は互いに排他的であるから、それらをE_1の実在的述語に付けると矛盾が生ずるからである。とすると、E_1はただB系列としての時間順序においてのみある、と言えばいいのであろうか？ だが、時間とはまさに現在・過去・未来という基本性格を持つものであるから、B系列だけでは時間ではない。よって、そのうちに矛盾を含むA系列を含んだ時間は、——矛盾するものは実在しないから——実在しないのである。

未来の除去

まずマクタガートの議論を鮮明化するために、「未来」はあらゆる意味で非実在であるとして排除していいように思われる。〈いま〉「まだない」未来の内容がこの世界のどこかに「ある」わけではない。われわれの「心」の中にさえ「ある」わけではない。未来の出来事を「ある」とみなすのは、未来を一旦B系列の上のある場所に置きかえるという操作が先行している。すなわち、t_1を現在とし、t_2を未来としたうえで、t_2に起こるはずの出来事E_2がt_1において「まだない」というあり方で「ある」と言っているのだ。言いかえれば、時間を先行的に直線として表象し、かつ未来の出来事E_2がすでにその直線時間上に位置しているとみなさずには、いかなる意味も与えることができない。

こうした操作によって「ある」とみなされている出来事Eは単なる概念なのであって、イデア界に属する事象のように、いかなる現実的直観に支えられているわけでもない。そうした「未来」は、時間論から排除していいであろう。マクタガートの論点は「未来」を排除しても同じように成り立つ、いやもっと鮮明化するのであるから。

こうして、未来を消去して現在と過去とに限定すると、論点は〈いま〉過去の出来事を想起ないし再認できることの不思議さに行きつく。このことは、それ自体として矛盾であるというのが、マクタガートの論点であるとも言えよう。しかし、そうであろうか？〈いま〉私は「もはやない」過去の出来事E_1、E_2、E_3……を直接とらえている。〈いま〉私はそれらを「不在」として意味付与している。現在と過去とが（三角形と円のように）両立するものではなく、かつ〈いま〉私が、知覚の対象として「現在する現在の出来事」をとらえ、そして想起の対象として「現在する過去の出来事」をとらえているというのは矛盾である。しかし、想起や再認の対象は〈いま〉現在するものではなく、まさに「不在のもの」なのだ。私が〈いま〉不在のものをとらえていることは、――「竜宮城」という想像の対象をとらえていることや「ここには猫がいない」という否定的対象をとらえているように――矛盾ではないのだ。

付言するに、マクタガートは、現在と過去は実在的だが、未来は無（nothing）である、と主張するブロードを批判している。その骨子は、そうすると「時間の各瞬間が、過去と現在と未来という三つの両立しない性格を持つのではなく、（最後の時間（世の終わりの時）を除いて）過去と現在という二つの両立しない性格を持つことになってしまうであろう」というものであるが、この批判は的外れである。というのは、これまでのすべての瞬間においで未来はあった、よって現在、過去、未来はあったのだが、「これから」はそうではないかもしれない、いつもこの〈いま〉が「最後の時」かもしれないからである。

不在の述語

未来を除去したうえで、マクタガートの議論を具体的に考察してみる。存在と無、現在と不在とを互いに対立する「実在的なもの」とみなすなら、いずれも他と両立しない過去と現在から成る一つの時間は実在しないであろう。リンゴAが赤くかつ青くかつ黄色いことが矛盾であるように、Aが現在においてあり、過去においてあることは矛盾だということになってしまう。マクタガートは時間を空間化することに疑問を抱いていないゆえに、物体における固有の色（それは物体の表面に広がっている）の構造をそのまま固有の時間性格（現在・過去）へと移し替えることにも疑問を感じないのだ。現在・過去という時間性格も物体Aないし出来事Eの固有の性質とみなすという操作をごく自然に遂行した後に、あらためてそれは矛盾をもたらす（時間を非実在化する）という方向に議論を進めてしまうのである。

B系列に登場してくるt_1、t_2、t_3、t_4……という時間位置は、対象の性質と考えられる。広島の原爆投下という出来事Eは「一九四五年八月六日午前八時一五分」に生じたのであるから、その時間位置はE固有の性質であると言っていい。この意味であらゆる出来事は、「いつか・どこか」という時間的・空間的限定を性質として持つのだ。しかし、〈いま〉はE固有の性質にはなりえない。なぜなら、Eは〈いま〉を固有の性質から削ぎ落すことによってはじめて客観的実在性を持ちうるからである。もし〈いま〉がE固有の性質であれば、Eという出来事は二〇一五年の八月六日においても〈いま〉成立しているであろうが、そうではない。Eが〈いま〉成立していることは、一九四五年八月六日においては真であり、二〇一五年八月六日においては偽となり、Eについてのこれら二つの言明は互いに矛盾であることになる。

だが、矛盾とは対等な「実在的なもの」のあいだに生ずるのであって、実在するものと非実在的なもの、すなわち対象ないし出来事とその不在のパースペクティヴとのあいだに矛盾は生じないのではないか？　むしろ、机Tが実在するものである限り、P_1、P_2、P_3……からの光景L_1、L_2、L_3……からの光景は非実在すなわち「不在」としてTから削ぎ落とさねばならない。この削ぎ落としによって、はじめてTはその実在性を維持している。L_1、L_2、L_3……をT固有の性質として実在に取り込んだ瞬間に、Tは実在性を保持できなくなって崩壊するであろう。すなわち、L_1、L_2、L_3……が不在としてTから剝がれ落ちることが、Tが実在性を保持するために必須不可欠なことなのである。

言いかえれば、Tを記述する命題の述語が実在的述語であるのに対して、パースペクティヴおよびそこからの光景を記述する述語は非実在的述語なのであり、その限り両者は矛盾するわけではない。Tは、視点P_1から見れば「円」であり、視点P_2から見れば「楕円」であり、視点P_3から見れば「長方形」であるが、これらの「形」をT固有の性質とみなしてしまうと、Tは「円であり」、かつ「円でない」ことになり、ここに矛盾が生じてしまう。だが、P_1から見える「円」とP_2から見える「楕円」とP_3から見える「細い長方形」は、Tに属するのではなくそのパースペクティヴに属するとみなせば、ここには矛盾は生じないのである。さらに具体例を挙げれば、Tは、「ここ」から見れば「ここ」にあり、「そこ」から見れば「そこ」にあり、かつ「あそこ」から見れば「あそこ」にあるのだが、Tは「ここ」にあり、かつ「そこ」にあり、かつ「あそこ」にあるゆえに矛盾である、と言う人はいないであろう。

同じことが時間についても言えるのであるが、「ここ」はそれぞれの身体を基準にし、そのいずれかに依存するが、「いま」はいかなる身体にも依存しない。よって、「いま」は「ここ」に比べてより普遍的な印象を与える。そのことを認めるとしても〈いま〉は一定の時間を指示することはない。このことを忘却して、おうおうにしてわれわれは、〈いま〉

を適当に短い《いま》へと勝手に限定して、客観的かつ普遍的な時間単位であるかのような錯覚に陥るのだ。だが、「いま」という概念は「ここ」という概念が各発話者の身体の近くの場所を指示するのに対して、すべての一定の時に生存する発話者にとって同じ時を指示するゆえに、時間そのものの性質であるかのような感じがする。だが、これは錯覚である。前節で考察したように、「ここ」という概念が身体の近くを指示すると言っても、常にごく近くを意味するとは限らない。東京の全体はウィーンに対して「ここ」であり、地球の全体は他の遠い星に対して「ここ」である。同じように、「いま」という概念は一秒より短いときから一億年より長い時まで意味することが可能である〈いま〉が発話している時を含む限り）。こうして、「ここ」や「いま」の幅は発話者のその都度の関心によって、揺れ動くのである。

こうして、時間の場合においても、時間順序を表す述語は「運動会」という出来事自身に属する実在的述語なのであるが、現在・過去という時間性格を表す述語は「運動会」という出来事に属するのではなくそのパースペクティヴに属する非実在的述語なのである。その限り、現在、過去・未来は「運動会」の異なる時間的パースペクティヴを表しているものとして互いに異なっても構わないのであり、それによって「運動会」が矛盾を含み非実在に転落するわけではない。

すなわち、A系列はB系列と並ぶ時間の客観的性質なのではなく、B系列の客観的性質を変えないままその相貌を変えるだけなのだ。マクタガートはA系列とB系列とをともに実在述語とみなしたうえで、両者が両立しないゆえに、時間は実在しないという方向に進んだが、A系列は自体非実在（不在）であって、かつB系列はこれらとは独立に実在する、という道も開かれているのである。だが、マクタガートは、この道を見ることはなかった。しかも、彼は非実在的時間をその背骨とする世界全体を非実在とみなすことはなかった。不思議なことに、時間は非実在なのであるが、世界全体は実在しているのである。その整合的帰結として、マクタガートは、いかなる変化もない無矛盾的系列（C系列）を（いわば）真の時間として導入するのである。これは、あらゆる運動を否定するエレア派の再来であって、どうにかして運動も変化もない実在にしがみつこうとするものである。しかし、C系列を実在とみなすことが思考可能であるとしても、なぜ、そこにおいていかなる変化もないようなC系列が「世界の」系列なのであろうか？　これほど時間の相貌と異なるものが、「時間」なのであろうか？

変化とA系列

（疑似）問題は見えてきた。「不在の哲学」においては、A系列とB系列とは両立しないわけではない。なぜなら、両者の関係は実在する二つの系列の関係ではなく、実在する系列（B系列）と不在の系列（A系列）との関係なのであるから。有機体S_1が言語を学ぶと、

S_1は世界に否定性（不在）を投げ込み、世界を実在と不在という二元論によってとらえようとする。言いかえれば、多様な不在を削ぎ落とすことによって、一つの実在世界を構築しようとする。時間におけるA系列とB系列との関係もまたその特殊な一例にすぎない。

私が「いま」満開の桜Kを眺めているとしよう。Kに対して私はさまざまな記述的意味・評価的意味を与えることができる。また、Kは時間t_1という時間上の位置を有している。そして、こうした事態とまったく独立に「いま」は成立している。それは、まず現に見ているという意識作用が成立していることであり（「★いま」）それとの相関で現在する〈いま〉と不在の〈いま〉とが、対立しながらしかも同時に成立しているという事態である。私は「★いま」と同時の時としての〈いま〉という意味をKに（客観的性質としてではなく）付与しながら、それを否定的に取り囲む形で〈さっき〉という不在の〈いま〉をもすでに開示しているのである。そうでなければ、私はいかなる変化をも知覚しえないであろう。変化とは、Kが自己同一性を保ちながら、ある性質（例えば梢の運動Q）に着目して、QがQ1からQ2に変化した、と語ることであり、それに応じて現在する〈いま1〉と不在の〈いま2〉とが出現することである。日常的に言えば、「静止している梢」Q1が「揺れている梢」Q2に変化したのだ。

ここに注意すべきことは、t_1とt_2との位置の違いはこの変化を表現できないことである。「静止している梢」がt_1の位置にあり「揺れている梢」がt_2の位置にあることからは、前者が消えて（不在になり）後者が生じた（現在になる）ことは表現できない。

ここまでは、「不在の哲学」はマクタガートとまったく同じ見解である。B系列は不在を排除して現在するものだけから成る世界であり、すなわち、ある出来事が現在することによって他の出来事を総じて不在化するのではなく、現在する出来事と不在の出来事とが対等にそれぞれの時間位置に「ある」ような「実在的可能的な」出来事の集合である。しかし、マクタガートは、変化は実在的であり、それは実在的なB系列と並んで実在的なA系列によってはじめて可能であるゆえに、両系列のあいだには矛盾が生ずるという方向に進んでしまう。

だが、繰り返しになるが、実在世界は不在を含まないゆえに、不在を含むような変化は実在世界には登場しえないのであり、それを表現するA系列もまた不在の系列としてB系列と矛盾することはないのだ。そして、不在は否定性であり無であるから、B系列論者にとって、不在としてのA系列を排除しても何も排除しないかのように思われるのだ。

（物体を基準にした）実在的世界は四次元連続体の巨大な箱のようなものであって、そこではすべての出来事も物も一定の位置にあり、統一的言語で記述できる。言語を学んだ有機体Sが目にしている、耳にしている、触っている、味わっている、嗅いでいるすべての知覚世界が生じるプロセスは（電磁波、疎密波、神経系、大脳知覚中枢などとして）実在的世界に組み込むことができる。だが、それらの知覚内容自体は実在しないのだ。同じように、想起するプロセス（例えば記憶物質）は実在的であるが、あらゆる想起内容は実在しない。こうして、実在的世界とは、Sが現実に知覚し想起している内容をすべて捨象し、いかなるSが現実に知覚しなくても成立している0世界となる。それは、空間的・時間的パースペクティヴP_1からはA_1として現実的に現れ、P_2からはA_2として現実的に現れるような構造を持った実在的に可能な世界にすぎない。また、すでに考察したように、生成も消滅もない世界、真の意味で変化が成立しない世界なのである。

入不二基義によれば、（仮想的な）A系列論者は、マクタガートの見解に対して、次のように反論する。一般的にわれわれが矛盾と言うとき、すでに無時間的な観点を導入している。だが、ある出来事が過去・現在・未来という時間性格を持つという場合、これらはまさに時間的な関係にあるのだから、矛盾するとは言えない。むしろ、無時間的観点から「矛盾しないこと」を実在の基準にすることが偏見なのである。

だが、もしA系列論者が現在・過去というあり方こそ実在なのだと抗弁するなら、彼はマクタガートの手の内にある。彼はただ「実在」をマクタガートとは異なって定義しているだけであり、両者の差異はただ「実在」という意味の差異にすぎなくなる。すなわち、A系列論者は、現在・過去・未来というあり方一般を「実在」と呼んでいるだけのことになる。A系列論者の真意はそうではないはずだ。彼は、まさにそのつどの〈いま〉しか実在ではない他の（過去の）〈いま〉群は非実在（不在）だと言いたいのではないか？

ラディカルなA系列論者

ここで、あらためてA系列と呼ばれる現在と過去の性質を反省してみよう。その性質はすべて「いま」という概念に収斂する。ある出来事に「いま」と名づけることは、「いまではない」領域を開くことである。ただし、アリストテレスの時間論を考察するときに確認したように、〈いま〉はあらゆる現象に、「いま」という意味を、すなわち作用する(意味付与する)「★いま」と現在する〈いま〉と不在の〈いま〉というトリアーデを付与することなのだ。

ここであらためて反省してみるに、現在と過去というA系列は果たして系列なのであろうか? A系列は、あるときを現在とすると、それは「もうない」過去に取り囲まれるのであるから、それは、実在する現在と非実在(不在)としての過去との関係ではないのか? 実在は非実在とともに一つの系列を構築することはできない。これをA系列と呼ぶのは、B系列に引き寄せられて、不在である過去と未来もまた「不在として実在する」ことによって実在する現在と同列に並ぶと(誤って)解されているからである。

このことを自覚し、そのつどの〈いま〉のみが実在であると主張するA系列論者をラディカルなA系列論者(rA系列論者)と呼ぶことにしよう。rA系列論者は、それぞれの〈いま〉が実在する以外に世界は非実在(不在)だという主張となる。

この場合、ありとあらゆる自己同一性は幻想となるであろう。「広島の原爆」という出来事Eは「一九四五年八月六日午前八時一五分」に実在したのであって、それ以外には単純に非実在（不在）である。Eは「二〇一五年八月六日午前八時一五分」において「過去である」とも言えない。なぜなら、「一九四五年八月六日午前八時一五分」において現在であり、「二〇一五年八月六日午前八時一五分」において過去であるような自己同一なEはないからである。ここに、物理学初めあらゆる学は崩壊する。あらゆる自己同一性は虚構であって、この実在世界には一切の自己同一性は成立していないのである。こうしてrA系列論者の主張は、われわれが使用している日常的・科学的・形而上学的なあらゆる意味の実在に反してしまい、われわれは懐疑論に陥るほかないであろう。

こうした観点から、入不二はA系列論者に対して再反論を加えている。

> 「（時間特有の）変化」が、世界それ自体の側にあてはまると言うならば、世界それ自体の側が、「未来」や「過去」のように、「ない（まだない・もうない）」のでなければならないだろう。それは、ほとんど世界それ自体が実在しないと言うことに、近いのではないだろうか。[7]

だが、「ほとんど世界それ自体が実在しない」ということをそのまま認めたうえで、その非実在＝不在の世界を「観念」として取り戻そうとする方向が考えられる。客観的世界はその統一を保ったまま実在から非実在＝観念へと滑り落ち、その限り延命する。それが、カントによって提唱された超越論的観念論である。ここに、入不二の批判するA系列論者の主張がそのまま「正しい」という道が残されている。〈いま〉を開くということ、それは「★いま」という根源的な時（意味付与する時）を認めることであり、その相関者としての現在する〈いま〉のみが現在しそれ以外のすべての〈いま〉を「不在」とみなすこと、すなわち、「ほとんど世界それ自体が実在しない（不在である）」という方向に舵を切ることである。

マクタガートが、「もうない」過去を世界の実在的述語として取り込むと矛盾が生ずる、と言っている限り正しい。だが、このことから彼は、矛盾が生じないような時間（C系列）を求めてしまったのだ。だが、よりわれわれの直観に訴えるもう一つの選択肢がある。それは、過去そして現在を実在的述語とみなさず、非実在的述語とみなすことである。まさに物理学が実践しているように、実在的世界に、現在・過去を取り入れないこと、そして、現在・過去をそこから排除された不在というあり方の述語として配分する道である。

注目すべきことに、マクタガートは客観的時間が実在しない、と主張する哲学者の一人としてカントを挙げてさえいる。彼は（客観的時間を背骨に持つ）客観的世界全体が実在せずに「統一的な幻想」であるという方向に進むことができたはずなのだ。しかし、彼はその一歩を進むことをせずに踏み留まり、時間だけを切り捨てることによって客観的世界の実在性を保持しようとした。

だが、このこと〔A系列〕は単に主観的だと言われるかもしれない。こうした場合、時間における位置を現在、過去、未来へと区別することは、ただわれわれの心の恒常的な幻想になってしまい、実在的な時間の本性はB系列——すなわちより先とより後という区別——における区別だけを含むことになってしまうであろう。[8] その場合、われわれは時間をその実在性において知覚しえなくて、思考しえることになる。

マクタガートにとっては、われわれの心の幻想と実在との対立が前提されているのだから、かくも本質的な時間が幻想であるわけはない。その結果彼が手にしたものは、いかなる生起も消滅も変化もない永遠に静止した幾何学的世界であり、まさに彼はエレア派に舞い戻った感がある。客観的世界を実在から非実在（観念）へと降格させることによって、単なる幻想ではない統一的世界（幻想であるとしても統一的な幻想）という一筋の道（超越論的観念論の道）が延びていることをマクタガートは理解しなかったのである（第五章で立ち入って考察する）。

だが、その道を探索する前に、次にフッサールの時間論を見ておかねばならない。なぜなら、フッサールはA系列とB系列との統一、すなわち〈いま〉と物理学的時間との統一を無骨なほど真摯に探求した哲学者だからである。しかも、彼はその統一を「不在」を持ち込むことによって成し遂げようとした。この試みは、はたして成功しているであろうか？

3 レテンツィオンという不在（フッサールの時間論）

音と時間とのあいだ

一九〇五年の時間講義（『内的時間意識の現象学』）において、フッサールは〈いま〉という根源的に現在する時間を維持しつつ、「過去」をこれに並ぶ根源的時間として基礎づけようとする。フッサールの時間論を特徴づけるものは、その「音中心主義」である。音に関する分析がそのまま時間分析として成立しうるかのような記述には、大いなる戸惑いを覚える。ある特定の知覚の対象（例えば音）に限定して時間を分析することには、方法的欠陥があるのではないか？　われわれはメロディーの変化を知覚しても時間を知覚しないのだ。また、メロディーの変化を時間変化と同一化してもいないのだ。もしそうなら、時間とは音になってしまうであろう。アウグスチヌスが、時間を天体の運動と同一視してはならないと警告しているのは（『告白』）、このことである。

別の角度から言えば、「時間」という概念は、アリストテレスの「数えるもの、数えられるもの」という時間規定が示しているように、もともと「測定」という概念を含むのであり（世界全体を覆わなくても、厳密でなくてもよいが）少なくとも複数の現象に関して、それらが時間的に「同時か、より後か、より先か」という順序を含むのでなければならない。こうした普遍的順序を決める能力があるからこそ、「ある現象Gに関しては何の変化がなくても、あるいはそこに何の現象も生起していなくても、時間が経った」と言えるのである。よって、こういう測定機能を捨象して、ある一つの現象（メロディー）を分析するとき、そのメロディーの順序と時間順序が重なり合うことになり、メロディーの順序はすなわち時間順序であるということになる。とはいえ、フッサールがメロディーの時間順序との差異を無視していたわけではない。

> 充実された持続へ向けられた志向とその持続の時間的位置へ向けられた志向との、この志向の二重性には二重の充実が対応している。[9]

時間は、メロディーとは異なったあり方をする何かである。フッサールはこのことを知っていたが、「内的時間意識」に照準を絞って時間分析をする限り、時間そのものを音から分離して探究することはできない。

このことを確認して、フッサールの時間論を考察してみよう。私があるメロディーM_1を聴いているとき、そのつど与えられる根源的な「原印象（Urimpression）」を維持していなければ一つのメロディーM_1として聴こえないはずである。その場合、フッサールが念頭に置いているのは、ピアノの音のような離散的な音群である。ピアニストが鍵盤を叩いて生み出す各音A、B、C、Dが原印象であって、聴衆は各音をその順番A→B→C→Dを維持しながら聴いている。それが、一定のメロディーMをとらえることなのだが、メロディーを構成する各音はそれぞれの原印象が呼応するのだから、私はピアニストがBの音を打ち出したとき、Aは「もはやない」にもかかわらず、私はその「もはやない」Aを「もはやない」ものとして根源的にとらえているはずである。

もしBという「原印象」が与えられている〈いま〉、私がAを文字通り「再生（Reproduktion）」しているのだとすれば、AはBと並んで〈いま〉響いているはずであって、私はそれを「過ぎ去った音」として把握することができないであろう。Bが根源的に与えられているとき、「もはやない」Aもまた根源的に与えられて、A→Bというメロディーが形成されるのである。こうした「もはやない」という根源的な不在の把握が「レテンツィオン」である。同様に、Cの音が「原印象」として根源的に与えられているとき、「もはやない」AもBもレテンツィオンによって根源的に把握されているのだ。

（未来を除いても当面の議論に変わりはないから捨象すると）時間とは現在だけではなく過去でもあり、しかも現在と過去とは互いに排他的であるから、この排他的関係を承認しつつ統一的な時間を構成しなければならない。しかも、フッサールは〈いま〉のみが根源的に与えられている、という信念を疑うことはない。としても、先ほど検討したように、過去をとらえることができるのは、〈いま〉もはやないものを再生しているからだとすると、そうした過去は〈いま〉に吸収されてしまい、時間とは現在のみになってしまうであろう。このアポリアを打開するには、「もはやない」という不在の根源的体験を認めるほかはない。それがレテンツィオンなのだ。

現前の形而上学

フッサールの現象学全体を支える思想を、デリダは「現前の形而上学（métaphysique de la présence）」と呼んで批判している（『声と現象』）。その眼目は、フッサールにおいて根源的現在に起こるとされる「原印象」でさえすでに過去に浸透されているということ、過去に浸透されずには現在は出現しないということである。「現在」とはすでに自己同一的記号なのであり、この記号を通してわれわれが現在をとらえるとき、その「うち」に潜むミクロ的差異性＝差延（différance）、すなわち、とらえてしまえば「すでに〈いま〉ではないもの」という事態を見逃しているのである。

この指摘は慧眼であるが、デリダの批判全体はやはり直線上の無限の時点から成る物理学的時間像に基づいている。差延とは、直線上のある位置からの微小な差異なのであり、それが時間上の差異だとすると直線時間における「遅れ」なのだ。デリダは、フッサールの存在で充実した「根源的現在」を否定し、それはすでに原初的なズレ（差延＝遅れ）に浸食された不在（痕跡）を内包していると主張する。根源的現在には根源的不在が先行するのであって、ここに「いま」という記号の根源的なあり方が示されているのだ。以上のように、そのフッサール批判を通してデリダは、直線的時間のイメージを保持したうえで、〈いま〉を数学的無限小にまで縮減するという「微視主義」を疑うことはない。デリダは、やはり〈いま〉を微小な時間単位と考えているのである。

だが、すでに（本章第1節で）考察したように、「いま」と発話するΔtは連続的に変化する物質に支えられた微小時間であるが、そのΔtにおいて発話者はその時々の関心に基づいて、発話する「いま」（観念としての〈いま〉）にさまざまな幅を持たせるのだ。こうして、〈いま〉はそもそも微視的時間単位とは何の関係もないのであって、微視的根源的現在でもないのと同様に微視的痕跡でもない。確かに、物質は連続的に変化し、それに支えられて「いま」と発話するときは、微小時間Δtである。しかし、言語を学んだ有機体S_1はこの「いま」にさまざまな幅を設定することができるのだ。確かに、自然現象や意識現象は連続的に変化するが、そのことは直ちに微小な〈いま〉が差延を伴って根源的不在としての現在を形成しているということを意味しないのである。

こうして、デリダとは別の観点から、すなわち、「微視主義」に陥ることなく、フッサールの時間論の現在中心主義を批判することができる。フッサールの「現前の形而上学」は、第一に、「原印象」という瞬間的現在の幻想に囚われていること、そして第二に、広義の現在の中に過去の萌芽（レテンツィオン）を求めていること、この二点から成っている。

デリダは、前者を批判したにすぎないが、さらに後者を批判しなければ、物理学的時間からは脱却できない。フッサールは、「変化」こそが時間理解の根本であることを把握し、さらに〈いま〉の秘密は、「数える時」としての「★いま」に潜むことを察知しながら、基本において実在的可能的世界が（消えずに）広がっているという物理主義的世界像から抜け出すことができなかった（デリダも同様である）。時間を構成するものが「不在」にほかならないことを知りながら、その不在を無としてとらえることに徹底しなかった。その結果、不在は「不在という有」として客観的世界を構成する契機となってしまったのである。

フッサールにとって、現在の核をなすものは「原印象」である。音分析において、原印象とは、まさにこの瞬間に鼓膜を撃つ音であって、この音こそ何ものもそれに先行せずに原的に世界に生じるのだ。そして、この原印象にぴったり呼応する時間のあり方こそが、最も核心的な瞬間的現在、あえて言えば（フッサールの用語ではないが）「原現在」なのである。これを根源的現在と呼ぼうが、痕跡と呼ぼうが大きな違いはない。じつのところ、フッサールはこの原印象が単独で根源的現在だと主張しているのではない。それはレテンツィオンとの必然的関係にあるような根源的存在であり、言いかえれば、原印象と並んでレテンツィオンもまた根源的現在を形成するのである。

しかも、レテンツィオンは、現在を構成しつつ過去の萌芽でもあるというヤヌス的性格を持っている。フッサールは、一方で、過去の事象が現在とまったく切り離されたものならそれを〈いま〉私は体験できず、といって、それが現在の「うち」に併存するなら現在の事象と区別できなくなる、というジレンマを自覚していた。過去事象は現在の想像力によって再現されたものとするブレンターノの時間論は、後者の陥穽に落ち込んでしまう。どうにかして、このジレンマから抜け出すような理論を提起できなければならない。それがレテンツィオンであり、フッサールの時間論の大半はこの現象の分析に当てられている。

レテンツィオンとはまさに過去の萌芽なのであるが、それは（ブレンターノと異なり）「たったいま聴こえていた音」の再現なのではない。原印象に与えられている音は知覚的・直観的内容（後の言葉ではヒュレ）に充ちているが、レテンツィオンの向かう対象（内容）は知覚的・直観的には「無」なのである。とはいえ、私は文字通りの無に直面しているわけではない。そうなら、それは音とは何の関係もないものであろう。私はこのとき、音ではなくまさに（フッサールはこの言葉を使わないが）不在を聴いているのである。

さらにフッサールは反対方向にプロテンツィオンという作用を認め、広義の現在は、原印象に過去の萌芽であるレテンツィオンと未来の萌芽であるプロテンツィオンを加えたトリアーデをなしている。

「もはやない」というあり方

フッサールは、レテンツィオンとは「残響」ではなく、音が「もはやない」ことであると言う。「残響」は現在するものであるがレテンツィオンは不在のものなのだ。しかし、彼はレテンツィオンを、私がメロディーM_1を聴き終えるときの独特の心理状態ないしは意識状態と解している。しかし、不在の心理状態ないしは意識状態とは矛盾である。レテンツィオンとは、まさに「もうない」という言語によって生み出された不在なのである。不在とは、言語によってはじめて生起するものであって私はそのとき「もはやない」という言語によって、M_1の「不在」をとらえ直している。それは、M_1が「ない」というさまざまな状況（いま聴いている音楽には「M_1は含まれていない」とか「昨日聴いたM_1はない」など）の一つであるにすぎない。

以上をさらに広い視野から見直してみよう。フッサールは、第二次想起を（レテンツィオンとは異なる）想像力による一度消えた過去のメロディーM_1の「再現」と見ている。M_1

は完全に不在なのであるから、これを再現するには（フッサールは明言しないが）言語が必須不可欠であろう。

フッサールは、こうした第二次想起に対して、レテンツィオン（第一次想起）は、想像力による再現ではなく、原印象と並んで直接に与えられる原体験とみなす。だが、これも不在であり、いわば「直接に与えられた不在」なのである。そうすると、第一次想起と第二次想起はともに不在なのであるから、そこには存在（あり方）に関する差異はなくて、同じ不在が「いかに」与えられるかの差異、すなわち前者は原印象に続いて直接不可避的に与えられるが、後者はその後いつでも自由に能動的に与えることができる、という差異にすぎないことがわかる。

両者の差異は不在の差異であって、不在は現象ではないから、現象の与えられ方の差異ではない。二つの不在を比べてそれらの差異を語ることはできない。二つの不在の差異を語ることができるのは、不在が有によって取り囲まれているときのみである。例えば、ドーナツD_1の内側（ドーナツの真ん中のくり抜かれた部分）の体積V_1はドーナツD_2の内側の体積V_2より大きいと言える。彼がいなくなってから（死んでから）五年経ったことは、一年経ったことより長い。これらの場合、有に取り囲まれた不在を「数える」者（人）がいるから、この区別が有意味になるのである。

レテンツィオンにおいても、M_1自体は「もうない」という無なのだが、それはM_1の印象と〈いま〉という有である両端に取り囲まれているから、私はその無（不在）を数えることができる。そして、フッサールは、この不在の長さがそのまま第二次想起に移行してその長さを維持するとみなしている。これをフッサールは「（A—B）′＝（A′—B′）」と表記している。[10] これが過去の成立である。このように、フッサールの時間論は、「不在」を巧みに取り入れて成り立っている。その点、フッサールは次のように語るアウグスチヌスの直系である。

むしろ、おそらく本来の意味で言えるのは、過去の現在、現在の現在、未来の現在の三つの時間が存在するということであろう。（中略）過去の現在は記憶であり、現在の現在は直視であり、未来の現在は期待である。[11]

アウグスチヌスは「現在中心主義」を貫こうとして、現在・過去・未来という時間の三様相を「現在」という共通の地平の上に並べる。現在・過去・未来は、じつはすべて現在なのだ。だが、そうであるとすると、現在における「現在・過去・未来」の区別は何に基づいているのであろうか？　現在しかなく、過去も未来も現在に吸収されてしまうのであれば、「記憶」や「期待」もまた、未来や過去とは関係がないはずであろう。過去や未来は端的に「ない」からである。同様に、フッサールが〈いま〉のうちに原印象と並んで、はじめから過去の萌芽としてのレテンツィオンや未来の萌芽としてのプロテンツィオンを認める場合、それが「過去の」萌芽であることや「未来の」萌芽であることを、どこから採用しえたのであろうか？　このすべては、まずわれわれが日常的にすでに知っている現在・過去・未来という区別を微小現在へと投入したうえで、次にそこから「根源的現在・根源的過去・根源的未来」を導いているだけなのではないだろうか？　この循環論法は避けられないかもしれないが、フッサールにはこれを方法的に克服するという自覚がないと言っていい。

レテンツィオンの二重性

フッサールは、広義の現在において（いわば）「原現在」という微小な《いま》が次々に流れ去りレテンツィオンに変身すると考えている。よって、レテンツィオンは広い意味の〈いま〉に呼応する知覚であるが、狭い意味では原印象ではないゆえに、（《いま》ではなく）過去であり、（知覚ではなく）想起（第一次想起）である。

だから、われわれは過去そのものが知覚されると言ったのである。実際、もしもわれわれが過ぎ去ることを知覚しないとすれば、先に記述したような場合などでも、最前まで存在していたということ、すなわち《たったいま過ぎ去った》ということを、その自己所与性において、つまりそれ自身が与えられているという仕方で、直接的に意識することはありえないのではなかろうか？[12]

フッサールの内的時間意識の現象学を理解する鍵は、このレテンツィオンの二重性格を理解することにある。レテンツィオンとは、まるごと現在である原印象とまるごと過去である第二次想起との「あいだ」にあって、現在であると同時に過去であり、知覚であると同時に想起であるという二重性格によって、現在と過去をつなぐ役割を果たしている。現在と過去および知覚と想起は、本来水と油のように排斥し合う。だが、レテンツィオンはみずからのうちに現在と過去および知覚と想起という二重性格を含み持っているのであり、これを通じて現在と過去および知覚と想起は結びつき合う。たったいま音が消え去ったとき、知覚的に弱い音がするわけではない。知覚的にはゼロである。だが、私はその無を「もうない」という不在としてとらえている。しかも、私はこの不在を原的に（originär）とらえているのだ。その意味では、レテンツィオンは原印象に劣らず明証的である。

原印象とも第二次想起とも別のこうしたレテンツィオンの相をえぐり出すことはできよう。だが、はたしてレテンツィオンは原印象から第二次想起への橋渡しをする能力を有しているのか？　むしろ、第二次想起はレテンツィオンとは別に与えられねばならないのではないか？　第二次想起が与えられてはじめて、レテンツィオンは原印象と第二次想起をつなぐことができるのではないか?

思考実験をすれば、第二次想起能力はないが、第一次想起能力だけがある存在者（R）を想定することができる。Rは次々にメロディーを聴き、過ぎ去ったメロディーを絶えず保持しているがゆえに、音楽の全体を楽しめる。だが、Rには第二次想起能力が欠如しているがゆえに、演奏会が終わった瞬間にすべてを忘れてしまう。この場合、Rは持続する〈いま〉をとらえる能力はあるが、われわれが知っている普通の意味での過去、すなわち現在と両立不可能な時としての過去をとらえる能力はないと言うべきであろう。

よって、デリダの言うように、微視的差延によって「いま」という記号が生まれる（意味を有する）のではない。微視的差延はむしろフッサールの微視的現在（原印象）と同様、推論によって導出されたものにすぎない。しかも、その推論には瑕疵がある。なぜなら、以上の考察から判明するように、過去は過ぎ去った微小体験をとらえること（差延）によってては登場しないからである。赤ん坊も狂人も、あるはイヌやネコも「たったいま過ぎ去った体験」をしているであろう。だが、彼らはそれを言語によって表現する能力を有していないゆえに過去に生きていない。ということは、過去と対立する現在にも生きていない。メロディーMを「たったいま過ぎ去った」と表現されるように体験しても、その体験を、積極的に過去形で「〜であった」とみずから語れなければ、過去は登場してこないのである。フッサールの時間論に関する膨大な草稿を読み解いたブラントは、次のように言う。

私が過去を現前化することによって解明するがゆえに過去が現存するのではなく、過去がすでに現存するからこそ、私はそれを解明することもできるわけである。[13]

しかも——重要なことに——その「過去がどのように照らし出されるべきかは現在から規定される」[14]のである。言いかえれば、「現在」とは原印象とレテンツィオンであるのだから、再想起によって「過去がどのように照らし出されるべきか」は原印象とレテンツィオンからなるその時の「現在」すなわち「過去がすでに現前する」ことの根源的体験に拠ることになるのだ。われわれはまったく消滅した過去を再想起して、それに基づいて過去を築くことができるわけではない。とはいえ、はたして過去の根源はレテンツィオンなのであろうか？　むしろ「〜した」という過去形の言語によって掬い取られるところに、はじめて過去が成立するのではないのか？　大森荘蔵の例に沿って言えば、「夢を見ていた」と過去形で語りえても、だからといって「夢を見ている」という原印象とレテンツィオンが「現前する」ことは必要ではない。それは、われわれの明証的体験を離れた単なる要請にすぎないと言えよう。

過去形で語れるということは、現在と過去との排他的関係を知っていること、両者が完全に両立不可能な関係にあることを知っていることである。フッサールがレテンツィオンを「過去の」萌芽とみなすのは、すでに別の所で知っている「過去」という言葉をここに投入しているからではないのか？ そして、「別の所」とは、言語によって構成される現在から隔絶した過去、すなわち第二次想起の対象なのではないのか？ 第一次想起は第二次想起のための必要条件であることは確かだが、そのうちに過去は（作為的に投入されたもの以外は）本来存在しない。それは余すところなく現在であって、じつのところそこには過去の萌芽らしいものも見いだせないのである。

横の志向性と縦の志向性

フッサールは、音の構造がすなわち時間構造であるという確信のもとに時間意識の分析を進めていき、その枠内で、「現前の形而上学」とデリダによって批判される「現在中心主義」において、消え去らず〈いま〉維持されている過去をも意味づけようと試みた。それが「横の志向性」と「縦の志向性」という用語に結晶する一対の概念である。

あくまでもレテンツィオンのレベルであるが、私が時間を構成する場合、一方で、意識は一つのメロディーを構成する音の出現系列に注目し、次々に音が出現しては消えていく客観的時間系列を構成する（横の志向性）が、それとともに他方、それぞれの〈いま〉において過去の音が沈退し蓄積されて層をなしている主観的時間系列（縦の志向性）を構成する。私があるメロディーを聴いているとき、客観的時間をなす横の直線上に位置する音系列が、そのまま主観的時間という縦の直線上に投影される。流れ去ったメロディーは〈いま〉の「うち」にすべてそのままの秩序を保って保存されるのだ。

時間を直線で表すことにいささかも疑いを抱いていないがゆえに、かえってフッサールの提示する「横の志向性」と「縦の志向性」という二重の志向性は（フッサール自身がそこに籠めた意味を超えて）示唆的である。すなわち、時間の空間化は二重に、しかも同時に行われるということである。時間を構成するとは、その一点、一点が客観的な〈いま〉系列をなす客観的時間を構成することのみならず、同時に、その各〈いま〉の「うち（奥底？）」に主観的時間を構成することなのである。

そして、客観的時間を表す横の線上に位置するそれぞれの事象は、そのまま〈いま〉の奥底に広がる縦の直線上に重層的に積み重ねられる。フッサールは、一方で、客観的世界における過去事象（過去の事象それ自体）は〈いま〉「もはやない」という仕方で保存され、他方で、それらは主観的時間上のそれぞれの〈いま〉の「うち」に正確に投影されて保存されていると主張する。

フッサールは、時間探究においてレテンツィオンという不在に注目しながら、不在の意味を徹底的に追究することはなかった。追究し続ければ、レテンツィオンのみならず、「横の志向性」の全体、すなわち一三八億年におよぶ過去のすべてが不在というあり方であること、よって実在する客観的時間から削ぎ落とされるべきであることに気づいたはずであろう。そして、そのことから、この全体を実在とみなす物理学的時間に対してはっきりした「抵抗」の姿勢を示しえたはずであろう。

しかし、フッサールはレテンツィオンの分析を通して時間の本質に不在が不可避的に介入してくることを見て取りながらも、物理学的時間に引きずられて、「横の志向性」によって表現される過去世界の全体を「縦の志向性」と並ぶ実在（『イデーン』のタームによればレエール）とみなしてしまった。こうして、その客観的実在世界がもう一つの実在であるそのつど湧き出す〈いま〉（原印象）といかなる関係にあるのかが謎のまま残されることになったのだ。

このことは、現象学の方法からも裏づけられる。現象学的還元は、自然的態度およびそれによってとらえられた自然を括弧に入れるだけであって、消去するわけではない。それどころか、その自然に対して根本的批判もしない。現象学はいったん括弧に入れた自然をあらためて基礎づける学問にすぎない。こうした態度に呼応して、フッサールは、ベルクソンのように物理学的時間論を徹底的に破壊するのではなく、それを基礎づけようとする。その限りやはり、「横の志向性」と「縦の志向性」という二重の志向性から成るフッサールの時間論は、過去の事象が生起した順に〈いま〉すっかり保存されているという物理主義の変形にすぎないと言えよう。

過去における未来

物理主義とは過去の「もうない」というあり方を基準にした時間論、すなわちいま刻々と変化しつつある眼前の現象からは眼を逸らして、「もう固まってしまって変化しえない」事象こそが「実在する」という世界観に基づいた時間論である。その場合、未来は、過去を引き延ばしたもの、ヒュームの言葉を使えば「過去に似たもの」にすぎなくなる。これは、未来の萌芽である「プロテンツィオン（Protention）」というタームの導入によって明らかである。それは、一方でレテンツィオンが「もうない」という根源的体験であるように、「まだない」という根源的体験である。

根源的構成の過程はすべて〈到来するものそのものを空虚に構成し、捕捉し、充実へもたらすプロテンツィオン〉によって活かされている。（中略）これらのプロテンツィオンは、ただ単に捕捉しようとしていただけではなく、それらは実際に捕捉したのであり、充実されたのである。[15]

しかし、フッサールは、一方でプロテンツィオンが過去においてはじめて規定される〈充実される〉ことを認めながら、他方でプロテンツィオンの成立する現場を「不定な根源的プロテンツィオン」とも言っている。これは、うまく両立するであろうか？

プロテンツィオンは「根源的に不定である」。私は次にどのメロディーが響くか知らないが、「まだない」M_1を期待して聴いていることは確かである。そして、M_1が現に響く（充実される）かどうかは「あとから」現にM_1が響くことによって確認するしかないことも疑う余地はない。

フッサールは、このことをよく知りながらも、その現在中心主義（現前の形而上学）により、プロテンツィオンの成立する現場にあくまでも重点を置き、「根源的に不定なプロテンツィオン」を認めている。だが、プロテンツィオンが単なる「未来に起こるだろうこと」ではなく、未来の萌芽であるのなら、やはり「根源的な不定」を認めることはできないはずであろう。

未来とは、たとえわれわれがそれを正確に予測できないとしても、現に未来に生起することであるはずであり、それがt_1において不定でありt_2において規定されるというのは、不合理である。t_1においてE_1〜Enのいずれかが実現されるかいまだ不定であるが、t_2においてそのうちE_1が実現されるとしよう。その場合、E_2〜Enまでの実現されなかった出来事群はどのような時間的あり方をしているのか？　それらがt_1においては「不定な未来である」のだが、t_2においては「未来であった」のではなくなるとすれば、不合理であろう。この不合理を避けるには、それらがt_2において実現されなかったのであるから、t_1においても「未来ではなかった」のでなければならない。

プロテンツィオンがt_2においても「単に捕捉しようとしていただけではなく、実際に捕捉したのであり、充実した」のであれば、それはt_1においても（たとえ知らなくとも）「単に捕捉しようとしているだけではなく、実際に捕捉するのであり、充実する」のだ。すなわち、プロテンツィオンの「根源的な不定」という性格を廃棄する必要があり、プロテンツィオンは「プロテンツィオンであった」ものとして過去においてはじめて意味づけられねばならないのである。

客観的時間＝現象における過去時間

フッサールは客観的時間の礎石は過去であることを自覚していたが、同時に、時間の根源は現在であるという信念も揺らぐことはなかった。まさに現前の形而上学を守り通したのである。このため、過去と現在という互いに両立しえない時間性格は、分離されたままであって、統一的像を結ぶことはない。こうした二元性をブラントは次のように語っている。

過去が最初の即自存在であるということは、それ自身即自的に存在しない生き生きとした現在に対する優位を意味しない。というのも、過去はただ現在からのみ存在するにすぎないからである。本来的にはもはや存在しない、それゆえ「非本来的に存在する」過去が、最初の即自存在つまり最初の時間自体であるということは、一般に時間性の特質である。(16)

これをカント風に、認識論的には過去が現在に優位するが、存在論的には逆に現在が過去に優位する、と言ってもいいかもしれない。しかし、フッサールはこういう存在論をはじめから遮断し、現象学的還元によって括弧に入れるのであるから、明証的体験に裏打ちされた現在を切り捨てることはできない。デリダの言う「現前の形而上学」は、フッサールにおいては現在中心主義という衣をまとってどこまでも突き進むのだ。

客観的時間の構成に着手することをもって、現在と過去との両立不可能性という構造はさらに顕在化される。だが、存在論を遮断したからには、認識論だけが残るのであるが、過去は現在を含むが現在は過去を含まないという意味において、認識論的には疑いなく過去は現在より包括的であり根源的である。現在の知覚から過去の想起を導くことができないのに対して(何度も言うが、ヤヌスの顔を持つレテンツィオンはその役割を果たしえない)、過去の想起は現在の作用であって、そのうちに初めから過去と現在とを含み持っているからである。

ミンコフスキーは、このことを次のように明確に語っている。

実際もし現在と過去との構成が互いにまったく違ったものであるならば、いかにしてそれらのあいだに一つの合理的な関連をつけることができるのであろうか。思うにこれは、われわれが現在が過去になることを見ることから可能になるのではなく、反対に、過去が現在を蚕食することから、同様にまた、それが未来を蚕食することから、可能になるのである。換言すれば、一般にわれわれが時間の三つの形式を結合することができるのは、われわれが、過去に属するものを、現在や未来のうちに導入するからなのである。(17)

アウグスチヌスの言葉をもじれば、むしろわれわれは「過去における過去、過去における現在、過去における未来」を原初的に手にしていると言えよう。過ぎ去ったさまざまな出来事を前後関係に並べるとき、私はそれらの前後関係を自然に空間化し、〈いま〉からの「近さ」に応じて理解している。こうして、私は、A(試験会場に入った時)、B(試験開始のベルが鳴った時)、C(試験問題を解いている時)、D(試験終了のベルが鳴った時)という四つの出来事の順序を、〈いま〉第二次想起において(第一次想起をまったく考慮せずに)端的につけることができる。そして、私は〈いま〉となっては過去であるBに視点を定めて、Bが「現在であった」ときには、Aは「過去であった」のであり、CやDは「未来であった」ことを知る。しかも、私はこのことを、単なる概念的推理によってではなく、端的な直観を伴う想起によって実行することができるのである。

注意すべきだが、私が出来事間に時間順序を明証的につけることができるのは過去においてのみである。私は未来の一時点E（その日帰宅した時）に視点を定めて、そのEからA、B、C、Dは「過去であった」とか、F（その晩寝つく時）は「未来であろう」と言うことはできよう。だが、そこにはいかなる明証性もない。なぜなら、Eはまったく実現されていないのであり、そこにはいかなる直観も伴っていないからである。こう語るとき、私は「もしEという時が未来において実現されるなら、そのEから見て、A、B、C、Dは過去であったしFは未来であろう」という仮言的推理をしているだけである。

この推理は、EあるいはFという出来事が起こる未来が実現されることを前提している。しかし、私はいかなる証拠においても推理においても、未来の実現を論証できない。さらに、いかなる物理学的理論も未来の存在を証明できない（物理学的法則のどこにも未来の存在を保証するものはない）ことは明白である。それぞれの未来が実現されることは単なる想定である。EあるいはFという出来事が起こる時は永遠に実現されないかもしれない（その前に私は死んでしまうかもしれない、あるいは世界はEに至る前に終焉するかもしれない）のであるから。

明日、世界が終焉するなら、その後の世界において時間はない。ということは、現在・過去・未来という時間様相も、それらの関係もないということである。出来事Kは〈いま〉未来であるが、やがて現在になり、やがて過去になる、という関係さえ（K自身がないのであるから）ない。それにもかかわらず、客観的時間論者は、このすべてを無視して、世界の終焉まで未来が「実現する」という（いかなる根拠にも基づかない）想定を強引にその理論のうちに持ち込もうとするのである。

第三章　不在としての過去

1　過去の痕跡に充ちた世界

現在する〈いま〉と不在の〈いま〉

あらためて問うてみるに、現実的な〈いま〉とは何だろうか？　これまで、その意味を問わなかった。それは明晰に与えられている感じがする。よって、アウグスチヌスの有名な「それでは時間とは何であるか、誰も私に尋ねないならば私は知っている。もし尋ねる人があって、答えようとすると、私は知らない(1)」という叙述における「時間」に「いま」を代入するとき、困惑は新たになるのだ。

いまとは何であるか、誰も私に尋ねないならば私は知っている。もし尋ねる人があって、答えようとすると、私は知らない。

これまで、哲学者たちはさまざまに「いま」という概念を定義してきた。フッサールを初めとして少なからぬ哲学者は「いま」という概念を「知覚している時」と定義している。知覚以外の特定の現象を持ち出す哲学者もいる。ショーペンハウアーは「意志の発動する時」だと主張し、ラッセルは「発話している時」だと提案し、大森荘蔵は「行為の最中」だとした。他にもさまざまある。だが、「いま」という概念を特定の現象で言いかえようとするこれら哲学者たちは、共通の誤りに陥っている。「いま」という概念をそこに起こっている何か現象Eを持ってくることによって定義することはできない。なぜなら、「いま」という概念は実体概念ではなく関係概念だからであり、しかも一方では、作用と対象とのあいだの、そして他方では、現在と不在とのあいだの関係概念だからである。

とくに、（第二章の第1節で考察したように）「数えられる数」としての時間や「数える単位」としての〈いま〉のみならず「数える時」としての「★いま」を見過ごしてはならない。あらゆる精神（意味付与）作用は「★いま」はたらいているのであり、先に引用したフッサールの言葉を使えば、〈いま〉は「原的に（originär）かつ絶対的に（absolut）」与えられているのであるが、じつは単に与えられているのではなく、すでに私が能動的に意味付与している（数えている）のだ。

そして、さらに、その〈いま〉が「原的に」与えられていることは、とりもなおさず、一つ前の〈いま〉が「もはやない」不在として後退することである。すなわち、「いま」という概念を理解しているとは、精神（意味付与）作用それ自体が「★いま」であること、そしてそのつどの現在する〈いま〉において、これまでのあらゆる〈いま〉が消滅していることを理解していることでもある。言いかえれば、一方で、そのつど作用する「★いま」を通して、消滅してしまった不在の〈いま〉との関係において現在する〈いま〉を理解することであり（これが知覚の場面）、他方で、そのつど作用する「★いま」を通して、現在する〈いま〉との関係において消滅してしまった不在の〈いま〉を理解することなのである（これが想起の場面）。

「いま」という概念を理解しているとは、「★いま」が現在する〈いま〉と不在の〈いま〉とを統合すること、この全体を理解していることである。もしわれわれが「知覚している時」あるいは「意志の発動する時」あるいは「発話している時」を〈いま〉と呼ぶとしても、それは恣意的にそう呼んでいるだけであって、その現在する〈いま〉を根源的な精神作用としての「★いま」およびすでに消滅したかつての〈いま〉と関連づけなければ、「いま」という概念を理解しているとは言えない。

さらに「いま」は原的に与えられている〈いま^{1}〉と、構成された〈いま^{2}〉すなわち観念としての〈いま^2〉とに区別される。以上に述べたのはすべて〈いま^2〉であって、観念としての世界の地平に現れるものである。だが、その「手前」に観念以前の〈いま^1〉が認められる。それは、作用としての「★いま」と対象としての〈いま〉との区別以前のものであって、時間とすら言えないであろうし、よって過去や未来との差異性を含むものでもない。

だが、それは単なる虚構ではない。このことをふたたび「自己中心化」と「脱自己中心化」という概念を用いて振り返ってみよう。ある有機体はもともと自己中心化した〈いま^1〉に生きていたのであるが、言語を習得することによって脱自己中心化し、あらゆる〈いま〉を等価とみなす物理学的時間を構成するとともに、この物理学的時間を背骨とする物理学的実在的可能的世界を認識する能力を持つだけの「私」すなわち「超越論的統覚」を構成する。このとき、〈いま^1〉は消え去り、まさにいかなる〈いま〉も特権的でないような等質な観念としてのさまざまな〈いま^2〉群が直線上に「横並びに」生じている。

だが、「私」はさらに二次的に自己中心化して、現在する〈いま〉をすでに消滅した、すなわち不在の〈いま〉との関係で語り直し、湧き出す〈いま^1〉を取り戻そうとして、それを観念としての〈いま^2〉によって置き換えようとするのだ。「私」は、原的な「★いま」という作用を通して、〈いま〉眼前に開かれる知覚風景のうちに見いだすものを、現在するものと不在なものとに二分する。前者が知覚の対象であり、後者は想起あるいは再認の対象である。二次的に自己中心化した視点から〈いま^2〉を構成することは、原的な「★いま」という作用を通してこの現実的な〈いま^2〉のみを現在するものとみなし、他の〈いま〉を不在のものとみなす操作を実行することである。「私」はそのとき同時に「現在」と「過去」という互いに排他的な時を構成している。

〈いま^1〉が時間ではないにもかかわらず〈いま^1〉であるのは、それには〈いま^2〉を構成した視点から「〈いま^2〉と同一の時」という意味が与えられるからであって、言語を学んだ有機体S_1は、言語を学ぶ前に「現在に生きていた」のではないのだ。

この意味で、〈いま〉は言語によってはじめて世界に到来する。それは、自然の連続的変化の「うち」にはない。〈いま〉の到来とは自然の連続的変化に楔を入れ、連続的変化を〈いま〉という単位に分断してとらえなおすことなのである。だが、犠牲は大きい。このことによって、逆に連続的変化それ自体がとらえられなくなってしまうのであるから（これがアキレスと亀のパラドックスをはじめ、次々にアポリアを産み出してきた）。さらに、このことによって、〈いま〉過去の出来事を想起できることが謎になってしまうのであるから。

言語は、存在と非存在という二元論をもって世界を再構成する。そして、いったん非存在を世界から排除しながらも、それを「非存在」という名の存在に仕立て上げて、取り戻す。ヘーゲルが巧みに語りつくしていることである。

広く存在と非存在とのあいだに開かれているあらゆるパラドックスは、言語が産み出したものである。われわれは、初めに現在と過去を互いに排他的な時として区分し、次にそれらはいかなる関係にあるのか、という問いを立て、その答えがないことに啞然としてしまう。そして、ここに深遠な「哲学的問題」を認め、悪戦苦闘して、やはり存在と非存在から成る言語を駆使してそれを解決しようとする。まさにバークレィの言うごとく「私たちはまず埃を立てておいて、それから見えないと不平を言うのである」[2]。

哲学を放棄しない限り、われわれはこのいくぶん滑稽でありながら深刻な事態を回避することはできないであろう。これが言語を習得した者の宿命なのであり、哲学の武器は言語しかないのであるから、われわれはこの宿命を背負っていくしかない。われわれは、言語を学ぶ前は有機体として生きているだけであるが、言語を習得すると、〈いま〉を数え始め、数える作用は「★いま」に留まりながら、数えるものは現在する〈いま〉に位置し、そこから過ぎ去った〈いま〉を現在しない〈いま〉すなわち「不在」の〈いま〉として意味付与することができるようになる。これが、観念としての〈いま〉の成立である。

とはいえ、注意しなければならないが、もともと「数えるもの」がすでに独立に「魂＝私」として存在していて、それが「★いま」という作用を有して、現在する〈いま〉と不在の〈いま〉を「つなぐ」のではない。むしろ、言語を習得した有機体S_1は、かつて知覚していた〈いま〉を数え始め、そのつど現在する〈いま〉と不在の〈いま〉とを区別し、そして両者をつなぐのであり、そのとき、いわば反対側にそういう作用をし続ける自己同一的・疑似物体的な「私」を構成するのである。

自己同一的な「私」が、S_1が生きている限りずっと「ある」のではない。S_1がそれぞれの〈いま〉において、「不在」を呼び起こすごとに、「私」はあたかもずっと自己同一的にそこに「あった」かのようなものとして登場してくるのである。

この意味で、時間の成立は「私」の成立である。ハイデガーは、時間が自分自身を触発することを「純粋自己触発」と呼び、それは「私の私自身への自己触発」にほかならないと言う。同一の自己回帰的構造を時間も自我も有しているゆえに、ハイデガーは最終的に「時間と『私は思惟する』とは同一である」と語る。

> しかもこれによって、純粋自己触発としての時間は純粋統覚と「並んで」「心性のうちに」現われるのでなく、自己性の可能性の根拠として純粋統覚のうちにすでに存し、このようにして心性をはじめて心性たらしめる、ということが一挙にして明らかになる。[3]
>
> 時間と「私は思惟する」[4]とはもはや合一しがたい異種的なものとして互いに対立せず、両者は同一のものである。

だが、これは短絡である。時間は直ちに私なのではない。時間は、先に述べたように、原的に与えられている作用である「★いま」が現在する〈いま〉と不在の〈いま〉とを「つなぐ」ことであるが、そのつどの「★いま」という作用そのものではなく、そのつどの「★いま」という作用を束ねる疑似物体的・自己同一的な主体が「私」なのである。

時間が構成されなければ、すなわち原的に与えられている「★いま」と互いに排他的な〈いま〉が構成されなければ、「私」は構成されないであろう。そして、互いに排他的な〈いま〉は言語によってはじめて形成されるのであるから、「私」も言語によってはじめて形成されるのである。

私は過去の出来事を〈いま〉想起する

「さっきあったこと」は、〈いま〉という場所とは他の場所（過去という場所）へと移行したのではなく、全宇宙から完全に消えてしまったのである。過去が完全に消えてしまったのに、なぜ過去の出来事を〈いま〉想起できるのか？　〈いま〉を世界に導入したことによって、われわれはこういうアポリアを抱え込むことになる。これは——見通すのがなかなか難しいが——「物質」と「時間」が織りなす形而上学が生み出すアポリアである。すなわち、〈いま〉を粗く取っても細かく取っても、そのうちに潜む物質は先の〈いま〉と後の〈いま〉とでは異なり、物質（世界の質料）は先の〈いま〉t_1から後の〈いま〉t_2へと伝搬されず、伝搬されるのはその構造（世界の形相＝形式）だけである。

現在と過去とは「現在は過去ではなく、過去は現在ではない」という排他的関係にあるのだから、互いを直接「つなぐ」いかなる糸もありえない。あらゆる〈いま〉は時間という数直線の上を移行していくだけであって、そこにおける出来事は消えることはない、という物理学的時間を採り入れるとき、私がt_2においてt_1にあるEを想起するということを説明することはできない。t_1に「ある」Eをt_2において「取り戻す」仕方は、まったくこの直線時間には書き込まれていないからである。現在と過去との排他的関係は時間という数直線上の位置に翻訳されてはいるが、両者の排他性は、それぞれの位置の排他性としてやはり維持されているのである。

そこで、想起を排除してこの直線時間を保持するか、想起を採り入れてこの直線時間を排除するかしか選択はないように思われる。物理学は前者を選択して、想起の説明を断念したが、物理学は「実在的可能な世界」を実在するものとみなし、あらゆるパースペクティヴを不在とみなすことによって成り立っているのであるから、これは当然のことであろう。

後に検討するが、大森荘蔵はこの直線的時間を保持しかつ想起を説明するために、t_1に「ある」出来事E自身がt_2にじかに「立ち現われる」という理論を打ち出したが、「立ち現われ」という疑似運動に支えられたこの理論を維持することは難しいであろう。大森が想起においても「立ち現われ一元論」を貫くには、やがて彼自身がそれを遂行したように、直線的時間を放棄するしかない。なお、物理学的直線的時間は消去できるが、〈いま〉を消去することはできない。とすると、〈いま〉を消去しないで、かつ想起という現象を説明しうるいかなる哲学理論が残されているのであろうか？

（第一章第3節で考察したが）そのためには、「物質の形而上学」を持ち込むほかないように思われる。過去へ戻る物理学的作用は認められず、かつ〈いま〉物質の「なか」には寸毫も過去が混じっていることはなく、過去へ至る秘密の糸も見いだせないとすれば、私は〈いま〉に留まったまま想起するのでなければならない。こうした限定においては、何かが過去から現在まで、想起の対象ないし内容となるものを継続的に伝達するのでなければならない。

それは、物質をおいて他にはない。過去の物質それ自体が〈いま〉まで残留しているのではない。過去の出来事や物体を形づくっていた物質は〈いま〉すっかり消えてしまった。ただ、物質はみずからは刻々と消え去りながらその構造を次々に伝達する。そして、〈いま〉私はこの物質によって伝達された構造の「うち」に過去の意味を直接読み取るのである。よって、想起とはいきなり過去へ戻ることなのではなく、私が〈いま〉伝達された構造の「うち」に不在の過去を読み取ること、言いかえれば、それに「もうない」という意味を付与することである。

だが、こう解しても、なぜ私が〈いま〉与えられた構造を過去の出来事の構造であるということがわかるのか、物質の形而上学を導入しても、最後はやはり意識の神秘的作用を認めているだけではないか、という反論がただちに湧き起こるであろう。

そこで、こういう早急な反論を封じるためにも、さしあたり想起ではないもう一つの過去へのかかわりである「再認」を見ることにしよう。過去と現在との関係というアポリアに風穴を開けるには、想起ではなく再認という現象を正確に見定めることが必要であるように思われる。そして、想起も再認の特殊な場合であるということがわかれば、この堅固に見えるアポリアも次第に亀裂が入り、崩れていくであろう。

私は過去の出来事を〈いま〉再認する

写真が典型的であるように、〈いま〉知覚する対象や出来事は過去の「痕跡」として直接過去の対象や出来事を示しているように思われる。このことはいかにして可能なのであろうか？　写真を構成している素材をどんなに調べても、過去の物質がそこに（一部にせよ）紛れ込んでいるわけではなく、現在与えられている素材のうちに「過去との関係」を見いだすことができるはずもない。過去と〈いま〉とを「つなぐ」、しかも時間を遡って「つなぐ」物理学的作用はない。

明らかに、写真における過去の痕跡が「ついた」のは過去のその時であった。しかし、その時の物質は〈いま〉もはやない。過去の物質それ自体は消えてしまい、私に〈いま〉与えられているのは、その過去から伝搬された構造が「ついた」物質である。だがそれは〈いま〉あるのだから、それが過去の特定の出来事の「痕跡」であるためには、その出来事が生起した過去と何らかの関係がなければならないはずであろう。

眼前の写真ではなくて、私の大脳の「なか」を調べたらどうであろうか？　古ぼけた六〇年前の運動会の写真を見るとき、私にはそれが過去を示しているかのような「なつかしい」感じがする。同じ写真を無関心に見ている他人にはそういう感じはいささかも湧かない。だが、私が写真を撮られるときにそこにいた妹は、この写真から当時の運動会を思い出すかもしれない。私と妹にはその記憶があるからであり、他人にはその記憶がないからである。とすると、私の大脳の「なか」には独特の記憶物質があって、それが眼前の写真という白黒のまだら模様の「なか」に六〇年前の出来事を想起させるのではないか？

だが、このことはいかにして可能なのだろうか？　その記憶物質は〈いま〉あるのであって、そこに運動会が刻み込まれた六〇年前の記憶物質が紛れ込んでいるのではない。また、その記憶物質の「なか」に六〇年前への通路が開けているのでないことも確かである。こうして、大脳の「なか」に侵入しても、そこに過去との関係を見いだすことはできず、ふたたび〈いま〉知覚している眼前の写真に立ち返るだけである。

〈大脳を含めて〉いかなる痕跡を持ち出しても、それらは疑いなく〈いま〉あるのだとすると、想起や再認という現象を説明するものとして一体何が残されているのだろうか？前章で考察したように、眼前の写真を構成する物質の「うち」に、直接過去を認めるほかはない。確かに過去の物質そのものは消え去った。だが、そこには過去の物質から伝搬された一定の構造が潜んでいて、それを記憶物質に刻み込まれた大脳を持つ有機体である私は「六〇年前の運動会」と判定するのである。確かに、意味の発生を説明することはできない。物質の一定の構造がなぜ「運動会」という意味になるのか、そのブリッジをつなぐことはできない。

眼前の一定の構造を持つ写真からは、誰の眼にも運動服を着た一人の少年が立っていることがわかる。背後には木造の建物があること、その上には空が広がっていることがわかる。だが、「六〇年前の運動会」は、「運動服を着た少年」や「木造の建物」や「空」のようには、その一定の構造を持つ写真の「なか」には含まれていないように思われる。私がそのことをこの写真の「なか」に再認するためには、私の大脳内の記憶物質が必要であることまではわかる。だが、それがいかに「六〇年前の運動会」という意味と関連するかはわからない。このことは、私の瞳孔に入った光から大脳内の知覚中枢に至る物質の過程と「運動服を着た少年」という意味がいかに関連するのかわからないのと同様である。

知覚の場合は、眼前の古ぼけた写真という物質がすでにその「なか」に「少年」とか「校舎」という意味を担っていて、その「少年」とか「校舎」という意味がそのまま電磁波に乗って私の瞳孔にさらに知覚中枢に達すると考えがちである。だが、これはあきらかに錯覚であり、これらの意味は電磁波に「乗る」ことはできない。古ぼけた写真を見るとき、私に〈いま〉厳密な意味で与えられているのは、その写真表面を反射した電磁波だけである。そして、私が〈いま〉そこに「校舎を背景にして運動服を着た少年が立っている」という意味を付与するのである。この場合、ほとんどすべての日本語を習得した者がそこに同じ意味を付与しうるから、われわれは写真の「上に」固定的な意味が「ある」かのような気がしてしまうだけである。

現在から過去への物理的通路はない。一見「通路」に見えるものは、「意味付与」という言語的通路なのであり、その言語的通路を可能にするものが〈いま・ここ〉で与えられている物質の一定の構造なのであり、私の大脳内の記憶物質なのである。だが、記憶物質それ自体が過去を記憶しているわけではなく、それが過去との密かな物質的通路を有しているわけでもなく、さらには物質それ自体が過去の「痕跡」であるわけではない。それを過去の「痕跡」と認めるのは物質ではなく、意識（私）である。

私は大脳の中に精巧なカメラを潜ませていて、膨大な量のフィルムを所蔵しているわけではない。大脳内の記憶物質がフィルムのようにすでに意味づけられていて、それを取り出し現像するとただちに「六〇年前の運動会」の映像が「出てくる」わけではない。大脳の記憶物質は〈いま〉現在するだけであって、それに不在の過去との関係を付けるのは記憶物質自体ではなく、そこに意味を読み取る（意味を付与する）意識（私）なのである。

知覚とは再認である

私が〈いま〉何ごとかを知覚する現場は、私の体内に「そと」から刺激が入り込んでいるだけではない。それに、定型的な言語を振り当てて「これは木だ」と判断しているだけではない。それは、膨大なしかも浮遊し錯綜し重層的な意味付与の現場である。

知覚は、一つのノエシスとして他のさまざまなノエシスと同じ構造を持つものとみなされる。その場合、知覚ノエシス（木の知覚作用）はすでに一定の知覚ノエマ（木）に向かっている。しかし、こうした抽象的ノエシス＝ノエマ図式は、知覚の現場のごく一部を表現したものにすぎない。私が眼前の木に対しているとき、私は単に「木を見ている」だけではなく、そこには同時に想起も想像も連想も感情もはたらいているからである。それらすべてを白日のもとに取り出すことはできない。じつに、それらは無限の揺れをもって意識上に登場したり意識下に身を隠したりして、具体的な知覚風景を支えているのだ。

知覚するとは、〈いま・ここ〉にまったく新たに湧き出す現象に気づき、それらをとらえることである。そのためには、本来はそのつど無限に新しく意味付与する知覚ノエシスが要求されるはずであろう。既成のノエシスとその対象としてのノエマは、まったく新たな現象をとらえ切れないはずである。たとえ、その本質を記述し尽くしたとしても、「まったくの新しさ」は零れ落ちてしまうはずである。〈いま〉とはレエールな世界が成立しつつある場なのだから、それをすでに意味の固まったレエールな世界の「うち」に取り込むことはできない。

私が〈いま〉知覚の現場にさまざまな仕方で意味付与すること、これは根源的事実である。だが、私は過去のものに過去の意味を付与するのではない。過去はすでにないからである。同じように、未来のものに未来の意味を付与するのではない。未来はまだないからである。古典的哲学者たちは、意味付与の源泉は「私」あるいは「意識」あるいは「理性」にあると宣言したが、これらが電磁波や疎密波という「私のそと」から来るのではないことが確実であるがゆえに「私のうち」に一定の名前を与えて、そこから来るとしたにすぎない。

朝起きて、ぼんやり部屋を眺めるたびに、職場で働いている各瞬間に、馴染みの酒場に入るごとに、家に帰るたびに、私は膨大なものを再認し、網膜を撃つ光の「背後」にそのつど「意味としての過去」を読み取っている。書棚に並べてある書籍やタンスに掛かっている服、使い慣れたぐい呑みや茶碗は、私がそのつど意味付与しているというにはあまりにも手垢にまみれたものであるが、その都度再認していることに変わりはない。

こうしたことから、あらゆる知覚は広い意味で再認にほかならないことがわかる。私はある男が部屋に入ってくるのを見ている。彼がこちらに歩いてくる一歩一歩を見ているとき、それぞれの一歩を記憶していなかったら、彼が「歩いてくる」ことを私は知覚できないであろう。知覚とはすでに時間的に幅のある知覚であり、私は先の一歩を記憶において保持して後の一歩を知覚することによって「歩いてくる」ことを知覚するのである。その場合、同一の男Kが歩いてくると了解しているからには、私は一歩ごとに身体の位置を変えるKを再認しているのである。

はじめての部屋に入っても私がその部屋をぐるっと見渡して眼に入るものを「テーブル」とか「本」として認識できるのは、私がすでに学んだ言葉から「テーブル」や「本」という単語を引き出しているからである。その意味で私は、そのテーブルやその本をはじめて見たのだが、「テーブル」である限りの「テーブル」、「本」である限りの「本」を再認しているとも言えるのだ。

知覚するとは、眼や耳や皮膚にさまざまな物質的刺激を受けることではない。知覚は、眼前の対象Gからの刺激で成立するのではなく、GにA、B、C、D……という意味をこびりつけ、GをAとして、Bとして、Cとして……見ることによって成立する。よって、私の網膜に入る光に「テーブル」や「本」という意味が含まれているわけではない。眼前の特定に区切られた物質の塊の表面から電磁波が網膜に到来すると言っても、「そのテーブル」という意味さえ入り込んでくることはない。

すべてを私は〈いま〉意味づけるだけである。はじめて見たテーブルには「テーブル」

という知覚的意味を、トイレに行って部屋に戻ってきて見たときには「さっき見たテーブル」という再認的意味を。あるいはさらに、そのテーブルが自分の部屋のテーブルにとても似ていることを発見し、私は自分の部屋にあるあのテーブルを想起する。その場合、私はまさにそのテーブルの場所にあのテーブルを不在として現出させる、すなわち私はそこに不在のあのテーブルという意味を付与するのである。この意味付与は私の完全な自由意志によるものではない。私は眼前のテーブルの出現によって自分の部屋にある、あのテーブルという想起的出現をいわば強制されたのだ。とはいえ、――ロックの言うように――私の心の中に保存されていたあのテーブルの観念を、私は〈いま〉眼前のテーブルの知覚的出現によって引き出したのではない。まさに、そのテーブルの出現とともに、強制の感じを伴って、〈いま〉そこに私が新たに不在のあのテーブルの像を創り出したのである。

私は過去に〈いま〉直接関わっている

こうして、客観的世界には、一定の構造を有する物質のさまざまな塊が取り残される。それは、ある人がそれを知覚すれば一定の姿を現すような何かであり、ある人が意味を付与すれば一定の意味を担うような何かである。カントの用語を使えば「実在的可能性（reale Möglichkeit）」を持つ何かである。それは一定の構造を有する諸物が相互作用する世界であって、あらゆる可能的および現実的パースペクティヴが除去された世界、すなわち、そのあらゆる知覚的意味と想起的意味が除去された客観的世界である。除去されたものは、その客観的世界においては無であるから、それらが除去されても客観的世界のあり方には何の影響も及ぼさない。

物質の形而上学が解明できるのはここまでである。物質の構造と意味付与とのあいだには跳び越しえない間隙が開かれている。ここで、われわれは与えられた現象に戻らねばならない。知覚と想起は独立にはたらくわけではない。先に検討したように、両者のあいだには「再認」という広大な媒介項があるのだ。一方で、眼前の対象から電磁波が瞳孔に入ってその対象の色や形をそのままとらえることであるとし、他方で、想起とは「もはやない」過去の物体ないし出来事をとらえることだとすると、両者の橋渡しはできなくなる。そして、ことさら〈いま〉不在の物体ないし出来事をとらえる想起という現象が不可思議なものになってしまう。

だが、私が何ごとかを想起しているとき、私は何ごとかを知覚しているのだ。普通、私は想起しながら周囲世界を知覚している。完全な暗闇でも普通何らかの音はするのであり、たとえ完全な無音でも、自分の身体が大地に触れる感触、背中がベッドに触れる感触、あるいは内部感覚を持っている。私は〈いま〉知覚的に与えられている「地」において過去を想起するのであり、〈いま〉という「地」に過去という「図」を「もはやないもの」として読み込むのである。

先に（第一章第3節で）考察したように、知覚の対象にもともと意味が付着しているわけではなく、知覚の対象とは単なる物質の一定の構造であり、そこからわれわれの感覚器官に刺激が入っている。知覚とは、その刺激に私が意味付与することなのだ。〈いま〉私に与えられているのは物質の塊だけなのであり、「そこから」の刺激だけなのであるから、「そこに」私はあらゆる意味を付与しなければ、知覚できない。すなわち、私は〈いま〉直接「そこに」現在する知覚の意味と不在の過去の意味を付与しているのだ。私は現在の知覚風景を見ながら、そこに過去の風景を推理しているのではない。そこに与えられた過去の風景を読み取っているのでもない。まさに、私は、〈いま〉そこに不在としての過去の風景という意味を付与しているのである。

ここで、想起する時と想起の対象の時の幅をぐっと縮めてみよう。私は毎朝「哲学塾」の教室に足を踏み入れるや否や、前日の夜そこを後にしたときのままのホワイトボードやテーブルや椅子、パソコンやコピー機が位置する光景を眼にする。私は、部屋を、そしてこれらの物の一つ一つを、想起しているというより再認しているのである。その場合、再認に吸収されない知覚とは何であろうか？　こう問うと、ここに潜んでいる問題が明らかになる。驚くべきことに、何も残らないのだ！　一方で、私の網膜を〈いま〉各物体の表面を反射した光が入り続けている。それはまるごと〈いま〉の作用であると言うほかはない。他方、私は疑いなく〈いま〉部屋の光景を再認している。とすると、私は〈いま〉何らかの仕方で過去にかかわっているのでなければならないはずであろう。ベルクソンが次のように（やや不用意に）語るとき、彼は同じことを言おうとしているのであろう。

あなたの知覚はどれほど瞬間的であろうと、このように、数え切れないほど多くの思い出された諸要素から構成されているのであり、じつを言うと、すべての知覚はすでに記憶なのである。われわれは、実際には、過去しか知覚していない。(5)

しかし、過去は「すでにない」のだから、私は〈いま〉それに関わることはできない。とすると、私は〈いま〉眼前の諸物に新たに過去の意味を付与しているというほかない。もちろん、私は〈いま〉眼に光を受け、耳に音を聴き、机の表面を触って、諸物を知覚しているのであるが、私は同時にそれらに「昨日はこうであった」という意味を付与しているのだ。こうした再認部分を完全に削り取った知覚とは、いったい何であろうか？ そこに、私の記憶とはいっさい無関係なホワイトボードやパソコンが知覚の対象として残留するわけではない。もしそれを知覚と呼ぶなら、それはただ理論的に想定される（ベルクソンの用語では）「純粋知覚」にすぎないであろう。ベルクソンによれば、過去の出来事はイデア界のような別世界に保存されているのではなく、過去から「来る」のでもないから、それはまさに〈いま〉それ自体として存在している。それが「純粋記憶」であり、われわれは、この「純粋記憶」から、現在の行動にとって有益なものだけを「イマージュ記憶」として取り出す。したがって、現在の行動にとって無益だと切り捨てられた記憶がただちに存在しなくなるわけではなく、それはやはりそれ自体としては存在しているのだ。

だが、「純粋記憶」が〈いま〉そのまま世界内に沈殿しているというよりは、やはり意識存在（私）がそのつど過去から伝搬された物質の構造に「現在の行動にとって有益なもの」という意味を付与して（これが「再認」にほかならない）、はじめてその特定の構造が「痕跡」として世界に登場するのではないだろうか？

現象をよく見直してみよう。私は部屋に入るごとにそこにあるさまざまな物を知覚しかつ再認する。そして、それに触発されてふっと昨日の講義風景を思い出す。私は、そのとき知覚しながらほとんど強制的にそこに過去の意味を付与してしまう。部屋にあるテーブルや椅子、ホワイトボードの「なか」に過去の記憶が沈殿しているわけではないのは、私の大脳の「なか」に過去の記憶が詰まっているわけではないのと同様である。

それらの物質に「痕跡」という意味を与えるのは、すべて私が〈いま〉なすことなのだ。それ以前には、それらはじつは過去の痕跡でさえない。特定の構造をした物質の塊にすぎない。「痕跡」とは過去の痕跡であるが、特定の物質はそこにただ「ある」だけであって、それ以上の意味を与えられていない。私があるところに位置し、眼を開き、耳を傾けるや、特定の物質の塊は「痕跡」に変身する。私が特定の物質からの電磁波や空気の疎密波を受信し、さらに神経パルス、大脳の知覚中枢等々の体内痕跡を介して、それぞれの物質の塊をそのつど「～として」知覚する。それは、とりもなおさず私がその物質の塊に原的に過去の意味を付与して再認していることなのである。

受動的綜合とは何か？

フッサールは晩年に至り、すべての能動的な意味付与作用にはすでに受動的な綜合作用が働いているという「受動的綜合」の考えを取り入れた。だが、「受動」がレアールな超越的世界からの受動であるとしても、それは内在的世界の「そと」に空間的に広がっているのではない。超越的世界のほとんどである過去の超越的世界は〈いま〉完全に消滅してしまった。この場合、「受動的」とはいかなる意味か、考え直さねばならない（参照、『存在から生成へ』山口一郎、知泉書館）。

過去が完全に「ない」のだとすると、私は過去からの作用を受けて〈いま〉の知覚風景を受動的に綜合することはできないはずであろう。とすると、私はなぜ〈いま〉聞こえてくる声があたかも受動的に与えられているかのように、過去の意味を付与することができるのか？　これに答えようとして、またもや直線的時間を蘇生させ、過去の出来事が「そこから」〈いま〉想起している私に何らかの告知をする、という疑似運動学的図式を持ち込むのはやめよう。

したがって、受動的綜合といっても、私は、六〇年前のかけっこで転んだときの痛み、五〇〇年前に創建された金閣寺、一億年前に棲息していた一匹の恐竜から〈いま〉何ごとかを直接に「受け取る」わけではない。私には〈いま〉眼前に与えられている対象から一定の構造が告知され、それを私は別に獲得した知識によってさまざまな知覚的意味と想起的意味を与えるだけなのである。私は〈いま〉私に与えられている物質の一定の構造によって制約され、その意味で受動的に「土の窪みが表す複雑な図形」という知覚的意味と並んで、まさにそこに「一億年前の恐竜の足跡」という想起的意味を付与するのだ。私は、真空の中に、あるいはカオスを前にして、〈いま〉私が全世界に一挙に意味を与えるわけではない。フィヒテの「自我」は、そういう疑似天地創造のような相貌をしているが、神でない私がこんな能力を持っているはずがない。私は世界のうちに生まれ、そこで言語を学び、意味が染みついた諸対象や諸出来事に対するのである。

言語を習得したことによって、私は脱自己中心化し、私の身体に現れる知覚風景に自由に意味付与することができないことを知る。あらゆる意味付与は拘束を受ける。「受動的綜合」とは、私は言語によって世界を原初的に能動的に構成するのではなく、あらゆる能動的構成（と見えるもの）には受動的構成が先立っている、ということにほかならない。いかに私が現象学的還元を遂行し、自然的態度によってとらえられる世界を括弧に入れ、現象学的態度を取っても、自然的態度によって意味付与された全世界を完全に消去して、世界をまったく新しい言語によって意味付与することはできない。私は現象学的態度においても、やはり手垢にまみれた伝来の言葉の意味を「適当に変更して」使用するほかないのである。

日常的場面に立ち返ってみると、むしろ受動的綜合とは、私が久しぶりで故郷に戻ったとき、対象が私に「語りかけてくれる」という体験が示すものに近いであろう。「そこ」に行くまでは何も記憶していなかったことが、「そこ」に行くとありありとした想起を呼び起こす。私は確かに物質の塊からの刺激を受けているだけであるが、知覚風景そのものが私に過去の光景を運んでくるのである。

このとき、刺激と意味付与とのあいだに開いている溝を見ようとせず、さらに再認という現象も無視して、想起とは虚空の中で〈いま〉私が過去の事象を直接とらえていることと解すると「現在、私はなぜ過去をとらえられるのか?」という問いが、湧き出す。そして、私は〈いま〉しか存在しないのに、なぜ私は再認できるのか、過去にかかわることができるのか、というアポリアに直面したような感を持つのだ。

しかし、先に確認したように、物質からの感覚刺激の「うち」に意味は入っていない。次々に網膜を刺激する電磁波の「なか」には「ホワイトボード」や「パソコン」という意味は含まれていない。私は〈いま〉さまざまな物を知覚=再認しながら、それらに「ホワイトボード」「テーブル」「椅子」、「パソコン」「コピー機」という意味を付与しているのである。同じように、私はその同じ刺激に対して、「昨日と同一のホワイトボード」「昨日と同一のテーブル」「昨日と同一の椅子」、「昨日と同一のパソコン」「昨日と同一のコピー機」という意味を付与しているのだ。

想起も、〈いま〉与えられた知覚世界のうちで遂行される。再認とは眼前の物に不在の過去の意味を直接に付与することであるのに対して、想起とはそこから湧き上がる不在の過去を直接に眼前の特定の対象に帰属させずに、一般的に「そこ」に浮遊させておくことである。私は部屋を眺めまわし、その椅子に〈いま〉は不在であるが昨日腰掛けていた人々の顔を思い出すのだ。

久しぶりに小学校を訪れ、私は見るもの聞くものを「かつてのもの」として懐かしく思う。そして、六三年前とはまるで異なった相貌の校庭を眺めながら、「そこに」入学式の光景を「不在」として浮遊させるのである。さらに、校門のところで母に写真を撮ってもらった光景をまさに「思い浮かべる」のである。

わが家に戻り、昼間の光景を、さらに何十年も前の子どものころのあの光景この光景を次々に思い出している場合、私はこれらすべてをその部屋の壁の「上に」畳の「上に」あるいは窓を開けて遠くの窓明かりの「上に」思い出しているのであり、そのすべてを〈いま〉与えられた知覚風景の「上に」不在として意味付与しているのである。

過去透視？

大森荘蔵は、遠い星から発した光が〈いま〉私の眼に入るという事実から、私は〈いま〉過去を透視している（過去透視）としたが（『新視覚新論』東京大学出版会）、これは「いま」という言葉の用法を誤解した理論である。先に触れたように、「いま」という言葉の日常的用法を反省してみるに、「いま」は必ずしも微視的な〈いま〉（これを《いま》と書くことにする）に限定されず数カ月や数年いや数億年に及ぶ時間を表すことができる。《いま》はその一つの用法にすぎないが、最も正確な用法というわけではない。大森は〈いま〉を《いま》に限定したために、光の届く時以前を「過去」と呼ぶほかない。太陽からの光は八分半で地上に届くゆえに、私が《いま》見ている太陽の位置は《いま》から八分半前の位置であり、過去の太陽の位置であることになる。

だが、「いま」という言葉の意味を《いま》に限定しない限り、八分半前に太陽表面から発した光を〈いま〉私が見ている場合、「〈いま〉私は太陽を見ている」と語っても、何の矛盾も生じない。私は過去を「透視」しているわけではない。なぜなら、「いま」という言葉の文法と、物質の絶え間ない変化とは必ずしも一致しないからであり、「いま」という言葉が、科学的に限定した意味における《いま》（それは微小な時である）の文法のみに従っているのではないからである。

このことを音の場合で考え直してみよう。音は空気の疎密波である。それは、一定の「かたち」をもって私の鼓膜へと伝達される。遠いところRで一分前に発した音Tが〈いま〉伝達され私の鼓膜を震わせるとしよう。このとき、疑いなく私は〈いま〉その音Tを聴いている。では、私は〈いま〉一分前の音であるTを聴いているのか？　そうではないであろう。一分前に特定の「かたち」をもってRを発したTが私の耳に到達し、私はその「かたち」を〈いま〉聴いているのである。すなわち、特定の「かたち」が空気を媒体としてここまで移行してきたのだ。よって、その「かたち」は〈いま〉あるのであって、一分前に「あった」のではない。一分前に「あった」のは、Tを「かたちづくっていた」空気であり、それは〈いま〉や消え去ってしまった。だが、〈いま〉新たな空気がそれを「かたちづくっている」。これが音を聴くということであって、私は〈いま〉過去に遡ってTを「透聴」しているのではない。

物体の場合はもっとはっきりする。私の腕に五〇〇メートル離れたところから射られた一本の矢が刺さった。矢はほんの少し前（Δt前）に射られたのであるから、それは〈いま〉ではない。だが、私の腕に到達したのは〈いま〉である。この場合、私の腕に刺さったのは「過去の矢」ではない。矢は物質でできているのだから、Δtという時間経過のうちにその内部構造（物質）はわずかではあるが「古びた」のであり、厳密にはその物質はΔt後には異なっている。まさに五〇〇メートル離れたところから射られた「同一の矢」は私の腕に届かないのだ。

こうして、私は、「二三九万年前にアンドロメダ大星雲から発した光」を〈いま〉見ているのであるが、その場合、私は二三九万年前を「透視」しているのではない。光が波であるとすれば、私は〈いま〉到達した「かたち」を見ているのであり、その「かたち」は〈いま〉「ある」のだ。光が粒子であるとすれば、私はそれが発したときより二三九万年だけ「古びた」光を〈いま〉見ているのである。粒子を構成している物質は二三九万年前の物質ではない。

過去が消え去ったということは、過去の事象ないし出来事を構成している物質が消え去ったということであって、綿々とその事象ないし出来事を「かたちづくる」物質が湧き出し、その「かたち」を〈いま〉に伝達する限り、私はその「かたち」を〈いま〉知覚することができる。これは、CDで昔の演奏を聴く場合でも、DVDで昔の映画を見る場合でも同じである。そして、これが過去の「痕跡」を見ること、すなわち〈いま・ここ〉に与えられている物質に刻み込まれた「かたち」を過去の痕跡として見ることである。言いかえれば、それに「すでに過ぎ去った」事象ないし出来事という意味を付与すること、不在として意味づけることなのである。

こうして、アンドロメダ大星雲からの光に「二三九万年前の光」すなわち「二三九万年前にあそこを発した光」という意味を込めて見ることは、打ち上げられた花火がすっかり消えた後ドンと鳴るときに、私はその音に「一〇秒前に花火が上がった空から発した音」という意味を込めて、その音を〈いま〉聴いているのと変わることはない。

さらに博物館に展示されている複雑な土の窪みを、「一億年前にある恐竜が押し付けた足跡」として、〈いま〉見ているのと基本的に変わらないのである。

私は世界を〈いま〉現在と過去に二分する

ここで、ふたたび「物質の形而上学」を想い起こそう。過去が完全に消え去ったとは、過去の出来事を構成していた物質そのものが完全に消え去ったということである。そして、その物質ではない新たな物質がその物質に刻み込まれていた特定の構造を〈いま〉に伝達している。物質からの刺激は〈いま〉しか私に与えられない。大脳の記憶物質もすべて〈いま〉しか現在しない。しかし、私はその〈いま〉において、知覚のみならず再認もしているのだ。この場合、私が行っている操作は次のものである。

〈いま〉「そと」からの刺激によって、私に一定の物質の塊の構造が与えられるが、それを私はまず知覚の対象と想起(再認)の対象とに二分し、知覚の対象は現在するが、想起(再認)の対象は現在せず不在であるとみなす。そうしたうえで、私(の心)があらためてそれを「つなぐ」のである。私が「このホワイトボードは銀白色である」とか「このテーブルは冷たい」と意味付与する時は〈いま〉である。意味付与する場所は〈ここ〉である。

すべてが、〈いま・ここ〉で私がなしていることである。私が見なければ、ホワイトボードの「長方形」もその「銀白色」もないであろう。私が聴かなければCDプレイヤーから流れる音もないであろう。私が触れなければ、テーブルの合成樹脂の冷たい感触もないであろう。

だが、私には〈いま・ここ〉で私が意味付与しつつある世界が、私による意味付与作用以前に、それ自体として存在しているかのように思われる。私が、いや誰が知覚しなくても、ホワイトボードは「長方形」であり「銀白色」であるように思われるのだ。電気を点けた瞬間にホワイトボードが「銀白色」となるのではなく、暗闇でも「銀白色」であると思い込むようになる。なぜなら、それらは私が現に知覚しなくても知覚すれば「長方形」や「銀白色」という意味を私が付与するものだからである。こうして、私は私が現に知覚しない世界もまた私が知覚する通りに「ある」ことを信じるようになる。

さらに、私は昨日もこのホワイトボードが〈ここ〉にあったこと、それは「白かった」こと、それは「長方形であった」ことを知っている。私はやはり端的に想起あるいは再認することによってそう判断しているのであるが、「昨日このホワイトボードが銀白色であった」ことは、私が〈いま〉そう過去形で判断しなくてもすでに昨日成立していたことのように思われてしまう。私は、昨日すでに客観的に成立していた事柄を〈いま〉想起ないし再認によってただ受容しているかのように思われてしまうのである。

さらには、未来さえも私がいかなる判断を下さずとも、すでに成立してしまっているかのような気がしてくる。明日もこのホワイトボードは長方形で銀白色であるだろう、ただ明日になるまで私はそれを現に知覚できないだけなのだ、とごく自然に思われる。いや、毎日ごく自然に、「これから数時間のあいだずっとこのホワイトボードは長方形で銀白色のままであろう」という確信のもとに、私はこのホワイトボードの上に文字を書いている。

ホワイトボードは実在する。この場合、〈いま・ここ〉とはその確認の場所、受容の場所にすぎない。実在するホワイトボードは、私が知覚しなくても、死んでも何ら影響を受けないものとなってしまう。可能的な知覚の対象からなる世界が「実在する」ことになるのだ。よって、バークレィの「存在とは知覚されていることである」という有名な定義を変更しなければならない。すなわち——バークレィ自身がじつのところ意図していることでもあるが——「存在とは知覚可能なことである」と。

以上の考察過程に私の大脳内の記憶物質を付け加えても基本的に変わるところはない。独特に構造化された記憶物質を通して、私は〈いま〉眼前の物質の塊に「昨日もここにあった」ということを意味付与できるのである。世界を認識すること、それはこうした物質に刻み込まれた特定の構造を引き剝がして、〈いま〉知覚されるものと過去の「痕跡」とに区別し、前者を知覚の対象、後者を想起ないし再認の対象として二分することである。もちろん、このすべてには、私の大脳内の物質も関与している。それもまた前者の知覚に関与するもの（それがなければ知覚が成立しないもの）をえぐり出し、知覚物質とし、後者の記憶に関与するもの（それがなければ記憶が成り立たないもの）を記憶物質としてえぐり出しているだけである。

自然科学的世界像は、まず記憶に関する想起ないし再認の対象を完全に捨象する。その世界においては直線時間上に各出来事が配置されているのだが、それらは固有の時点（可能な現在）に位置しているだけであって、われわれが日常的に体験している想起や再認という作用およびその内容は完全に排除されている。その世界において、あらゆる出来事は時間上においてある幅に位置するだけなのであるから、〈いま〉過去の出来事を想起するとか再認するという現象は登場してこないのである。

だが、その世界は現在の知覚風景のみから成り立っている世界なのではない。S_1、S_2、S_3……という各人の位置するP_1、P_2、P_3というパースペクティヴからの知覚風景L_1、L_2、L_3……もまたすっかり削ぎ落されているのである。S_1、S_2、S_3……が想起したり知覚したりするときの大脳の状態は物の状態であるから、その世界に算入される。その世界においては物質とその状態のみが市民権を得ている世界なのであって、それからはあらゆるパースペクティヴが排除されている。言いかえれば、それらのパースペクティヴおよびそこからの光景は「不在」として意味づけられているのだ。

これは、カントの用語を使えば、「（実在的）可能的な経験」であるがむしろ「（実在的）

〈いま〉私が現に知覚している「可能的な知覚世界」と言いかえていいであろう。それは、〈いま〉私が現に知覚している世界なのではなく、私が灯りを点けてそれに眼を向ければホワイトボードであることがわかり、銀白色を感じることができるような、私がその表面を触れれば冷たい感触のするような特定の物質の塊なのである。そのとき、私の大脳は何らかの状態にあるであろう。だが、「銀白色」や「冷たい感触」はこの「（実在的）可能的な知覚世界」のどこにも登場してこないのであり、ましてその上に殴り書きしてある文字を見て私が「昨日の講義風景」を思い出しても、その風景もまたこの世界においては完全な不在なのである。

S_1は言語を学んだ。すると、絶えずこうした無味乾燥な（実在的）可能的な世界が、S_1（私）が眼を向けなくても、耳を傾けなくても、手を触れなくても……それ自体として豊かな知覚的意味・想起的意味を担っていると思い込むようになる。世界は「あたかももともと（客観的）意味に充たされたものであるかのように」S_1（私）に登場してくるのである。

だが、このすべては錯覚である。暗闇の中で私の眼前に広がっているのは、ただの物質の塊にすぎない。灯りをつけたとたん、私は〈いま〉眼前の物質の塊から複雑な構造を受け取りながら、それに一定の意味を付与している。すなわち、私は〈いま〉その光景を「現在的＝知覚的なもの」と「過去的＝想起的なもの」とに二分しているのである。〈いま〉私はホワイトボードに「銀白色」という知覚的意味を付与し、それに手で触れて「冷たい」という知覚的意味を付与するように、まさに「そこ」に昨日の講義風景という想起的意味を付与している。そして、私が電気を消してその部屋を去れば、そこにはふたたび特定の構造をした物質の塊があるだけである。

2　原型のないコピー

大森荘蔵の過去論

言語を習得したある有機体S_1は、有機体特有の〈いま〉にのみ生きるという自己中心化に反逆して脱自己中心化を遂行し、もともとあらゆる事柄には普遍的意味が付着しているかのような、自分はただその意味を受容しているだけであるかのような世界に生きる。同時に、S_1は脱自己中心化作用によって、この現実的な〈いま〉とこれまでのさまざまな不在の〈いま〉とを平準化し、あたかも世界には次々に単位としての〈いま〉が繰り返し登場するかのような描像を取り入れる。S_1は、もともとさまざまな〈いま〉から成る実在的世界がこの〈いま〉においてただ現実的な相貌を得ただけである、という統一的・客観的世界を獲得するのである（こうしてS_1は「私」になったのだ）。

だが、同時に私は、こうした統一的・客観的・実在的世界の「うち」に、「現在は過去ではなく過去は現在ではない」という排他的関係を取り込もうとする。とくに、「私」は〈いま〉（〈いま〉ではない）過去の出来事を想起しているという排他的関係を、この世界像と調和させようとするのだ。だが、このことには技巧が必要である。

その技巧とは、過去の出来事それ自体を実在の側に配し、その想起された像を観念の側に配するという二元論、すなわち実在としての過去の出来事は〈いま〉消え去ったが、その観念は〈いま〉「ある」という説明方式である。大森荘蔵は、こうした技巧（トリック）に異論を唱える。大森の過去論の要は、（ほとんどの観念論者、心理学者、そして一般人がそうみなしているように）想起内容は、すでにない過去の出来事（原型）のコピーとして〈いま〉ある、という仕方で過去と〈いま〉とを跳び越そうとする企てへの反論である。〈いま〉は過去ではなく過去は〈いま〉ではないという絶対的差異性を認める限り、このあいだの溝は原型とコピーの二分法を導入したところで、埋めることはできない。〈いま〉想起している事象が過去の原型のコピーであるとすれば、あらゆるコピーには原型のコピーであることが含意されているのだから、私が端的に原型とコピーとを比べる場が与えられているのでなければならない。だが、過去に属する原型と〈いま〉に属するコピーとを比べる視点は取れない。このことは、過去に属する原型と〈いま〉に属するコピー（P_1）とのあいだに何枚コピーP_2、P_3、P_4……を挟んでも同じである。互いに絶対的に排他的な意味を有している過去と〈いま〉とをつなぐことはできない。

このことから、大森は、実在と観念とを比べる場がないのだから、想起とは過去の出来事それ自体がいかなる仲介物（観念＝コピー）も介さずにじかに〈いま〉立ち現われる、という方向に進んでいく。その場合、問題は、大森の見解自身が物理学的時間を前提していることである。すると、過去の出来事Eはその時間上の一点に「ある」のだが、まさにEは「そこから」〈いま〉へとじかに立ち現われるのだ。すると、同時にEは〈いま〉という時間上の一点にも「ある」ことになろう。両者の過去存在論が統一的像を結ぶことはない。物理学的時間論を強調すれば、「立ち現われ」は不要になり、「立ち現われ」を強調すれば物理学的時間は不要になる。

はたして、大森は晩年に至り、物理学的時間を否定するとともに、「立ち現われ一元論」をも撤回する。想起するとは、過去の出来事が〈いま〉じかに立ち現われることではなく、〈いま〉制作（構成）することなのである。過去の出来事は客観的時間の一定の位置に「ある」のではない。それは、〈いま〉私が制作する限りで「ある」にすぎない。想起の対象は過去の出来事それ自身とはまったく関係がなく〈いま〉私が制作する限りのものなのである。

だが、大森は、反対側に揺れ過ぎたのではなかろうか？〈いま〉過去の出来事それ自体がじかに立ち現われているわけでもなく、私が〈いま〉過去の出来事をいかなる物質的裏付けもなく「新たに」制作しているわけでもない。より常識的、より説得的な第三の道が残されている。それは、私は〈いま〉与えられている物質の「なか」に過去の出来事を「不在として」読み込む、という道である。大森は、「立ち現われ一元論」から「過去の制作」に至るまで一貫して過去とは想起される限りのものであるとする。だが、過去はそのような細い糸で〈いま〉とつながっているのではない。むしろ私は、〈いま・ここ〉に与えられているさまざまな知覚対象を「再認」することによって、過去を直接体験しているのだ。再認に照準を合わせると、大森過去論の大きな幹をなす「原型が与えられていないコピーは無意味である」という（硬い）見解を突き崩すことができるように思われる。

確かに、私がいかなる場合も、自分が身をもって体験したことを端的に想起できなければ、「過去」という意味自体を理解することはできないであろう。だが、このことはいかなる想起においても、「原型体験」がじかに立ち現われる必要はない。それが欠如していても、私は想起しうるし、再認しうるのである。

再認には「原型体験」は必要ない

〈いま〉CDの溝に過去の演奏会（あるいは録音）の音そのものが刻み込まれているわけではない。それを制作したときはそうであった。しかし、その音はもう完全に消えてしまった。その意味で、それらは火傷と同じく、過去の演奏会の痕跡であり、その演奏会のCDを制作したときの痕跡であるが、それらの「なか」に過去との関係は含まれていない。

その溝に「ある」のは疑いなく〈いま〉の物質的微細構造だけである。

その微細構造が〈いま〉にまで伝達されてきたのであり、それをCDプレイヤーに入れて回転させると音は生じる。そのとき、その音は原型としての「過去の」音（あのときの疎密波）なのではない。私は〈いま〉過去の音それ自体を聴くことはできず、CDの物質的微細構造をある仕方で音に変えることによって、〈いま〉それに過去の意味を籠めて聴いているだけである。過去の音それ自体が立ち現われてくるのではなく、過去の音の痕跡が、すなわちやはりコピーが立ち現われているだけなのだ。それでも、私はそれを「過去の音」とみなすことができる。CDを制作した人がその音を聴いたように、私は〈いま〉そのコピーを聴いているのであり、しかも同じような資格を持って、それに過去の意味を付与しているのである。私は原型をではなく、むしろコピーのほうから探り出すのだ。

多くの場合、私は眼前の物質を「過去のもの」とみなすとき、原型体験を持たず、ただのコピーを見ているだけであるのに、そこに過去の意味を付与している。私は恐竜の足跡やピラミッドから発掘されたミイラなどを「過去のもの」として理解しているが、〈いま〉それらを直接想起しているわけでも再認しているわけでもない。私はただそれらが、一億年前に付けられた足跡であること、五〇〇〇年前に制作されたミイラであることを、他で学んで知り、その知識をもってあらためて眼前の複雑な諸物体の形状を知覚し、それらを過去の「痕跡」として理解しているだけである。

自分自身の体験ですら、私は少なからぬ場合、原型（U）に照らし合わせることなく（原型が立ち現われることなく）あるものを「Uの像」として理解している。私の右足にある楕円形模様が六五年前の火傷の痕跡であることを親から聞かされただけであり、火傷したこと自体をまったく憶えていないが、私はその痕跡に「六五年前の火傷」という意味を込めて六五年間見続けてきたのだ。

こうして、われわれは、ある現象を前にして、たとえその原型（U）を知らなくても、それが「Uの像」であることを理解しうる。いや、逆にコピーから原型の模型を想像力によって形づくり、その模型を原型に代用することさえある。原型のないコピーは有意味であり可能である。他のさまざまな原型のあるコピーから類推して、あるものU′をあるものUのコピーであると意味付与すればいいのだ。われわれの棲んでいる世界には、原型かコピーかがあるのではなく、いわばその「中間物」がたくさんある。われわれはその「中間物」を媒介にして原型がなくても原型類似物を比較的容易に制作することができ、それを前にするとき、私は別に学んだ知識によって、それに「原型（類似物）」という意味を付与するのである。

ここに恐竜のいくつかの足跡と背骨の一部だけが残されているとしよう。そこから、科学者は地質学、進化論、生態学、などの膨大なデータとつき合わせて、一匹の恐竜模型（U′）を作り上げる。それは厳密には原型Uではないが、われわれはそれを「原型であるらしき物（U′）の像」として理解でき、さらに原型としての本物の恐竜のコピーとして理解することもできる。さらに科学者は、作り上げたU′から、その原型Uの体重や身体の組織、さらに当時の気温や他の生物を初めとする地上の状態から、Uがどのような歩き方をし、敵とどのような戦い方をし、どのように子を育て、どのように絶滅したか、映像化し、その声を再現することさえできる。この場合、どの段階までが原型であり、どの段階以降は模型であるか、区別するのは難しいであろう。

先日、テレビで源氏物語絵巻の「色」をいかにして再現するかという番組を見た。絵巻物の上の色はすでにくすんで、オリジナルの色を再現することは大変難しいということであるが、それを源氏物語の記述から、〈いま〉残っている十二単衣から、さらにさまざまな記録から推察して決めていく。これも原型が未知であるものの「再現」であって、単なる想像ではない。

さらに卑近な例を持ってくると、私の子供時代の家や庭や家具を「再現」することは技術的にさして難しくない。その場合、UではなくU′に対しても、私は「懐かしい」という感じを抱くことができる。最近、少なからぬ博物館で「昭和の部屋」や「昭和の街」の模型（すなわちU′）が展示され、そこには、古風なテレビ、黒電話、ちゃぶ台、あるいは、都電、赤電話、ボンカレーの広告などが設置されている。私はそれらの対象や光景自体を過去に見たことはなく、よって、それらを想起したわけではないが、懐かしく思う。映画

「Always 三丁目の夕日」の中の昭和三〇年代の街の光景を見て、その光景はすべてニセモノ（複製）であることを知りながら、私はその映像を「再認」しているかのような感じにとらわれる。いや、さらに私は唱歌の「早春賦」や「故郷」や「赤とんぼ」や「里の秋」を聴くたびに、「懐かしい」という感情に全身満たされるのだ。

とすると、ラッセルは過去の出来事の想起を「過ぎ去った（pastness）」という感情と「見覚えがある（familiarity）」という感情によって特徴づけようとするが（『感覚の分析』）、これには微妙なグレードを加えねばならないであろう。なぜなら、私は過去の出来事ばかりではなく、それに似たもの、再現された（かのような）もの、原型を知らないコピーを前にしても、「過ぎ去った」という感情と「見覚えがある」という感情を抱くことがありうるからである。

スーパーヴィーニエンス

現代哲学において、心身問題を解決する一つの武器として「スーパーヴィーニエンス」という概念が持ちだされている。これは、大脳の「なか」の痕跡に何らかの「心的なもの」がスーパーヴィーンする（付加的に伴う）ということであり、逆に心的なものに大脳の「なか」の痕跡がスーパーヴィーンするわけではない。この一方的関係が心身並行説とは異なり、随伴説に近づく。現在この「スーパーヴィーニエンス」という概念は、ちょうどクオリアのように、それぞれ意味を微妙に変えながら多岐にわたって議論されているが、初期に使われていたのは「あるものAが別のものBに付加的に伴う」という単純な意味である。R・M・ヘアの例に従うと（『道徳の言語』）ある画廊にPとQの絵が掛かっていて、どちらかが本物であるが、他方は模写である、PとQの物質の構造が（ほぼ）まったく同じであるとき、それにも拘わらず両者にスーパーヴィーンするものは何か？

ここで、Pをブリューゲルが描いた本物の「子供の遊戯」、Qをその後ある画学生が描いた偽物の「子供の遊戯」だとしよう。Pは本物であって、値段の付けられないほどの貴重品であり、Qは偽物であって、愛好家が一万円で譲り受けるかもしれない程度の無価値なものである。では、PとQとはどこに違いがあると言えるのか？　油絵の素材はそれほど変わらない（Pでさえ最近の絵の具が付着しているのだから）。しかし、われわれはPを「ブリューゲルによって描かれた絵」すなわち、「四五五年前にブリューゲルの腕と指がそのとき新たに湧き出した物質に作用したもの」という意味を込めて見る。そして、Qは「四〇数年前にある画学生の腕と指が物質に作用したもの」という意味を込めてみるのだ。

本物と偽物とはともに〈いま〉あるのであって、ともにそれらを形づくるキャンバスや絵具という物質は当時のものではない（構造は保たれていても内容は交代している）。そして、重要なことは、その来歴を〈いま・ここ〉で私は直接見て取ることができないことである。四五五年前に「ブリューゲルが子供の遊戯を描いた」という来歴は〈いま〉この油絵の

「なか」に書き込まれているわけではない。〈いま〉Pの中に四五五年前の物質そのものが「ある」わけではないし、四五五年前に「ブリューゲルが子供の遊戯を描いたこと」が「そこ」に現出しているわけではない。すなわち、その絵の前に立つ者の網膜に電磁波とともに「四五五年前にブリューゲルによって描かれた子供の遊戯」という意味が入ってくるわけではない。来歴は完全に消えてしまっているのだ。

誰かが悪戯をして、同じ場所に「画学生による子供の遊戯の模写」を掲げたとしても、それが本物と見分けがつかないほど上手である場合、誰も気がつかないかもしれない。とすると、ブリューゲルの「子供の遊戯」の前に立ち、それを本物であると信じている者は、他で仕入れた知識を総動員して、それが四五五年前にブリューゲルが描いた油絵であることを「そこに」意味付与しているだけなのである。

もし、そのときすでに写真機が発明されていて（「子供の遊戯」が文字通りの写実であるとして）、ブリューゲルが四五五年前の同じ時間に同じ都市の同じ場所からシャッターを押せば、これとそっくりの光景の写真が撮れたことであろう。眼前の光景を、ブリューゲルは観察し、眼と記憶力と造形的知識とキャンバスと絵の具と腕の力で描いたが、カメラは光と感光板によって「描いた」だけの違いである。両者が似ているのは、その表面を構成する物質が似ているからである。だが、四五五年前の物質はすでに〈いま〉はなく、その後次々と物質は入れ替わりながら、その形態が（ある程度）保たれて〈いま〉眼前にある。

その〈いま〉ある物質の形態上を光が反射するとき、私はそこに「四五五年前の子供の遊び」を感得し、その意味を込めて見るであろう。

眼前の絵からは誰でも同じ色の配置や同じ空間の形態、あるいは同じ子供たちや道路や家などを認めることができるであろう。としても、これらの公共的意味もやはり眼前の物質が「持っている」ものではない。それは、意味であって、眼前の物質表面の構造が共通の意味を呼び起こす。言いかえれば、われわれが共通に意味付与するような構造なのだ。そして、物質表面の構造をいくら綿密に調査しても、そこからは「ブリューゲルの子供の遊戯」という意味を見いだすことはできない。「ブリューゲルの子供の遊戯」という意味は、その絵の鑑賞者がそのつど「そこに」現在するものとして投入するのである。同じように、「四五五年前にブリューゲルが描いた」という意味を「そこに」投入する。この場合、鑑賞者はその意味を（現在するものではなく）もはやない過去の出来事として、すなわち「不在」として「そこに」付与するのである。

このことは、「痕跡」という概念の限界を示している。「痕跡」は一定の物質に刻印されているのみではなく解読される必要があり、解読するのは物質自身ではないのだ。先の例を挙げれば、雨に煙る金閣寺が、ほぼ六〇〇年前に義満によって建立され、一九五〇年に完全に消失したがその後再建された金閣寺が「痕跡」であるのは、金閣寺に関する知識を私が持っているからであり、私がこうした知識をあの建造物に投入して見ているからである。すなわち、意味はあの建造物を形成している物質のうちに含まれているのではなく、私があの建造物にその意味を付与したのである。

意味付与は、私の大脳内の記憶物質にも支えられているであろう。金閣寺を見ている私の大脳内の記憶物質に刻まれた痕跡は、私の隣にいる女学生の大脳内の記憶物質に刻まれた痕跡とは異なっているであろう。この差異性が同じ金閣寺を異なって見えさせているものである。

大脳内の痕跡を身体の他の部分、例えば皮膚に移しても、上述の構造は維持される。私は自分の両腕の日焼けの跡を眺めて、それが一カ月前に江ノ島の東海岸の浜辺に寝転がっていたときにできたものであることを憶えている。それが赤い跡になってきたので、私は皮膚科に行って診断してもらう。だが、医者は（私からその来歴を聞かずに）その皮膚だけを診断して、一カ月前に江ノ島東海岸でできた火傷であることを突き止めることはできないであろう。私は、私の大脳に刻み込まれた物質的条件に基づいて、その日焼けを知覚するごとに「一カ月前に江ノ島東海岸でできた火傷」であることを直接想起できるが、医者を初めとして私以外の他者はそれを観察しさまざまな経験や理論を付き合わせて間接的に推量するしかない。

その推量が当たるのはたいそう難しいであろう。その日焼けが「いつ」できたかは大体当たるかもしれないが、「どこで」できたかは、判断できないであろう。それはその日焼け以外の、私のさまざまな言動によって推量を狭めていくほかはない。骨董品が「いつごろ、どこで、誰によって」制作されたものかがほぼ決まるのは、あらかじめさまざまな骨董に関して来歴や場所や作者がすでに限定されているからである。外界の痕跡であれ、私の身体に刻まれた痕跡であれ、大脳内の痕跡であれ、それを痕跡として認めるのは物質ではない。意識主体としての「私」である。

あらゆる芸術は〈いま〉成立する

以上の過去論から当然導かれることであるが、あらゆる芸術は〈いま〉の芸術である。演劇や歌劇や演奏会が〈いま〉行われるのはいいであろう。視覚的対象は〈いま〉しか見えず、聴覚的対象は〈いま〉しか聴こえないからである。どんなにモーツァルトの楽譜がそろっていても、〈いま〉という時が与えられなければ、演奏会は成立しない。しかも、過去の光景自体ではないが、それに似たものが〈いま〉容易に製作できるからこそ、あらゆる歴史を題材にした芸術が可能なのである。聴衆はそれを知りながら、舞台上の模型の「上に」、すなわち歌舞伎座の舞台上に〈いま〉模型としての江戸時代を見かつ聴いているのであり、オペラ座の舞台上に〈いま〉模型としての一八世紀の宮廷を見かつ聴いている。聴衆は〈いま〉眼前で展開されている人物や物事の動きに、そのつど要求された一定の意味を込めて、すなわち要求された一つの物語を投入して、芸術作品を鑑賞している。こうして、〈いま〉の知覚風景に、鑑賞者（享受者）がほぼ共通の意味付与をすることが期待できるときのみ、芸術は成立するのである。

カントが『判断力批判』において、美は対象の実在に関心を持たず対象の「表象」のみに関わると言ったことは、この意味で正しい。たとえパルテノンを眼前にしても、ソクラテスやプラトンがその前を歩いた（と思われる）物質は〈いま〉やすべて消えてしまったのだから、私はその当時の実在を見ているわけではなく、〈いま〉伝達された一定の物質の前に立っているだけである。だが、その物質には一定の「かたち」が刻み込まれており、それは長い年月のあいだかなり風化してしまったが、それは〈いま〉なおある程度保存されている。私は、パルテノンを見るたびに、その実在的物質に対しているのではなく、その「かたち」すなわち「表象」に対している。言いかえれば、私は、〈いま〉パルテノンを眼前にして、壮大な物質の塊を過去の「痕跡」として見ることができるのである。よって、パルテノンの美を感受するためには、それを直接見る必要もないし、その眼前に立つ必要もない。パルテノンの美はその形相（表象）さえ保たれていれば、それを形成する物質に依存しない。美術全集の写真で見ても映像で見ても、精密なデッサンで見ても、基本的には変わらない。

ベンヤミンは、映画や写真機の発明とともに、複製技術が進歩し、芸術は衰退していく（ホンモノのアウラが滅びていく）と論じているが（『複製技術時代の芸術作品』）、これは「複製」の本質を見誤るものである。肖像画も同じく複製技術なのであり、映画や写真がとくに複製技術なのではない。物まねも複製技術なのであって、レコードやボイスレコーダがとくに複製技術なのではない。

詩や小説などの言語芸術も〈いま〉「読む」ことによって成立している。図書館に並べられている膨大な書物はただの物質の塊であり、誰かがそれを「読む」という作業をしない限り、その中の文字は単なる痕跡の集合である。いや、それは痕跡ですらなく、記号ですらない。それらは、複雑な窪みを有する物質の塊にすぎず、そこに意味がもともと含まれているわけではなく、それを手に取った人が表紙を開きそれを「読む」ことによって、そのつど一定の意味を与えるのだ。

3　反復するものとしないもの

想起と想像

では、なぜ私は〈いま〉の知覚風景に過去の出来事を不在として意味付与できるのであろうか？　たとえ不在であろうと、〈いま〉過去の不在を意味付与できることは不思議というほかはない。過去から綿々と〈いま〉に至るまで受け継いできた物質の構造〈かたち〉は不在ではない。私が京都の西山を訪れると、その「かたち」が目前にあり、それに私はさまざまな知識を背景にして、「金閣寺」という意味を付与する。しかし、私は翌日東京に戻り、〈いま〉私の部屋の中で金閣寺の「かたち」の片鱗も知覚せずにそれを思い出すことができる。このことはいかにして可能なのか？

私が金閣寺を想起するといっても、昨日、一時間にわたってさまざまな地点から観察した金閣寺の姿のすべてを想起するわけではない。私は金閣寺のある像（射映）から他の像（射映）へと「心の視線（？）」をさまよわせながら、それらの像をまとめて「金閣寺を想起する」と言うのである。その場合の「金閣寺」とは、昨日「あった」現実の金閣寺ではなく（なぜならそれはすでに消えてしまったから）、「金閣寺」という言語によって表現される限りのX（これを「意味構成体」と呼ぼう）である。

〈いま・ここ〉に金閣寺の片鱗もなくても、すなわち、私は昨日金閣寺で購入した案内書あるいは自分で撮った写真を眺めて、金閣寺を「再認」することがなくても、私は昨日見た金閣寺を思い出すことができる。といっても、大森荘蔵の言うように、「昨日の金閣寺」そのものが〈いま・ここ〉に立ち現われているわけでもなく、私は〈いま〉それを無から制作するのでもない。私は〈いま・ここ〉の知覚風景に「金閣寺」という名の意味構成体Xを「不在のもの」として登場させる、すなわち「不在」としてのXを意味付与するのである。この場合、注意すると、金閣寺を思い出しているといっても、私は「金閣寺」そのものを思い出している場合と、「私が金閣寺を見たという体験」を思い出している場合がある。フッサールは両者の区別をしている。

私が照明に輝く劇場を思い出すとする――ただしこれは、「劇場を知覚したことを思い出す」という意味ではない(6)。

前者が「外的再生」であり、後者が「内的再生」であるが、再生（第二次想起）には、前者が措定的な場合と後者が措定的な場合とがある。フッサールは「劇場を知覚したことを思い出す」という事例において、「知覚したこと」だけを純粋に思い出すと考えているが、そうではない。私は純粋な内的再生をするのではなく、「ふと振り返って劇場を眺めた」というように、自分の振る舞いという外的再生に裏打ちされた内的再生をするのである。

そして、時がたつと、対象も体験も意味構成体として固定化していく。私は五三年前に中学校の修学旅行で金閣寺を訪れて以来、十数回金閣寺を訪れた。だが、それぞれの体験は交じり合い、融合し合って、どれがどのときの体験であるかはっきりしない。それでも、私が〈いま〉金閣寺を思い出していることは確かなのである。この場合、まさに私は過去の体験から遊離したものとして「金閣寺」という意味構成体を登場させているのだ。こうして、教室やホワイトボードやテーブルなど、ほぼ毎日知覚し体験するものについては、対象を思い出す場合、膨大な体験は対象からむしろ遊離していく。わが家に帰り、〈いま〉私は教室に掛けられている「ブリューゲルの子供の遊戯」を思い出しているのであるが、それが「ブリューゲルの子供の遊戯」であることは確かであるが、いったいどの体験における「ブリューゲルの子供の遊戯」であるかは判然としないのである。

こうして、かつて体験したことの想起とそうではない想像との区別はあいまいであり、とくにずっと隔たった過去の事象を想起する場合は、「ブリューゲルの子供の遊戯」というように、言語的に表現された限りにおける対象（すなわち意味構成体）、それに補助的にわずかに「それを見たという体験」を想起しているのであって、膨大な個々の体験は忘れていることが多い。

私が〈いま〉心に浮かぶ対象は想像ではない、と言い切れるメルクマールを絞っていくと、（1）他のさまざまな証拠と矛盾しない、（2）「現に体験した」という端的な感じが伴う、という二点に絞られる。とはいえ、私は昔わが家にあった黒電話器を完全に忘れていて、ある黒電話器がふっと心に浮かんだので、想像していると思っていたが、じつは想起していたという場合もありうる。ヒュームが言うように、想像と想起とのあいだには、端的にはっきりとした境界が引かれるわけではなく、反省的に「経験したのではないのだから、想起であるはずがない」という推理ないし知識によって決定することも少なくないのである。

想起の対象は、直接に思い出すことのできる「痛み」から、ただ間接的に聞き知った遠い国の出来事まで広がっている。「痛み」でさえ、私は、六〇年前の運動会の際かけっこで転んで痛かったことを想起しているつもりであるが、じつは私は「痛かった」ことを憶えてはいない。ただ、絵日記に「ぼくは痛かったです」と書いているから、「痛かった」という意味を再構成してそれをとらえているだけなのだ。遠い想起の場合、他人の想起や単なる想像とほとんど区別できなくなる。

つまり、「想起とは過去に体験したことをいま想起することである」とは単なる定義であって、われわれの心的状態によって端的に確証されたものではない。しかも、これは想起の対象である過去の事象が〈いま〉すでに消滅していることと考え合わせると、実在的なものをとらえる想起と非実在的なものをとらえる想像とを峻別したいという欲求に基づいた定義にすぎない。言いかえれば、客観的時間という直線上に依然として「ある」過去の事象をとらえることと、どこにもないものをとらえることとの差異に基づいた想定にすぎないのである（しかも、客観的時間において〈いま〉とは別の場所に「ある」事象をなぜ〈いま〉想起できるのかは、依然として不明なままである）。

過去の事象は消滅してしまっているのだから、私が〈いま〉想起する対象は過去の事象ではない。ただ、私は過去から伝搬された物質の一定の構造（写真）の「上に」さまざまな証拠や知識や類推によって、(そのときの痛みを思い出さなくとも)「痛かった」という不在の意味を付与するだけなのである。古ぼけた写真に生徒が一列に並んで校歌を歌っている光景を認めると、私はその「上に」〈いま〉は聞こえない校歌を意味付与し、「私は校歌を歌った」という自分の体験をこびりつかせる。講義を録音したヴォイスレコーダを再生するとき、私は自分の声を知覚するとともに再認するわけであるが、鼓膜を震わす疎密波を受信しながら、私はそれに「昨日の講義における自分の声」という意味を読み込み、あらためて「昨日の講義における自分の声」という意味構成体を聞いているのだ。ホワイトボード上の文字に眼を向けるとき、私はそれに「昨日の講義のさいに書いた文字」という意味を読み込み、あらためて「昨日の講義のさいに書いた文字」という意味構成体を見ているのである。

意味構成体と反復可能性

私は想起や再認において〈いま〉一定の意味構成体に関わっているにすぎず、消滅してしまった過去の事象に関わっているのではない。ここで過去の事象と呼ぶのは、過去(あの〈いま〉)における特定の物質に支えられた体験内容であって、もちろんそれも意味から独立のものではなく、ある意味構成体である。私は、六〇年前の小学校の運動会のあれこれを思い出している。それは六〇年前においても、私が意味付与(体験)する限りで、意味構成体であった。その体験と一体となった運動会はすでに消えてしまった。だが、私は〈いま〉そのときの体験と遊離した私が想起することによってのみ「ある」だけの意味構成体としての運動会に関わることができるのである。しかも、それは擬似物体的な扱いを受けて、私は何度でも同じ光景を想起することができる。意味構成体の想起は反復可能であり、このことから物体と同様に、六〇年前の運動会が、私が想起しなくともそれ自体として「ある」かのように思われてしまうのである。

私は継時的にまったく同じ一軒の家を知覚することはできない。家は古び細部は変化し、印象はそのつど変わる。私はそのことをよく承知しているのに、想起の対象となると、「子供のころ住んでいた家」あるいは「その子供部屋」あるいは「そこに置いてあった勉強机」という意味を付与し、その意味である限りの同一のものを何度も想起していると思い込んでしまう。感覚や感情でさえ、「運動会で転んだときの痛み」と表現される限り同一の「痛み」という意味構成体、「留学生試験に落ちた悔しさ」と表現される限り同一の「悔しさ」という意味構成体が、想起のたびごとに再現されるように思われるのである。

こうして、過去の事象が〈いま〉完全に消滅したような気がしないのは、それを過去の体験から分離して、一定の意味構成体として捉えているからである。それは、意味構成体としては〈いま〉確かに「ある」。だが、それは私が想起しなくても、それ自体として〈いま〉なお「どこか」（過去という場所？）にあるわけではない。それは、私が〈いま〉

想起する限りで、すなわち、私が〈いま〉想起的意味を付与する限りで「ある」というあり方、私が〈いま〉想起しなければ「無」であるというあり方なのである。それにもかかわらず、私はそれらが〈いま〉(実在的可能的)諸物体のように、私が想起しなくとも自己同一性を保ちながら「ある」と(間違って)思い込んでしまうのだ。

プラトンの想起論においては、純粋な三角形は「イデア界」という仮想的空間に「ある」。それを認識することは想起すること(anamnesis)なのだから、私は三角形の内角の和が一八〇度であることを認識するごとに、かつてイデア界で体験した純粋な三角形を〈いま・ここ〉へと「たぐり寄せる」わけである。想起の対象は過去の事象自体であって、想起とは、私がかつて体験した過去の事象に〈いま〉関係することであるという想起図式は、これに似たおとぎ話であるように思われる。イデア界が存在しないように過去の世界も存在しないのであって、過去の事象はもう完全に消滅してしまったのだから、それを「たぐり寄せる」ことはできないのである。

公共的なものと個人的なもの

知覚的意味と想起的意味とは、「公共的なもの」と「個人的なもの」という二領域をかたちづくる核心をなしている。私がもし「想起的なもの＝過去的なもの」を持たなければ、そこに「個人的なもの」は出現しないであろう。よって、それに対応する「公共的なもの」も出現しないであろう。

知覚的意味と想起的意味の二元論を認める限り、「外的なもの」と「内的なもの」との境界を取り外し、世界をのっぺりした一元的世界に編成変えすることはできない。ある人（A）がそれぞれの〈いま〉において特定のパースペクティヴから一つの世界に対してい て、それを言語で表現しつつ次々に忘れていくとしよう。だが、Aの観察内容・発話内容を別の人（B）が「一つの独特の系列α」にまとめ上げたとしよう。この場合、Aはαを「自分が体験したこと」としては認識しえないであろう。その場合、αはAにとって「内的なもの」ではなく、客観的世界における一つの相貌にすぎない。もちろん、αはBにとっても「内的なもの」ではない。それは、やはり客観的世界におけるある特定の相貌にすぎない。αは、動物行動学者が観察する動物の独特の系列のように、精神病理学者が観察する精神病患者の独特の系列のように、発生心理学者が観察する赤ん坊の独特の系列のように、誰に帰属することもない客観的世界の系列なのである。

Aは――（記憶能力を有する）Bと同様――眼前の物質の塊を見て「茶色のベンチ」と意味付与することができる。だが、Aは（それに自分が昨日腰掛けていたにもかかわらず）「自分が昨日腰掛けていたベンチ」と意味付与することはできない。そして、Aは自分固有の世界を持たないのだが、それゆえに、公共的世界も持ちえないのだ。すなわち、Aは「茶色のベンチ」と意味付与された限りのものが公共世界に属することも知らない。Aは一元的世界に生きていて、「公共的なもの」と「個人的なもの」との区別がつかない、というよりその区別以前の世界に生きているのだ。

以上の思考実験から、有機体S_1が言語を習得して自己中心化に反逆して脱自己中心化を成し遂げ、「私」という言葉を含む言語を習得するには、知覚的意味付与能力と並んで、想起的意味付与能力が必須不可欠であることが帰結する。「私」であるような有機体は、〈いま・ここ〉に開かれている知覚風景に、不在を登場させる能力を持っていなければならず、この能力こそが「私」であることの基本条件なのである。

「私」という言語を習得した有機体S_1は、それぞれの〈いま〉において常に特定のパースペクティヴからそこに開かれている世界（知覚風景）に対していても、他人と同じ一般名詞や形容詞をつけることによって、そこに開かれている知覚風景に共通の知覚的意味を付与することができる。その限り、S_1はそこに「一つの公共世界」が広がっていると信じているのであり、互いに了解可能な言語によって表現されうる「基層」があると信じているのである。例えば、S_1はS_2と登山し、自分よりはるか先を歩くS_2が頂上に達し、「わあ、いい景色だ！　早くおいでよ！」と叫ぶ声を聞いて、そこに自分が到達したら、S_2が見ているのと同じ景色を見ることができると信じている。すなわち、S_1は〈いま〉自分には見えずS_2には見えている光景は、ただ二人のパースペクティヴの相違に基づくだけであることを知っている。

さらに、S_1は、自分がS_2と同じ光景を見るパースペクティヴを現に獲得しなくても、S_2から自分の体験しなかったかつての登山の話を聞いて、「自分もその頂上に立ったら、同じ光景を見ることができたであろう」と想像することができる。このとき、S_1は言語を習得した有機体（人間）のかたちづくる公共空間に生きているのである。

この基層を確保してはじめて、S_1はその基層の上にさまざまな個人的観点から「不在」としての意味を付与することができる。それは、感情であったり、痛みであったり、美醜であったり、価値観であったり、想像であったり……きわめて多様であるが、その中心に「過去」が位置している。他のすべての不在を付与できても、そこに「過去という不在」を付与できなければ、S_1は「私」ではない。「私」の成立については、後に（第四章と第五章で）立ち入って考察するが、ここで簡単に触れておくと、S_1が、眼前の物質の塊から現在の知覚世界をえぐり出したうえで、そこから排除された過去世界をあらためて「不在」としてそれに意味付与するとき、S_1は「私」である最低の要件を充たしている。S_1は対象世界に知覚的あるいは想起的に意味付与するごとに、自己同一的な「私」をいわば対象世界の反対側に不在として構成するのである。

反復不可能なもの

私は一見、安定した世界に住んでいる気がする。私は、仕事部屋でホワイトボード、テーブル、椅子、パソコンなどの物体、すなわち安定した自己同一的なものに囲まれている。

だが、同時に、私は取り返しのつかないかたちで世界が絶え間なく変化していることをもよく知っている。机の上のグラスを取ろうとして、ふっと手を滑らしたためにグラスは床に落ち粉々に砕けてしまい、その中のビールはすっかり零れてしまった。グラスとその中に入っていたビールという「かたち」は崩れ、もはや私はその破片の集合に「グラス」という意味を付与することはできない。

私はこれが一度限りの出来事であることを知っている。床に落ち粉々に砕け散った「あのとき」はもう戻ってこない。あれは、この宇宙でたった一度きり起こった出来事なのだ。こうして、私はこの「グラスが砕け散った」という出来事には反復がありえないことを自覚する。だが、同時に、それを「グラスが砕け散った」と語ることにより、しかも、もし私が後に同じような失策をするとき、やはり「グラスが砕け散った」と語ることによって、同一の出来事ではなく類似の出来事が反復したとも語るのである。こうして、ある出来事を言語によって表現した瞬間に、それは反復可能な意味構成体という衣を身にまとってしまうのであるが、まさにそのことによって、それは意味構成体としては反復するのだが、その出来事自身は反復しない、という二面を有することになるのである。

言語を習得した有機体S_1は、世界を言語によって観念化し、いたるところに類似の出来事の反復を読み取り、かつての出来事を想起によって反復しつつ、根源的に反復不可能なものが〈いま〉生じていることを知っている。その自覚とは、どの時点も可能な〈いま〉であるという客観的時間およびそれを支える自然科学的世界像からの離脱であると言っていいであろう。これまで妥当していたいかなる自然法則も〈いま〉生じていることがこれまでの反復であることを教えない。〈いま〉の日の出は、それが一年前の同時刻の日の出といかに類似していても、まったく新しい出来事なのだ。確かに、一年前の太陽と同一の太陽が〈いま〉昇ると言ってもいい。しかし、それは、あらゆるパースペクティヴを捨象した実在（気体も含めた）物体としての太陽として同一であるだけであり、その内部構造もその〈いま・ここ〉からの見え姿もこれまでとは同一ではないのだ。

こうして、私は〈いま〉世界を知覚しながら、世界を二重の相貌でとらえることができる。第一に、すべてをこれまでの類似な出来事の反復として、そして第二に、すべてをまったく新しい出来事の発生として。この二重の相貌は、〈いま〉の二重性に呼応している。すなわち、前者の世界において、「グラスが砕け散った」とか「太陽が昇る」という意味はすでに固定していて、私は〈いま〉生じている光景を見ながら、その意味を「受容する」だけである。しかし、後者において、意味は固定しておらず、私がまさに〈いま〉現象に「グラスが砕け散った」とか「太陽が昇る」という意味を付与しているのだ。このとき、私は観念としての〈いま〉を突き破って、観念以前のナマの〈いま〉に面している。私は、絶対的に新たなことが、まさに〈いま〉刻々と湧き出していることに気づく。それは、まったく新しい物質が、すでに消えてしまった物質から一定の「かたち」を受け継いで、まさに〈いま〉刻々と湧き出していることにほかならない。

時間と物質の形而上学

これまで〈いま〉について考察を重ねてきたが、そこで取り出された特異な性格は、それぞれの〈いま〉が自己のみを「現在するもの」とみなし、それ以外の〈いま〉を不在とみなすことである。しかも、それぞれの〈いま〉はずっと現在を保つことはできず、たちまちのうちに次の〈いま〉にとって代わられ、不在に転ずる。こうして、じつのところそれぞれの〈いま〉は対等ではなく絶えず後の〈いま〉に敗北し、常に（いわば）最も先端のこの〈いま〉のみが現存するのである。その場合、この現在する〈いま〉はこれまでの〈いま〉群を不在として含むのだ。私が過去の出来事を〈いま〉想起したり再認したりできるのも、〈いま〉不在としての過去にかかわることができるからである。

としても、不在は完全な無ではない。それは「かつてあった」という不在であり、特定の意味を担う不在である。〈いま〉私が眼前の知覚風景に対して「前と同じテーブルだ」と再認できるのは、〈いま〉その風景をかたちづくる物質がかつての〈いま〉とは異なっていながらも、そのあいだに一定の構造（テーブル）が伝搬されているからである（私の大脳内の記憶物質も同様である）。

物理学的世界像において、直線としての時間と「物質が絶えず変化し同一の物質ではないこと」は表裏一体をなしている。〈いま〉を無限小にまで縮小してみよう。その微小な《いま》を充たす物質は絶えず変化している。正確に言い直せば、その《いま》を充たす物質の微細構造（細胞、原子、素粒子）は絶えず消失し、新たな微細構造が生じている。こうして、いかなる微小時間Δtのあいだにも、ベンチやホワイトボード、サインペンやペットボトルなど、私が日常的に出会うごく普通の物体を形成している物質は、全体として変化しているのである。カントは、次のように語っている。

それゆえ、この持続的なもの（das Beharrliche）においてのみ時間関係は可能であり（なぜなら、同時性と継起性とが時間における唯一の関係であるから）、言いかえれば、この持続的なものが時間自身の経験的表象の基体（Substratum）であって、この基体でのみすべての時間規定は可能なのである。(7)

カントは古典力学に沿って、物質やエネルギーや運動量や質料など、さまざまな保存則に従うとみなし、これらの保存則を一般的に支えるものを「持続的なもの」すなわち「基体」と呼ぶ。そして、この持続するもの（基体）によってのみ、時間規定（同時性と継時性）が可能だと言うのである。しばしば誤解されるように、カントの「直観形式」としての時間は、物質とは没交渉である単なる時間測定の尺度すなわち「純粋形式」なのではない。それはまさに物質の保存則と緊密な関係にある。そして、同一なもの（D）の状態ないし部分（Z）が次々に消失しては新たなものに入れ替わるとき、「Z_1がZ_2に転変する（wechseln）ことによって、Dは変化する（verändern）」。例えば、（広い意味での）水（D）は氷（Z_1）から液体の水（Z_2）へ、さらに湯気（Z_3）へと転変するのだが、そのとき（広い意味での）水は変化するのである。

ここに隠されている重要なことは、ある時t_1と別の時t_2との差異は、t_1における物質M_1とt_2における物質M_2との差異に呼応しているということである。時間の差異性は物質の差異性に基づいていて、いかなる微小な時間経過Δtにおいても、そのあいだに細部にわたっていかなる物質の変化も生じないことはありえない。物質世界全体が細部にわたって、まったく変化しないままに、時間が一秒進むということはありえないのである。フッサールは、さらに明確にこのことを語っている。

同じ感覚もいまと別のいまでは異なるのであり、しかもそれは絶対的時間位置に対応する現象学的差異である。感覚は《これ》の個体性の源泉であり、したがって絶対的時間位置の源泉でもある。(8)

物質を括弧に入れて開始させるフッサールの現象学では、感覚はレアールな世界を指示するヒュレであって、実際はカントにおける物質と同一の役割を演ずる。すなわち、時間の微小な差異は単に実数無限の点から成る直線の性質から導出されるわけではなく、これには微小な感覚＝物質の差異が対応している。われわれはこうした無限小に至る物質の差異を基層にして、その上にさまざまなレベルで同一性を築き上げるのである。宇宙における物質の巨大構造（太陽系）から微細構造（素粒子）まで、自己同一的とみなされているものはすべて、相対的に構造が維持されているだけなのであり、その「うち」は絶えず転変が生じているのだ。言いかえれば、私はこの連続する変化のうちにあって、刻々と周囲世界に意味を付与しているのであり、その時が観念以前の〈いま〉である。

博物館のうちに展示されているミイラの基本構造は五〇〇〇年のあいだ維持されてきたが、その「うち」の物質は五〇〇〇年のあいだにすっかり転変し〈いま〉は五〇〇〇年前と同一の物質ではない。それにもかかわらず、ミイラを見るときに、私はそれに「五〇〇〇年前のミイラ」という意味を付与するのだ。

このことを物理学的時間は正確に表現することができる。自己同一とみなされている物体（ミイラ）において、いかなる微小な時間の経過においても、t_1におけるそれを構成する物質とt_2におけるそれを構成する物質とは同一ではない。これは、いかなるものも、厳密に捉えれば、t_1とt_2とでは自己同一ではない、というわれわれの直観に合致している。

こうして、物理学的に見ると、日常的に同一な構造を保っているとみなされている机や、テーブル、人間や動物は、厳密には同一なものではなくなる。すなわちその自己同一的な実在は消えてしまう。その物質の微細構造は絶えず転変しているが、その構造（形式）が比較的保たれているものにすぎない。同一性は任意な観点からどうにでも定義できるのであるが、われわれが名づけることによって同一性（という意味）を付与するいかなるものも、その微細構造が絶えず消滅し生成しているという意味において変化しているのだ。

一見ほとんど変化しないように見えるＣＤやＤＶＤあるいは古びた写真や美術館に展示されている絵画も、じつはその構造のみが相対的に変化しないのであって、微細な物質構造のレベルでは転変を繰り返しているゆえに、同一には留まらないのである。微細な物質構造における転変あるいは生成消滅は、厳密に観測すれば一秒の数千分の一、数万分の一にまで至り、理念的には無限小にまで至るであろう。その無限小にまで至る変化の「うえに」言語を学んだ有機体としての私は、そのつどの関心に基づいて、さまざまな「長さ」の観念としての〈いま〉を意味付与しているのである。

第四章　不在としての私

1　デカルトのトリック

正しい文法に従うこと

〈いま〉私の前に開かれている知覚世界に私は知覚的意味と想起的意味を与えつつ、前者を現在するもの、後者を不在なものとして区別しながらつなげている。とはいえ、その「私」はこうした作用以前に「ある」ものではなく、こうした作用を通じてそこに登場するもの、〈いま〉開かれている世界を現在するものと不在なものとに二分してつなぐときに、そのつどいわば反対側に構成されるものである。

私は意味付与作用をするたびごとに「ある」にすぎず、意味付与作用をしないときも同一の私という存在者が「ある」わけではない。私は眠っているあいだ、意識を失っているあいだ、妄想に耽っているあいだ、のみならず、読書に熱中しているあいだ、夢中で試験問題を解いているあいだ、「ない」のだ。それにもかかわらず、世界を意味づけるたびに「ずっとあったかのような」気がするだけである。「ずっとあったかのような」気がすることは、実際にずっとあったことを保証しない。

　私を自己同一的・疑似物体的なものとみなしてしまうこと、ここからいわゆる心身問題という疑似問題が生ずる。これは、デカルトによる「考える実体」に淵源する。デカルトは、延長する実体と考える実体という二実体を想定したゆえに、ここに両実体間の関係は解けないものになってしまった、とみなすことがすでに哲学史の常識になってしまった。この常識を覆す意図はないが、ここではとくに私の実体化（物化）こそが心身問題（という疑似問題）を生じさせる元凶であるという想定のもとに、デカルトのテキストを虚心坦懐に読み解いてみよう。

　デカルトの懐疑の筋を忠実にたどっていくと、すべてを「疑う（dubito）」という行為からいきなり疑いえない第一原理として「私は考える（cogito）」に至る。いや、それ以前に、すでに「疑う」や「考える」という動詞を一人称の変化によって表現している。ここにすべての問題が集中する。

　言語を習得した有機体S_1が、「何ごとか（X）が〈いま・ここ〉で生じている」（これを命題①と呼ぶ）と（心の中で）語るや否や、命題①は「私が考える」（これを命題②と呼ぶ）という表現に吸収されてしまう。なぜなら、違和感を抱きながらも、こうした「吸収」に抵抗できないことが、S_1が「私」という言葉を理解していることだからである。そして、この「吸収」による変異を受け入れてしまったとたんに、S_1は「よって、私はある」（これを命題③と呼ぶ）という変異も受け容れざるをえないのだ。S_1は自分の実感に反しながらも、言語そのものが文法的に要求することに服従していく。しかも、まさにそれをみずから明晰かつ判明に推し進めているかのように、服従していくのである。

言いかえれば、デカルトが言語（ラテン語やフランス語）を習得したのである限り、彼にはみずからの懐疑の過程を文法にかなうように文字に書き記すことが強制される。すなわち、彼は書いている主体、すなわち、懐疑を遂行している主体を「私」と書き記すように強制されており、よって、彼がみずからの懐疑の過程を反省的に『省察』ないし『方法序説』に書き記すとき、すでに「考えている主体が私であること」は先取されている。

これが第一の先取であるが、このことがすなわち第二の先取を導く。それは、デカルトが文法にかなったラテン語ないしフランス語で文字に書き記している限り、彼は「私」を、懐疑を遂行する過程において、その過程を通じて常に同一の主体を指すものとして使用しているということである。

これが、第二の先取であるが、さらに第三の先取が控えている。それは、デカルトの書いた「私は考える、ゆえに、私はある」という文章を読んでいる者は「私は考える、ゆえに、私はある」における「私」を——デカルトではなく——いまこの本を読んでいるこの「私」として、しかも読んでいるあいだずっと同じ「私」として理解しなければならない、ということである。

こうした三重の先取のもとで「私は考える、ゆえに、私はある」という文章を読む者は、これが絶対に疑いえない真であると思い込んでしまう。この場合「ゆえに（ergo）」はデカルト自身によって「推論」ではなく「精神の直覚（intuitio）」あるいは「洞察（inspectio）」と言われているのであるから、読者は、精神の直覚によって「私は考える」と「私は存在する」の関係が絶対に否定できないように感ずる。だが、じつはそうではない。この「ゆえに」という関係は精神の直覚ではなく、単なる文法である。デカルトの懐疑を追体験することが「考えること」であり、追体験しているその者は文法的に「私」でなければならないからであり、その「私」という言葉を知っている者は、「私はある」ことを疑いなく知っているからである。

ここに潜む最も見分けにくいトリックは次のものである。デカルトの読者、すなわちデカルトの懐疑を「ともに」遂行する者は、すでに「私」という言葉の意味を知っている。それは、日常言語の示すように、自己同一的・擬似物体的な「私」である。そして、——当然のことながら——そういう自己同一的・擬似物体的なものとして「私」を理解している者が、〈いま・ここ〉で生じている心の動きを「私は考える」という命題によって理解してしまう。そして、そのとたんに、「『私』という名の自己同一的・擬似物体的なものが考える」という理解に自然に移って行くのだ。

容易にわかるように、この段階ですでに「ゆえに、私はある」への通路は築かれている。すなわち、言語を習得した有機体としての読者は、「私は考える」こととは異なったシニフィアンである「私はある」（命題③）を、あたかも「何ごとか（X）が〈いま・ここ〉で生じている」ということだけから導出できるかのように思い込んでしまうのだ。こうして、読者は、「何ごとか（X）が〈いま・ここ〉で生じている」ことを体験するたびごとに、その体験をもともと知っていた自己同一的・擬似物体的な「私」へと完全に吸収する作業に勤しむのだが、まさにみずからのその作業を通じて、「私は考える、ゆえに、私はある」という命題を、明晰かつ判明なものとして承認するのである。

これまでの考察から判明するように、じつはここには何の「導出」もない。しかし、すでに「私」という言語を学んだS_1は「何ごとか（X）が〈いま・ここ〉で生じている」（命題①）に留まり続けることができない。S_1はそれを「私は考える」と「翻訳」してしまう。このとき、その「私」に自己同一的・擬似物体的な意味を盛り込まないこともできない。さらに、「私」をそうとらえてしまえば、「ゆえに、（自己同一的・擬似物体的）私がある」ことをも承認せざるをえない。こうして、デカルトとともに懐疑を遂行している者は、デカルトのトリックにはまってしまい、あらかじめ、「私」を日常言語に従って自己同一的・疑似物体的なものと解したうえで、「私は考える」と「私はある」の二つの命題に分けたうえで「私が考える」たびごとに、そのことがすなわち「私がある」を精神の直覚によって導出すると思い込んでしまうのである。

以上をまとめてみよう。デカルトが「私は考える、ゆえに、私はある」という言葉を文法にかなったフランス語で文字に書き記し、彼は読者に「私、考える、ある」という言葉を正しく理解するように要求している。それは、すなわち、〈いま・ここ〉で生じていることを、「私」という自己同一的・疑似物体的なものとして理解することであり、そのもとで「私は考える」と「私はある」とを端的に直観することである。

こうした強圧的な要求に屈した読者は、デカルトの懐疑を遂行しながら、〈いま・ここ〉で生じているナマの事実から眼を離し、「私は考える、ゆえに、私はある」をもっぱらこの文章を構成する言葉の日常的意味に沿って理解しようとし、その結果これこそA＝Aという同一律以上に、いかなる前提も先取もない第一原理だと思い込んでしまう。読者はみごとにデカルトの罠にかかったのである。

「私は考える」と「私はある」とのあいだ

別の視点から以上のことを論じ直してみると、「私は考える、ゆえに、私はある」という第一原理において、デカルトは「ゆえに」を挟む「考える」と「ある」とのあいだの言葉（シニフィアン＝シニフィエ）の差異を初めから利用している。すでに「考える」と「ある」とは互いに異なったシニフィアンである限り、互いに異なったシニフィエを前提しているのだ。

デカルトは、なぜそう表記する権利を持つのであろうか？　私は、「私は考える」たびに「私は考える」ことを直覚するのであって、「私はある」という異なった事態を直覚することはないのではないか？　その通りである。それは、先に述べたように精神の直覚ではなく、いわば文法的直覚なのである。それは、「Xは考える」を「私は考える」という文章で表現することを受け容れた瞬間に、すでに開始されている。「考える」という動詞の主語である「私」という代名詞は、「ある」という別の動詞を導いてしまうのである。

ここで、「私はXを見る、よって、Xはある」という文章を引き合いに出してみよう。これが絶対確実な原理でないことはすぐにわかる。たとえ、私がXを見るとしても、Xは幻覚かもしれず、すなわち「ある」とは言えないかもしれないのだから。同様に「（私以外の）Xは考える、ゆえに、Xはある」も絶対確実な原理ではない。Xとは「考える」けれども「ある」とは言えないものであるかもしれない（例えば、他人の意識存在）のだから。

しかし、Xを発話主体に限定して、「私は考える」とした瞬間に、その主語である「私」は自己同一性を保って一定の時間持続しているということが含意されてしまい、「ある」

ことになってしまう。デカルトは、このこと自体を「精神の直覚」とみなしているのだが、これは不適切であり、考える「私」が自己同一的なものであるということは、「私」という言葉の文法的意味から導かれるのだ（これが「文法的直覚」にほかならない）。

以上の考察から、「私は考える、ゆえに、私はある」を正確に言いなおせば、「私は考える」という瞬間的作用のたびごとに、私は自分自身が（文法的に）「自己同一性を保ってある」ということに気づくということである。私が「私は考える」と発話するとき、私はその一人称代名詞で表しているもの（私）がこの考える作用が消える瞬間に消えてしまうものではないことを知っているのであり、その意味で私は「私は考える」のたびごとに「私はある」をいわば文法的に直覚しているのだ。

すなわち、「私は考える」を遂行している者S_1は、一方で、この命題の動詞である「考える」が瞬間的作用であることを理解しているのだが、他方で、「私」という主語をその瞬間的作用を超えて一定の時間持続する自己同一的・擬似物体的なものとして理解している。もし、「私」という言葉を自己同一的・擬似物体的な主体であると理解していないなら、S_1はたとえ「考える」という作用を遂行しても、その作用主体が「私」であることを理解できないであろう。デカルトは、「私は考える」のたびごとに精神は「私はある」を直覚すると言っているが、じつは精神の直覚とは「私」に関する文法的直覚なのであって、S_1が「私」という言葉を理解するとき、すでにS_1は、「私は考える」と瞬間的に語り出すごとに、それを超えて持続する自己同一的・擬似物体的な「私」が「ある」ことを承認してしまっているのである。

このことを、自己中心化から脱自己中心化へという図式をもって言いかえれば、有機体S_1が言語を習得して「私」になるということは、（有機体としての実感に沿った）「私は考える」と（有機体としての実感に沿わない）「私はある」とのあいだに広がる間隙に違和感を覚えずに、それを一挙に跳び越しうることである。

「私は考えた、ゆえに、私はあった」こそ第一原理である

デカルトは、「私は考える」たびに「ある」のだが、このことからただちには過去から自己同一性を保つ思惟実体（res cogitans）としての「私」は導かれない、と主張する。デカルトは〈いま・ここ〉で生じていることから、ただちに自己同一的・擬似物体的「私」へと移行することはできないことを知っていた。

だが、それはあくまでも表向きのことである。デカルトが「私（ego）」という代名詞、あるいは動詞の一人称の格変化（cogito）を使用する限り、「私は考える」という命題は、――デカルトの表向きの意図に反して――「（自己同一的・疑似物体的な）私は考える」という意味を担わされてしまう。デカルトがいかに〈いま・ここ〉で生じている瞬間的事態にのみに眼を向けるように促したとしても、それを「私は考える」や「私はある」という

言葉で表す限り、実際のところ〈いま・ここ〉を超える自己同一的・疑似物体的「私」を指し示してしまうのである。

では、デカルトは意図的に読者を騙そうとしているのか？ そうではない。デカルトは、懐疑の遂行過程において「自然な錯覚」に陥ってしまったのだ。「私」という言葉を学んだ者はみな、「私がある」ということを知っている。しかも、それは、「私」という記号が指し示すものである限り、初めから自己同一的・疑似物体的な「私」である。だが、同時に、「私」という言葉を学んだ者は〈いま・ここ〉で生じている怒りや腰の痛みや「思い」が私の怒り、私の胃の痛み、私の「思い」であると思い込んでしまうのだ。

しかし――ヒュームが正確に見抜いたように――、そこに「私の」という所有形容詞をつけても、それらはこの怒り、この腰の痛み、この「思い」以上のものではない。それにもかかわらず、ここに「私の」という所有形容詞を付ける理由は何か？ それは、「私の痛み」が「この痛み」を超える何かを指し示しているからである。その「何か」とは〈いま・ここ〉に現に生じていないものであり、あるときは怒り、あるときは肩が凝り、あるときは「思い」にふけるような同一の私なのであり、こうした「私」をひそかに導入することによって、「この痛み」は「私の痛み」となるのである。これは「私」という言葉を学んだ者にとってあまりにも自然な錯覚なので、「この痛み」と「私の痛み」とのあいだのギャップは気がつかずに跳び越されてしまう。

デカルト自身、〈いま・ここ〉で生じている心の動きと自己同一的・疑似物体（思惟実体）としての「私」のあいだに広がるギャップを知っていた。だが、それを正当に埋める方法を見いだしえなかった。両者のギャップを正当に埋める方法は一つだけある。それは、「私は考える、ゆえに、私はある」をすべて反省的な次元にずらすこと、過去を基準にしてすべてを考え直すことである。ここで、現在形で表現される「私は考える、ゆえに、私はある」ではなくて、過去形で表現された「私は考えた、ゆえに、私はあった」を第一原理にもってきたらどうであろうか？

「私」という言葉はすでにそれを使用した途端に、自己同一的・疑似物体的なものと解されてしまうのであり、それゆえ「私」という言葉は、むしろ「私は～であろう」とか「私は～であった」という不在の表現において、あるいは現在形でも「私は～ではない」という否定的表現において顕在化される。

だが、こうした不在において、「現に私が過去に体験したこと」、すなわち「私が考えたこと」という不在は特別である。なぜなら、そう語るとき過去形の文章の中に登場する（エノンセの主体としての）私と、それを〈いま〉語る（エノンシアシオンの主体としての）私との同一性が前提され、ここにこそ自己同一的な「私」の根源が潜んでいるからである。私の自己同一性はA＝Aという論理的同一性でも、t_1からt_2のあいだずっと持続している物体の同一性でもなく、〈いま〉私が過去の一群の体験を私の体験とみなす、という独特の同一性なのである。

よって、「私は考える、ゆえに、私はある」とは、じつは私のこれまでの同一性、すなわちそのつど「私は考えた、ゆえに、私はあった」と語る（考える）私と、この表現の中に登場している「私」との同一性に基づいているのに、意図的にこれらを切り捨てて「私」を狭い〈いま〉だけに限定することによって生じた人工物にすぎない。「私」とは〈いま〉生じている瞬間的な考えそのものに添えられる記号なのではない。それは、「これまで同一であったこと」を初めから含意しているのである。

こう言いかえてもいい。懐疑を遂行することに意味があるためには、これまでの「私は考える、ゆえに、私はある」をも、すなわち――〈いま〉という視点から書きかえると――「私は（あのとき）考えた、ゆえに、私は（あのとき）あった」ことをも真とみなさなければならない。そうでなければ、私（デカルト）はかつて考えたことを記憶しておくのでなければならない。

懐疑において使用されている言語が、文法にかなっていること、常識的意味を保持していることと並んで、懐疑を「次に」進めることができないであろう。懐疑の遂行者に記憶能力がなければ、いかなる懐疑も成立しない。このことは重要である。私は〈いま〉夢を見ているのかもしれない、私の身体さえないのかもしれない。数学的真理さえ悪霊が騙した結果であって偽であるのかもしれない、とは言える。しかし、懐疑の言葉がさらに進んでいくためには、同一の「私」が以上のすべてを記憶しておいて、「次に」進まねば（そのつど忘れていたら）、懐疑の遂行そのものが成立しなくなるのである。

「私は考える、ゆえに、私はある」の特異な明証性

以上によって、デカルトによって提案された「私は考える、ゆえに、私はある」という第一原理は、「私」や「ある」という言語の意味や文法、記憶などを密輸入して成立しているきわめて不安定な原理であることが判明した。次にこの「明晰かつ判明な」原理ははたして他の明晰かつ判明な命題（例えば数学的命題）にとっての「第一原理」という役割を担いうるのかという疑問が湧いてくる。デカルトは精神（認識作用）とその対象とに分けた後、前者の優位を次のように語っている。

なぜなら、大地がたとえ存在しなくても、私が大地に触れていると判断することはおそらくありうるが、しかし、私がそのように判断しながら、そう判断している私の精神が無であるということはありえないからである。(1)

デカルトは、認識する（考える）対象よりも認識する（考える）作用のほうが「より確実に認識される(2)」と言う。この背景には、単純な錯覚論法が潜んでいて、「私がいま散歩

をしている」ことは（夢かもしれないから）確実ではないが、「私がいま散歩をしているように思われる」ことは絶対に確実だと言う。すなわち、夢の場合を規準にして、醒めているときでさえ「私がいま散歩をしている」ことは確実ではなく、「私がいま散歩をしているように思われる」ことこそ確実である、とするのだ。確かに、私は夢の中で散歩し、目覚めると「夢だった」ことを体験することもある。だが、だからと言って、逆に覚醒しているときに、「これは夢かもしれない」と思うことはない。覚醒しているときは、「私がいま散歩している」ことは（普通の状況においては）絶対に確実であって、むしろ「私がいま散歩をしているように思われる」という語り方は、不自然なのである。デカルトがこの不自然な語り方をも絶対確実だとみなすのは、「［ある意見に］何か疑う理由が見いだされるなら、そのすべてを否定するのはそれで十分であろう(3)」からである。

だが、以上のすべてを承認しても、「……である」を「……であるように思われる」に変換することは、絶対に確実な領域を開くことではなくて、すべてを真偽以前の中間物の領域に埋没させることではないだろうか？　たとえこれが唯一の絶対に確実の領域であったとしても、私は永遠にこの領域から脱出することはできないであろう。私は繰り返しすべてに関して「～であるように思われる」と言い続けて死ぬしかないであろう。これが、考える対象を捨象してコギトの明証性にしがみつく懐疑の帰結である。

しかし、これがデカルト自身の目標であるはずはない。とするなら、デカルトはすべてを一律に浸してしまうコギトというぬるま湯からの脱出点を見出さねばならない。これは初期のフッサールが抱いた疑問でもある。

では、いったいどうして絶対的自明性、直観的自己所与性は単一の体験とその単一の要素や部分にのみ見出されるのであろう。すなわち、どうしてこのこれ（Dies-da）の直観的措定だけがそうなのであろうか？(4)

他の学問的真理へと広く開かれていく確実性は「このこれの直観的措定」すなわち「〜であるように思われる」といった精神の作用自身のうちにはない。

「悪霊」の威力とその限界

これとの関係で、『省察』で登場してくる「悪霊」の懐疑を見ておこう。私が絶対的に真理であると確信している数学的真理さえ、じつは悪霊が騙した結果であるのかもしれない。これに対するデカルトの再反駁の骨子は次のものである。

じつは私は無なのに、悪霊が「あたかも私が存在しているかのように」私を騙しているかもしれない。しかし、騙すことができるからには、私は無ではないという意味で何ものかで「ある」のでなければならない。

デカルトは、ここにおよそ「騙す」ことが成り立つのは、その対象が何ものか(quelque chose, aliquid)であることが必要だとするが、じつはさらに限定されていて、その何ものかは意識存在さらには一人称的意識存在でなければならない。悪霊は「無」を騙すことができないばかりではなく、三角形も、机も、赤い色も、猫も、赤ん坊も……すなわち「一人称的意識存在」以外の何ものをも騙すことはできないという論法がここに隠されている。こうして、悪霊があるものを騙しうる限り、その者は、「私は考える」という作用のたびごとに「私はある」ような者であることが判明する。すなわち、悪霊が騙すという極端な想定をしても私の存在は生き延びるのである。

これに付け加えれば、悪霊の想定は先ほど示した「私には～であるように思われる」という武器をも破壊する力を持つ。「私はたとえ夢の中で歩いていようとも、歩いているように思われる」ことは確実である、「私はたとえ彼が私を軽蔑していなくとも、彼が私を軽蔑しているように思われること」は確実である。

だが、悪霊を持ち込むと、これもまた絶対に確実ではない。なぜなら、悪霊は「私には～であるように思われる」ように私にさせているのかもしれないのだから。そして、ここでまた「～と私は考える」という呟きをもって、「ゆえに、私はある」に至り、「それもまた悪霊がさせているかもしれない」という反駁が浴びせられ、さらに「～と私は考える」と反駁し……こうして、ふたたび先と同じ空しい打ち合いをずっと続けることになる。

さらに、デカルトは「私は何であるか」と問いを進め、悪霊に騙されている可能性をも意識的に採り入れたうえで、確実な推理によって、私は「考える実体（res cogitans）である」という結論に至るが、確実な推理によっては、これは導けない。しかし、すでに述べたように、私が、自分を悪霊の騙す「対象」であることを認めた瞬間に、私は客観すなわち「物＝実体（res）」であることになってしまうであろう。すなわち、それは「私が何であるか？」と問うときにその答えとなるような何かなのであって、そう問うコギトを物化（実体化）したものとしての「考える物＝考える実体」なのである。

これはコギトの主体である「私」という意味の中にすでに先取されている。コギトはさしあたり「私（ego）」を含まないが、それが何の主体もなしに作用しているわけではない。とすると、その主体は「私」なのであるから、それは自己同一的な何かであることがもともと含意されているのだ。

だが、虚心坦懐に反省してみると、ここでデカルトは大きな思い違いを犯しているのではないだろうか？　もともと悪霊を持ち出したのは、数学的真理さえ疑おうという動機であった。そして、たとえ悪霊が私を騙すとしても、騙される私の存在は保持されることを論証した。だが、ここに存在が確保されるのは「私の存在」だけであり、これによっては、私が考える「内容」が依然として悪霊に騙されていること、じつは偽なのに真であると思い込んでいることを否定できない。「1＋1＝2」が真であると私は考えているが、私を騙し続ける悪霊は、私の存在を抹殺できないにしても、私の考える内容（1＋1＝2）がじつは偽であるのに真であると私を騙しているのかもしれないのである。

デカルトは数学的真理をも破壊するという最高度の懐疑を遂行するために「悪霊」を持ち出したはずである。だが、いつしか目的を見失い、論証は数学的真理から私の存在へと滑っていった。確かに悪霊は私を無にはできない。私は騙される限り何者かである。だが、このことは私が考える内容である数学的真理の確実性を寸毫も保証しえないのではないだろうか？「私の存在」は悪霊の懐疑をも生き延びるとしても、数学的真理に関しては、悪霊が偽であるのに真であるように私を騙しているかもしれない、という懐疑は依然として消えないのである。

ヘーゲルの洞察

最後に、デカルトによって提起された第一原理「私は考える、ゆえに、私はある」に関して、ヘーゲルの洞察に触れておこう。この導出を、ヘーゲルはトリックではないと考える。この命題を「自己同一的・疑似物体的な私は考える、よって自己同一的・疑似物体的な私はある」と解することは、当然のことであり、言語を学び、「私」という言葉を習得するとは、有機体S_1が固有の身体において感じる固有の「私」を「私一般」へと一般化して理解することなのであり、これは言語を習得し、脱自己中心化をなしとげた有機体S_1の運命とも言えるものなのだ。

われわれは感覚的なものをも一般的なものとして言い表す（sprechen）。われわれが言い表すものは、このもの、すなわち一般的なこのものである。言いかえると、それは有るということ、すなわち有一般である。そのさいわれわれは、もちろん一般的なこのものとか有一般とかを表象しているのではないが、一般的なものを言い表している。言いかえると、われわれはこのものを感覚的確信において意図する（meinen）通りのそのままには語っていないのである。だが、われわれの見ているように、言葉のほうが意図するよりいっそう真なるものである。[5]

さらに敷衍すれば、S_1は「このもの」を直接とらえることはできず、「私」という代名詞は私一般を「言い表す」がゆえに、それでは「言い表しえないもの」という否定的仕方でとらえるしかない。ここで、「言い表しえる私」を「観念＝私」、「言い表しえない私」を「刺激＝私」と、記号化すれば「観念＝私」ではない「刺激＝私」として、「観念＝私」を媒介にしそれを否定した「刺激＝私」として、とらえるしかないのである。ここにおける「意図する（meinen）」と「言い表す（sprechen）」という対立語を使うなら、先にまとめた私と世界との関係のパタンは次のように言いかえられるであろう。

（1）言語習得以前の「私が意図すること」と「私が言い表すこと」との差異がない段階。

（2）「私が考えること」を「私が言い表せない」ことを知りつつ、この二元論的対立に留まっている段階。

（3）「私が意図すること」を「私が言い表すこと」に回収してしまう段階。意味は「私」が作り出すのであるから、「私が意図すること」はことごとく「私が言い表せる」はずである、と自覚している段階。

（4）「私が言い表すこと」によって、「私が意図すること」は隠されてしまうのだが、まさにそのことによって、「私が言い表すこと」のみならず、「私が意図すること」もまた指し示しうることを自覚している段階。

デカルトは（3）段階にまで至った。だが、ヘーゲルは、デカルトの「私は考える、ゆえに、私はある」という命題の理解を（4）の段階にまで推し進めようとする。有機体S_1は言葉を習得し脱自己中心化することによって「私」になったのであるが、それでも本来の自己中心化した生物学的構造は消え去っていない。ただ、この自己中心化した構造を言語によって再獲得しようとするとき（二次的自己中心化）、その試みは挫折する。しかし、それをまさに「言い表しえない」ことによって指し示すことはできる。現在と不在というタームで言いかえれば、それが現在することを言い表すことはできないが、その不在を指し示すことはできるのである（この問題はさらに第六章で扱う）。

2　人間的私（＝身体を伴う私）

言語は世界に不在を到来させる

言語を習得するとは、有機体特有の自己中心的観点を脱却し、それに反逆して脱自己中心化を推し進めることである。それは、さしあたり言語を学んだ特定の有機体にとって「そと」の視点を獲得することであるが、じつのところ言語習得以前の自己中心的観点を有しながらも、その段階の有機体は「私」ではないのであるから「うち」の観点を有していたわけではない。言語を習得することによって「そと」の観点を獲得するとともに「うち」の観点も獲得するのである。

そして、「そと」の観点を獲得するとは、〈いま・ここ〉で知覚されるものという意味で現在するもののみならず〈いま・ここ〉で知覚されないものという意味で「不在のもの」をも承認することである。

こうしたことから、(抽象的自我ではなく)あくまでも「人間的私」すなわち「身体を伴う私」を可能にする諸条件を挙げることができるか否か探ってみよう。それらがなくては「あるもの」がそのものではなくなるような諸条件を挙げるという方法は、あらかじめ「あるもの」をその「可能性の諸条件」によって「可能になるもの」として設定することによってのみ成立する。カントの場合、時間・空間・カテゴリーという「経験を可能にする諸条件」によって「可能な経験」を「可能にする」という構造は、「可能な経験」とはそこで幾何学や物理学が成立するような経験であるという先行的了解によって裏打ちされている。ここには明確な循環があるのだが、この循環の全体が「可能な経験とは幾何学や物理学が描くような世界である」という信念に支えられている。「可能な経験」すなわち、実在的可能な世界を、われわれは思考によって決めうるわけではなく、まさに数学や物理学という学の成功によって決めることができるのだ。これが、デカルトから、カントを経由して、フッサールあるいはフレーゲに至る近代西洋哲学の主流である。

ここでは、これと同じ方法を「人間的私」に関しても適用する。確かに、数学や物理学に匹敵するような人間学は成立していないが、われわれは――『純粋理性批判』「感性論」における時間や空間の「論究(Expositio)」に倣って――言語を学んだ有機体として「私」

である限り「人間的私」とは何かをすでに直接知っており、その直接知と照合して「人間的私を可能にする条件」を列挙し、吟味することができるのではないか。

以上の考察に基づいて、それらがなければ人間的私ではないと言えるような人間的私を「可能にする諸条件」を列挙すれば、次のようになるであろう。

(1) 固有の物体に自己を関係づけて、それを「私の身体」とみなし、そこから世界を知覚しうる者。
(2) 世界を「不在」の集積とみなすことができ、それを言語的に(否定的判断を用いて)語れる者。
(3) 他人と共通の統一世界(外的経験)を持ち、さらに固有の内的経験を持っていて、それを言語的に語れる者。

以上の三条件以上の条件を付加する哲学者もいるであろうが、人間的私を可能にする諸条件としてさらにどの条件を付け加えるかの議論には稔りがない。何を人間的私の本質的要素として取り上げ、何を偶然的要素として切り捨てるかは、何を人間とみなすかという漠然とした人間観に懸っているのであって、厳密な哲学的議論として成立することは期待できないからである。

「不在の哲学」においては、「人間的私を可能にする条件」を超越論的統覚と「内官（der innere Sinn）」から成るカントの自我論をモデルにする。カントにおける内官とは、これまでの自己中心化＝脱自己中心化という図式を使って言いなおせば、有機体として自己中心化した自我であり、超越論的統覚とは、言語を習得することによって、有機体としての自己中心化に反逆し、脱自己中心化した自我に相当する。このうち、超越論的統覚に関しては、客観的統一世界との関係において第五章第3節で考察する。ここでは二次的に自己中心化し固有の身体を有する人間的私に限定して考察することにする。

外的経験と内的経験

有機体S_1は言語を習得することによって、有機体としての自己中心化された世界把握を離れ、脱自己中心化の反逆を遂行する。言語を習得することによって、S_1は「家」という言葉、「痛い」という言葉、「赤い」という言葉、「歩く」という言葉、さらには「ここ」という言葉、「いま」という言葉、そして「私」という言葉など……ありとあらゆる言葉が〈いま・ここ〉で生じている「この一回限りの体験」を意味するのではなく、それを超えた「普遍」を意味することを学ぶ。「いま」という言葉は、この〈いま〉に限定されないこと、「ここ」という言葉もこの〈ここ〉に限定されないこと、そして「私」という言葉もこの「私」に限定されないことを学ぶ。確かに、S_1は「食べる」という言語を、「食べる」という自分の行為を通して学び、「甘い」という言語を、「甘い」という自分の感覚を通して学ぶ。しかしS_1は同じ言葉を他人が彼（女）の行為とその言語使用に即して使うときも、その意味を理解することができるのだ。

「私」や「ここ」の場合は顕著であり、S_1が「私」と語り「ここ」と語るとき、その言葉が出てきたのはS_1の身体（口）からであるので、そのことを算入してはじめて、「私」や「ここ」が特定のものを指していることがわかる。言いかえれば、そのつどの語りとは独立に「私はここにいる」と言っても、「私」が誰を意味するのか、「ここ」がどこを意味するのかわからないはずであろう。しかし、こうした不備にもかかわらず、これらの代名詞や副詞が、国語辞典に掲載されているように、語る現場を離れても何ごとかを意味しているとみなすとき、S_1は言葉を習得したと言えるわけである。言いかえれば、「私」であるS_1は、初めから自他の壁を跳び越えることによって、言語を学ぶのだ。他人にとっての「食べる」と自分の「食べる」、他人にとっての「甘い」と自分にとっての「甘い」がいかに体験的に異なっていても、いやいかなる同一性の規準がなくとも、それに疑問を覚えずに同一なものとして学んでしまうのである。

そして、言語を習得した有機体である「私」は、こうした自他の体験の差異を消去してしまう客観的な言語を通してはじめて、みずからの経験（内的経験）をも言語的に表すことができる（二次的自己中心化）。出来事の起こった時間順序や時間間隔に関しても、（他人の行為を含む）外的経験を通してはじめて、（いかに自分の実感に沿わなくても）自分の実感のほうを訂正して、客観的意味を承認するのだ。カントは、このことを熟知していた。

しかしながら、ここで証明されるのは、外的経験こそ本来直接的であるということ、外的経験を介してのみ、（中略）時間におけるわれわれ自身の現存の規定が、言いかえれば、内的経験が可能となるということである。(6)

具体的に考察してみよう。「ここ」があらゆる発話者の身体近くの場所を指していること（すなわちその普遍的意味）を理解しているS_1のみが、「ここ」をまさにその固有の身体近くの場所を指す言葉として使用できる。すなわち、「私は昨日ここにいなかった」とか「彼は明日ここにいるだろう」と語れる者のみが「私はいまここにいる」と語れるということである。普遍的意味の了解が、その言葉を特定の状況において正しく適用できることに先行する。「私」の場合もまったく同様である。「私」という普遍的意味を了解した者、すなわち、他の言語を学んだ有機体Sfも自分と対等に「私」であるということを了解しているS$_1$のみが、まさに当の発話者に「私」という言葉を適用することができるのである。普遍的意味を外的経験（客観的世界）に付与できる者のみが、その客観的世界における「内的経験」を言語によって表現できるのである。そして、このとき同時に、S_1はあらゆる他の言語を学んだ有機体Sfの「内的経験」をも承認し、しかも、それらのいずれもが自分にとっては完全な不在であること、言いかえれば、自分の「内的経験」のみが現実的であることを了解するのである。

こうして、人間的私とは、固有の身体に拘束された「私」なのであるが、それは、言語を学ぶことによって脱自己中心化を達成し、言語の普遍的意味を了解して統一的・客観的・実在世界である一つの外的経験を承認し、まさにこのことによって、他の言語を学んだ有機体の「内的経験」をも承認し、さらにそのうちの唯一の内的経験を「私の固有の過去」として承認するのである。もし、S_1が普遍的言語によって統一的客観的世界を記述するだけの主体(超越論的統覚X)であるなら、S_1はけっして「人間的私」ではないであろう。Xが「人間的私」であるためには、脱自己中心化した「私」をもう一度自己中心化しなければならない。すなわち、他のあらゆる言語を学んだ有機体Sfが、まさに外的経験から零れ落ちることによって内的経験を構成していること、そしてそのうち一つだけが、まさにS_1の「固有の内的経験」である、という多元的世界における唯一の現実的世界を承認しなければならない。

この場合、重要なことは、S_1が固有の内的経験を構成するとしても、S_1は脱自己中心化したことをもって、言葉の意味の普遍性に拘束されるということである。S_1は、その固有の内的経験を形成する体験を語るときでさえ、普遍的な言葉の意味から逃れることはできない。S_1は自分が現に、「痛い」場合と他人が「痛い」という言葉を発する場合（自分は現に痛くない場合）との根源的差異性に気づきながらも、やはり「痛い」という言葉の普遍的意味を覆すことなく生き続けなければならないのである。

自己触発

二次的自己中心化の作用は、カントの「自己触発（Selbstaffektion）」という作用に担当する。「自己触発」は『純粋理性批判』第二版の「演繹論」に次のように出てくる。

> それゆえ悟性が、構想力の超越論的綜合という名称のもとで、悟性がその能力にほかならない受動的な主観へとおよぼすはたらきは、われわれが正当にも、内的感官がそれによって触発されると言いうるような、そのようなはたらきである。(7)

この記述においては、文脈からは超越論的統覚と内官との関係がはっきりしないが、悟性の行為主体は超越論的統覚とは別の者ではないのであるから、やはり超越論的統覚が内官を触発すると言っていいであろう。

後年、カントは「『われわれが考えることは経験であるか？』という問いへの答え」と題する小論において、「超越論的意識はわれわれに自己認識を提供するものではない。なぜなら、自己認識は時間におけるわれわれの現存在の規定であり、そしてもし自己認識しようとすれば、私は私の内官を触発しなければならないからである」[8]と述べている。最後の文章における初めの「私」は超越論的統覚であり、それが「私の内官」を触発する。言語を習得した有機体S_1は、本来有機体として自己中心化されている世界をむしろ脱自己中心化された超越論的視点から見返す。S_1は超越論的統覚であって、いわば「そと」からかけがえのない固有の身体（K_1）を振り返るのであり、そのときはじめて、K_1を通じて経験してきた固有の現実的経験系列、すなわち「内的経験」が開かれるのだ。

ここで、カントの見ていない領域に入り込むと、S_1は脱自己中心化する前にすでに自己中心化していたのであるが（有機体的自己中心化）、それを表現できなかった。S_1はいったん脱自己中心化し言語を獲得してはじめて自分固有の現実的世界を語れるのだが（二次的自己中心化）、それはただかつての有機体的自己中心化状態に戻ることではない。二次的自己中心化は、他の言語を学んだ有機体S_fを、S_1の「他者」として生み出すのだ。すなわち、自己触発とは、S_1が脱自己中心化して超越論的統覚という「私」となり、そのことにより二次的自己中心化することなのだが、まさにそれは同時に、同じように言語を学んだ有機体S_f（すなわちS_1の「他者」）の内的経験を構成することを必然的に伴うのである。

これが、「身体を伴う人間的私」の成立である。S_1が、脱自己中心化した「私」すなわち超越論的統覚としていかに正確に客観的世界を認識しても、それが客観的世界から零れ落ちる膨大な不在群を理解しても、さらにそれが、特権的に現在する「私の世界」を選び出し、かつそれ以外のS_fを他者として承認しない限り、超越論的統覚は「身体を伴う人間的私」にはなりえない。超越論的統覚は抽象的存在者なのではない。それは、言語を習得した有機体が本来の自己中心化した有機体に反逆して脱自己中心化を遂行した限りにおけるものなのであるが、同時にさらに固有の有機体を取り戻そうとして、固有の身体へ向けて二次的自己中心化を企てる限りのものでもある。

超越論的統覚は多元的実在世界を統一的な客観的世界（観念＝現象）へと転回させる支点に位置する。こうした転回によって、S_1は「リンゴ」「赤」あるいは「歩く」「食べる」あるいは「痛い」「快い」などの言葉が統一的意味を与える世界の中に生きている（これがハイデガーの「世界内存在（In-der-Welt-sein）」にほかならない）。こうした世界において、S_1はすでに一定の固定した意味を一方的に受け取るだけであるように思われる。だが、S_1は、こうした世界内で、あらためて言語的レベルでの自己中心化（二次的自己中心化）を遂行しようとする。脱自己中心化された世界を、ふたたび自己中心化し、それを獲得した言語で語ろうとする。ヘーゲルの用語を使えば、否定され、媒介された自己中心化を目指すのであり、観念（現象）としての統一的客観的世界の「うち」で、ふたたび多元的世界を復元しようとするのだ。

不在の系列

こうして、言語を学んだ有機体S_1がその固有の不在の系列を「自分の体験した」系列として端的にそのつど意識するとき、S_1は「人間的私」という資格を得る。その系列は知識として記述されれば、客観的知識になり、公共性を獲得するであろう。しかし、ここでは、知識としての特定の系列が問題なのではなく、特定の体験系列を端的に自己固有の体験系列として「意識すること（想起すること）」が必要なのである。

これこそが、言語を学び脱自己中心化を果たした有機体S_1の二次的自己中心化であり、その具体的形態にほかならない。よって、S_1がそのつど客観的世界を正確に認識し、それを正確に報告しえたとしても、自分自身の固有の系列である「内的経験」を有しえなかったら、S_1は「人間的私」ではない。しかも、その固有の系列は（物理学的な実在概念からすると）不在の系列であり、こうした不在の系列こそが人間的私の「存在」を保証するのである。

S_1は、（「私」という言葉を含む）言語の意味が他の言語を習得した有機体S_fと共通であることを知りながら、自分自身の内的経験は、他の有機体S_fの内的経験と異なることを悟っている。S_1は固有の「うち側」、すなわちあらためて有機体として自己中心化された世界を、まさに脱中心化することによって習得した言語によって示そうとするのだが、それが至難の業であることも悟る。「私」「ここ」「痛い」等々の言葉を、S_1がその固有の身体K_1を指し示しながら発話するなら、自己中心化された意味を持つ、しかし、これらの言葉をK_1を指示することなしにそれだけを切り離して使用しても、脱自己中心化した意味（普遍的意味）しか持ちえないことを知る。それぞれのS_1は、この「私」とそれ以外の「私」との差異性を表す「内側からの言語」を語ろうとして、挫折するのである。

一方で、「私」を「そと側」の視点に合わせると、この「私」だけが（「私」であるためにはそれは必要ないのに）現に知覚する奇妙な存在者に思われてくる。他方、「私」を「うち側」の視点に合わせると、他の「私」は（「私」であるためにはそれが必要であるのに）現に知覚しない奇妙な存在者に思われる。だが、こうした非対称的な不安定さのうちにあって、そこに解決を求めないこと、この不安定さに安住すること、このことがとりもなおさず有機体が「私」という言語を学んだことなのである。

こうして、自己触発によって開かれる「内的経験」とは、言語を習得した有機体S_1の現実的（現に知覚あるいは行為した）体験系列である。ここに重要なことは、外的経験が（現象において）実在するのに対して、内的経験は同じ意味で実在しないということである。S_1の現実的体験系列とは、視覚に限定して考察してみると、それぞれの時にそれぞれのS_1の身体がある場所からのパースペクティヴ系列P_1、P_2、P_3……Pnに現われる光景系列L_1、L_2、L_3……Lnである。それらは〈いま〉やもはやないのだが、外的現象における物体ないし出来事が〈いま〉やもはやないという意味でないばかりではない。外的現象における物体は〈いま〉やもはやないとしても、客観的時間における別の場所（別の〈いま〉）に「移動した」だけであって、それ自体は客観的世界の「うち」に保存されている。しかし、私の視覚的体験系列は、そういう仕方で客観的世界の「うち」に保存されてはいないのだ。なぜなら、それは初めからそもそも実在しないもの、不在のものというあり方として登場してきたのであるから。

内的経験とは、物理学的世界像をモデルにした実在世界から放逐されたものの系列であって、そこに「持続的なもの」がないということは、それに関していかなる保存則もなく、いかなる質料的基盤もないということである。内的経験という系列は、私が想起する（自己触発する）たびに、物体と出来事から成る外的経験に「まといつく」もの、その特定のパースペクティヴ系列としてそれに依存するもの、すなわちそれ自体としては何ものでもないもの、不在なものとして、そのつど私に意識されるというかたちで登場してくるにすぎない。

とはいえ、内的経験は単なる夢や幻や妄想ではなく、外的経験と並ぶ客観的系列であるゆえに「経験」と呼ばれる。すなわち、それは、外的経験が生じた同じ時に生じた現象であるゆえに、外的経験の位置する客観的時間に位置するのだ。私は金閣寺Gをあの時（t_1）に見た光景L_1を〈いま〉思い出すのだが、その光景はt_1にあったGと同じt_1にあったものとして理解している。そして、私はその後京都の各所を見学したのであり、その光景をありありと覚えているが、それらの視覚的体験は、各対象（物体）が位置していた客観的時間の位置と同じ位置に生じたものであると理解している。

さらに、私がそれらの対象を見た私の身体（大脳）の場所も、客観的場所であることを知っている。私は客観的世界における客観的場所から、金閣寺を、竜安寺を、そして京都の街を、宿泊していた旅館を、見たのである。私の大脳には、その各時に特定の客観的現象が生じていたであろう。しかし、私が「見たという体験系列」それ自体は客観的世界のどこにも登場してこない不在なのであって、まさに不在のまま、一つの固有の私の体験系列が形成されるのである。

内部知覚

ここで、カントを離れて一つの問いを提示し、あえて思考実験をしてみる。S_1が固有の身体K_1を持ち、固有の視点から世界を知覚し、それを時間順序に従って秩序づけることができれば、内的経験は成立するが、それが「私」であるためには、さらに（痛みや肩こり、胃のもたれ、空腹感や満腹感、あるいは快不快などの）身体K_1の内部に感じる感覚（知覚）いわゆる内部知覚が必要なのであろうか？

現実の人間は固有の身体から外部世界を知覚することに加えて、固有の身体の内部をも直接知覚することができる。とすると、はたしてS_1にこの内部知覚があることが、S_1が「人間的私」であるための不可欠の条件なのであろうか？　S_1に内部知覚が完全に欠如している場合、たとえS_1が先に述べた意味での外的対象ないし出来事の体験系列である内的経験を持っているとしても、それは「人間的私」ではないと言うべきなのであろうか？

答えは、S_1に内部知覚が欠けていても、S_1固有の不在の系列という「内部性」が形成されることが認められるかどうかによる。すなわち、その場合でも、S_1が「人間的私」であるためには、S_1が「心」に呼応する固有の内的視点、さらに限定すれば言語的内的視点（想起内容を言語で語れること）を保持しているか否かに掛かっている。

こうした考察により、あえて一つの答えを出すと、内部知覚は必ずしも「（人間的）私」の必要条件ではないように思われる。内部知覚を持っていないが、いわゆるエピソード記憶を持ち、固有の身体K_1を持ち、言語によってK_1の位置およびK_1からの光景を順序づけて語ることのできる存在者（S_1）を想定してみる。S_1はやはり〈いま〉となっては、もはやない事象に関してあのとき「犬が走っていた」とか「メロディーが鳴っていた」と語ることができ、〈いま〉周囲の光景を知覚しながら、その主体S_1と同一のS_1がそのときの〈いま〉においてそこに与えられていた特有の光景を知覚していたことを想起している。しかも、S_1は固有の限定されたパースペクティヴから世界を知覚し続けているゆえに、世界を他のいかなる者（人間のみならず生物）とも同じ順序で知覚しているわけではない。こうした知覚系列はS_1以外のいかなるS_fとも交換不可能な内部性を形づくるのに充分であろう。

内部性の問題は、知覚対象がS_1の身体の外部にあっても、基本的に変わりがない。テーブルの上のリンゴは〈いま・ここ〉からはやはり「私（S_1）だけに見えている」のであって、いかなる他の言語を習得した有機体（他人）S_fの見え姿でもない。そのリンゴを触った感触はやはり「私（S_1）だけに感じられる」のであって、いかなる他人の有する感触でもない。S_1がその場所（席）をS_2に譲ると、そこからS_2にも「同じ見え姿がする」こと、S_2が触ると「同じ感触がする」ことに対して比較的安定した信憑性が形成されているにすぎず、厳密には「同じかどうか」比較できない。しかも、S_2が見るとき、触るときは、別の〈いま〉であって同時ではない。さらに、S_2はそれを（S_1とは異なる）さまざまな「不在」の意味を付与して見ているのであって、このすべてからS_2は、「同じもの」を見てはいないと言うべきである。

ここでさらに反省してみるに、まったく同じ知覚系列を持つ異なった個人がありえないことは、ただの経験的事実なのかもしれない。しかし、S_1とS_2が異なった経験的統覚であることの根拠はこれ以外には見いだせない限り、この事実を内部性の根拠とみなしていいように思う。思考実験してみよう。S_1とS_2は生まれたときから、あらゆる内部知覚を失ってしまったとする。すなわち、S_1とS_2は（1）体内で生ずることに対していかなる感じも持たず、（2）外界で起こることに対してもいかなる体感的反応もしない。具体的には、痛みもなく、くすぐったい感覚もなく、気持ちのよい感じもない。喜びの感じも悲しみの感じもない。憂鬱感もなく、不安感もなく……すなわちいかなる感情もない。しかし、S_1とS_2は外部世界で起こったことを正確に報告することだけはできる。S_1とS_2がほぼ同じ環境で育てられるとしよう。その場合、S_1とS_2が、ほとんど同じ場所にいても互いに別の身体において外部を観察する限り、たとえ同じ言葉を使って外界を報告しても、その視覚体験・聴覚体験・触覚体験は異なったものであろう。S_1はS_2に見える色は見えないであろうし、S_2はS_1に聞こえる音は聞こえないであろう。そして、S_1もS_2も記憶能力、想起能力はあるのだから、自分の現に体験した知覚系列を記憶し、想起することはできる。この場合、S_1とS_2は、ほとんど同じ内的経験（知覚系列）を形成するとしても、互いに異なった「私（経験的統覚）」であろう。

内的知覚は内的経験を特権的に保証するものではない。S_1が「私」という言葉を学ぶとき、S_1は同じ言葉を他の「私」と別の仕方で意味付与することを学ぶ。「痛い」という言葉を理解している「私」は、自分の場合は「痛い！」と叫ぶとき痛みが走るのに、他人が「痛い！」と叫ぶとき、自分はまったく痛くなくとも、この「痛い」は同じ意味を持つことを理解している。ここで、内部知覚という生理学的偶然事に惑わされてはならない。言語を学ぶとは、まさにこうした非対称性を学ぶことなのであるから。

まず、基本的な身体運動を考えてみよう。私は自分が「歩く」とき、独特の身体感覚を持つが、これは他人が歩くのを観察する場合の身体感覚とはまったく別物である。だが、私は両者の場合に同じ「歩く」という言葉を使うことをごく自然に承認する。

このことは、「走る」「横たわる」「泳ぐ」あるいは「食べる」「飲む」「呼吸する」「排泄する」あるいは「笑う」「泣く」「怒る」など、すべての身体表現の場合に妥当する。ここで注目すべきことは、言葉を習得したS_1は、不思議なことに（ヘレン・ケラーのように）この独特の私の身体感覚から、この有機体S_1に帰属するのみならず他の有機体S_fに帰属しうるような意味を学んでいくということである。同じ言葉を使うとき、この私のみが他のあらゆる「私」とまったく異なった身体感覚を持ちながらも、同じ意味を持っていることを認めるのであり、この差異性を取り込むこと、それが「私」という言葉を習得したことにほかならないのである。

したがって、こうした過程によって言語を学んだ者に対して、哲学者が「私は他人の痛みを体験しないのになぜ他人の痛みを理解しうるのか？」と問うても、通常の人には、それはあまりにもあたりまえであって、そこに潜む哲学的問題が見えてこない。彼（女）は、まさにそこを「問わない」ことによって言語を学んだのであるから。

自己同一的な不在

S_1は自己同一的なものであるが、それは物体的対象のような自己同一的対象なのではない。「私」は、ただ〈いま〉眼前の光景を知覚しつつさっきの〈いま〉の視点からの光景を想起する限りにおいて自己同一的なものであるにすぎない。すなわち、そのつどの〈いま〉において知覚しているS_1が、すでに消え去ったかつての〈いま〉群において体験していたS_1と自己同一的であることを、端的に自覚しているにすぎない。

なお、自己同一的な「私」とは疑似物体ではあるが、けっして物体のような実在的自己同一性を有してはいない。すなわち、いかなる質料的なもの（物質的なもの）にも基づいてはいないし、物質とは別に精神的質料があるわけではない。カントは、このことを私の自己同一性には「持続するもの（ein Beharrliches）」が欠けていると言っている。

有機体S_1は、自己中心的にさまざまな時にさまざまな物体のあいだを動き回りながらそれらを知覚している。こうしたS_1が、さまざまな場所から見てきた物体Kないし出来事Eを自己同一的な実在と自覚するとき、（いわば）反対側にその自己同一的なKやEに対している独特の自己同一的な「あるもの」を自覚するようになる。すなわち、S_1がさまざまなパースペクティヴを自己同一的な物体Kないし出来事Eのパースペクティヴであると自覚するとき、反射的にそう把握している者を同様に自己同一的な何かとして把握するのであり、そのときS_1は「私」であることになる。

カントは『純粋理性批判』「弁証論」の中の「同一性の誤謬推理」において、なるほど「私」は常に「私＝私」という自己同一性を自覚するが、それはただ「私」がそのつど内的に確認する以上の意味はないと言う。

それゆえ、さまざまの時間における私自身についての意識の同一性は、私の思想とその脈絡との一つの形式的条件にすぎず（後略）(9)。

「私自身の意識の同一性」は、永遠不滅の魂のような「基体＝実体」の自己同一性（これを「（超越論的）実在的同一性」と呼ぼう）を証明するものではない。いや、それは地球や眼前の家のような時間・空間における物体の同一性（これを「現象的同一性」と呼ぼう）を示すものでさえない。

「私」は〈いま〉「昨日の出来事を想起する私」と「眼前の風景を知覚している私」を、常に同一であるとみなし、しかもこの同一性を他のいかなる事象や理論を参照することなく端的に確認する。「私」とは常に自己同一性を保ちながら存在する擬似物体ではなく、それが登場するたびに「ずっと自己同一的であった」という自覚を持つようなものにすぎない。つまり、「私」の同一性は、数学的対象や物理的対象あるいは物理的保存量のように、時間・空間およびカテゴリーによって条件づけられている自己同一的なものなのではなく、いかなる条件にも基づかない同一性、単にそのつどの自己確認にのみ基づくような同一性なのである。また、それは同一の怒りや喜びや幸福など、一定の時間持続する心理学的現象なのでもない。これらは、やはり何らかの仕方で客観的に測定できるであろうが、「私」の同一性はいかなる客観的測定にもかからない。

こうして、「私＝私」はいかなる意味でも身体を通じて（身体の同一性から推量して）取り出せるものではなく、もちろん他人が直観あるいは推量によって確認できるものでもない。ここでふたたび、デカルトの「私は考える」を反省してみれば、「私」が〈いま〉「私は考える、ゆえに、私はある」と端的に確認したとしても、それは〈いま〉だけの確認であって、〈さっき〉「私は考えた、ゆえに、私はあった」と端的に確認したこととはまったく関係がない。デカルトの「私は考える、ゆえに、私はある」からは「私の自己同一性」は導き出しえないのである。

だが、さきほど考察したように「私は考える、ゆえに、私はある」という現在形の文章を「私は考えた、ゆえに、私はあった」という過去形の文章に直してみると、そう語る（エノンシアシオンの主体としての）「私」とここに表現された（エノンセの主体としての）「私」との自己同一性が表現されている。とはいえ、当然のことながら、これはまだ実体としての「私」を表現しているわけではない。そのつど「私の同一性」が端的に確認できるとしても、「私」とはいかなる内容も有さないただの「私」という記号の指し示すものにすぎない。それは、〈さっき〉確認した「私は考えた、ゆえに、私は考える」における「私」と〈いま〉確認する「私は考えた、ゆえに、私は考える」における「私」との同一性を承認する限りにおいて、「私＝私」として登場するのである。

カントの誤謬推理の表向きのテーマは、われわれは「私」の独特の自己同一性を永遠不滅の魂（実体）の自己同一性と取り違えるということであるが、これに第二のテーマがぴったり身を寄せている。それは、たとえわれわれがこの誤謬推理を免れたとしても、「私」を現象における実体としてとらえるというもう一つの誤謬推理に陥ってしまうということである。

「私」という言語を学んだ有機体S_1は、自己をも他者も疑似物体化して、その「心（Seele）」を、それぞれの生涯においてずっと持続する現象的同一性を有するものとみなしてしまうが、これは仮象である。S_1にとって、固有のパースペクティヴが客観的世界（実在的可能世界）から完全に排除された不在であるように、「私＝私」という同一性もまた、いわば不在の同一性なのである。

非措定的意識

「不在の同一性としての私＝私」というあり方を補足する意味で、サルトルの言う「非措定的意識」について考察してみる。過去形にずらすと、現在形ではとらえられないきわめて興味深い一つの層が浮かび上がってくる。それは、「私は熟睡していた」とか「私は無意識状態であった」とか「私は錯乱していた」などの用法が示す「私」である。「私は熟睡している」「私は無意識状態である」「私は錯乱している」などの現在形が（遂行論的）矛盾であるのとは異なり、これらは合理的な語り方である。なぜか？　語るとき（現在）と動作（過去）とがずれており、「私は〜していた（〜であった）」と〈いま〉語るとき、私はみずからの過去の動作ないし心的状態を（無意識を含んで）引き受けるからである。

このように〈いま〉みずからの過去の動作ないし心的状態（無意識を含んで）を引き受けようとする発話者が「私」なのだ。「私は熟睡していた、よって、私はあった」「私は無意識状態であった、よって、私はあった」とは、私は〈そのとき〉熟睡していた者、無意識状態であった者を〈いま〉そう語る者と同一の「私」として引き受けるということである。

このことは、さらに広い視野を提供する。無意識状態ではなく、「私は本を読んでいた」や「私は歩いていた」などの自覚的過去を語るときでさえ、じつのところそれらは〈いま〉もうないのであるから、私がそれらを過去形で語るとき、むしろそれらの「不在」を語っている。私はこう語ることによって、それらを不在として世界に登場させる。語るまで、それらは存在しなかった。私がそれらを過去形で語ることによって、それらが存在し始めたのだ。われを忘れて読書に没頭しているとき、無我夢中で敵から逃げているとき、手に汗握ってサッカーの試合を観戦しているとき、「私」は消えている。だが、「ああおもしろかった、ああ怖かった」と語り出すとき、それらが意識化されると同時に、その反対側に「私」が登場してくるのだ。しかも、「私」は一旦登場してくるや、〈さっき〉も〈当時も〉「あった」という相貌をもって登場してくる。私は不在として自己同一性を保ちながら継続的に「あった（I have been ～）」のである。

サルトルは次のような例を挙げる。私が発車したばかりの電車（市電？）を夢中で追いかけるとき、意識の向かうのは電車なのであり、「追いかけていること」なのであって、その主体としての私は「非措定的（non-thétique）」（あるいは「非定立的（non-conditionnel）」）にしか登場してこない。とはいえ、私はまったくの無意識状態なのではない。なぜなら、私はその行為の最中、「電車を追いかける」という「措定的（thétique）」意識は持っていないが、あとで自分の記憶だけに基づいて「電車を追いかけていた」と言うことができるからである（『自我の超越』）。

しかも、非措定的行為は、もし措定的行為によって、それを捉え直さなければ、それ自体としては存在しえない。その男がバスに追いついた瞬間に心臓麻痺で死んでしまえば、「私は電車を追いかけていた」と語れる主体がないのであるから、非措定的行為は遡ってなかったことになるのである。

したがって、かかるコギト（非措定的意識）は、根原的に、証人にとって存在するという失効的性格を担っている。[10]

非措定的意識は措定的意識という「証人」にとってはじめて存在するのであり、それ自体として存在するのではないという点で、みずからの存在を証明できないという「失効的性格」を持っているのだ。

こうして、私があとで自分だけの記憶に基づいて「私が～した」と語れる限り、たとえその行為の最中に「私は～している」と語ることができないとしても、その行為は「私」に帰属する。私は自分の過去の行為を〈いま〉いかに語りえるかが鍵なのだ。〈いま〉「私が～している」と語れなくても、あとで、自分だけの記憶に基づいて「私が～した」と語れることをもって、私はその行為を「私の行為」として自分に帰属させることができるのである。よって、夢遊病状態の人の行為は、その人（X）に帰属させることはできず、「Xの行為」ではない。なぜなら、Xは「屋根伝いに歩いていた」ことを他人の証言から認めることができるにせよ、自分自身の記憶に基づいて認めることができないからである。

とすれば、夢の中でも、夢を見ている者（X）は次々に湧き出す〈いま〉系列を生きているであろう。しかし、Xは次々に現れる〈いま〉系列を「数えて」いないのであり、その限り、この〈いま〉をこの〈いま〉として固定することはなく、あの〈いま〉を「もはやないもの」として保持してもいない。したがって、Xはこの〈いま〉において両者の関係をつけてもいないのであり、そこに「私」は登場していない。

Xが目覚める。Xは周囲の光景を眺めながら、自分が見た夢を思い出す。このとき、Xは〈いま〉部屋を知覚していることを知っており、先ほどの恐ろしい事柄が「夢であったこと」つまり、一つ前の〈いま〉における夢の中の事柄であったことを知る。こうして、Xが覚醒したこの〈いま〉において、夢の中のもはやないあの〈いま〉を関係づけるとき、まさにそれら現在と不在とのあいだを関係づける「私」が登場する。すなわち、目覚める瞬間に、夢を見ていた〈いま〉と夢を見ていない〈いま〉とが、そして両者を関係づける「私」が一挙に現出するのだ。

私は目覚め、もはや夢を見ていない〈いま〉において周囲世界から刺激を受けつつ、そこに「部屋」とか「ベッド」とか「窓」あるいは、その外に広がる郊外の風景、さらにはかすかに雨の音を知覚している。そこに「今日は一日中家にいよう」とか「あの論文をもう少し書き進めよう」という思いなど、さまざまな意味を付与している。そして、それらの知覚風景や思いのただ中に、「さっきの現象は夢であった」という意味を付与するのである。このとき、私は〈いま〉「もはやないもの」として、夢における諸現象を思い出している。まさにこのとき、はじめて夢は「もはやないもの」すなわち「不在」として「ある」ようになるのだ。

その場合、対象としての私の諸体験は確かに不在であっても、それを不在としてとらえている主体としての私は常に「ある」のではないか？　そうではない。それもまた単なる論理的な要請なのである。私が「夢を見た」と語るときの状況を想い起こしてみよう。私は「夢」を体験したという感じがする。しかし、それを体験した私とは何であろうか？〈いま〉それを語っている私と同一の私が無意識のまま夢を体験したのであろうか？　そうではない。むしろ、私が〈いま〉過去形で語っていることによって、さかのぼって同一の私がそのとき何事かを体験していたはずだ、と論理的に要請するにすぎないのである。

独我論

実在的世界は、有機体が言語を学ぶことにおいて脱自己中心化するとき、そこに開かれる観念＝現象としての統一的・客観的世界なのであるが、それはもともと多元的視点を有し、各有機体が互いから絶対的に隔絶されている根源的構造を脱自己中心化して成立した世界にほかならない。その場合、その反対側に自己同一的・擬似物体的な超越論的統覚が成立する。すなわち、超越論的統覚とは、こうした脱自己中心化した実在世界に意味付与する限りにおける「私」である。

だが、これに留まり、固有の身体にとっての「私」でなければ超越論的統覚は「人間的私」ではない。そこで、超越論的統覚は固有の身体（内官）に向かって自己触発し、二次的自己中心化に進むのであるが、その場合、言語を習得したあらゆる有機体Ｓにとっての自己中心化した不在の世界のうち、ただ一つ特権的に現在する自己中心化的世界を発見する。というより、S_1は客観的実在世界と他の有機体に開かれている不在の自己中心化した世界の登場によって、脱自己中心化する以前のもともとの有機体としての中心化された世界を、再発見するのであり、ヘーゲル的に言えば自己回帰するのである。

この段階で、S_1は「痛い」という言葉を脱自己中心化された意味を基準にして、あらゆる言語を学んだ有機体が、同じ「痛い」という言葉を使うのに、なぜこの「私」のみ「現に痛い」のか、なぜ他の言語を学んだ有機体S_fが「痛い」ときに、この「私」は痛くないのか、という奇妙な問いを提起してしまうのである。

いわゆる「独我論（solipsism）」とは、言語を学ぶことにより脱自己中心化した有機体S_1が、言語のレベルで完全な自己中心化を取り戻そうとする運動である（ラカンの$\cancel{S}$に重なる）。だが、S_1は言語以前には戻れないから、これまで学んできた言語が強要する脱自己中心化に逆行して、初めから自己中心化を目指す言語活動を開始しなければならない。すなわち、すでに脱自己中心化することによって習得した言語を、完全な自己中心化的世界を表現するものとして使用しなおさねばならない。「赤い」とはS_1が意味付与する限りの「刺激＝赤」に、「痛い」はS_1が意味付与する限りの「刺激＝痛み」に、「ここ」はS_1が意味付与する限りの「刺激＝ここ」に、そして「私」もS_1が意味付与する限りの「刺激＝私」に。

この試みは、言語を習得した有機体一般Sに原理的に開かれている脱自己中心化した意味を、固有の有機体S_1が自己中心化的に意味付与する限りの言語に変換することにほかならない。ヴィトゲンシュタインのタームを使えば「私的言語」の問題に連関する。だが、彼の挙げる「感覚日記」はひどく抽象的・非現実的であるので、前節で導入した記号法をふたたび使えば、S_1は常に「観念＝赤」に「刺激＝赤」という意味を流し込んで、「観念＝痛み」に「刺激＝痛み」という意味を流し込んで、「観念＝ここ」に「刺激＝ここ」という意味を流し込んで、「観念＝私」に「刺激＝私」という意味を流し込んで……、これらの言葉を使用しているとしよう。

この場合でも、コミュニケーションが成立しうるのは、S_1は普遍的意味である「観念＝赤」と同資格で固有の意味である「刺激＝赤」を提示しているのではないからである。S_1はむしろ実在する「観念＝赤」に対して不在の「刺激＝赤」を提示している。「刺激＝赤」は「観念＝赤」に盛り込めない剰余ではなく、確かに「赤くない」のであるが、「赤くない＝青い」というように、その否定が他の肯定的色によって等値される否定性なのではなく、ただ「観念＝赤」ではないという否定的あり方をするだけの不在にすぎない。S_1は不在の「刺激＝赤」を提示しつつ、実在的な「観念＝赤」を承認しているのだから、「観念＝赤」のレベルのコミュニケーションに障害はないのである。この意味において、「赤」と語りながら「刺激＝赤」を意味しているS_1は、自分では独我論的世界を完遂しようとしているのだが、他のS_fからはなんらそのことは気がつかれない。「私的言語」とは、もしそれが成り立つとしても、このようなものであって、言語として成立の余地がないわけではない。

よって、独我論者が「私」という言葉を「刺激＝私」という意味を流し込んで使用するとしても、このことは他者をも「刺激＝私」という言語の使用へと強制するいかなる力をも持たないゆえに、「私」はやはり依然として多元的世界を表現する代名詞としての伝来の意味に立ち返ってしまい、彼の試みは絶えず足許から崩れていく運命にあるのだ。だが、独我論は生き延びる。なぜなら、それにもかかわらず彼（女）は「私」のみならず、すべての言葉を自己中心的に意味付与する限りの言葉に変換し続けることはでき、この意味で挫折することはないからである。

こうして、有機体S_1が言語を学ぶと、そして二次的自己中心化を真剣に遂行すると、S_1は独我論者になるであろう。しかし、独我論者S_1は、言葉の普遍的意味を切り崩すことはできず、よって、客観的実在世界を切り崩すこともできない。なぜなら、独我論者S_1はみずからが客観的実在世界と並んで「ある」とは言えないことを知るからである。彼はみずからを「不在」として自覚するほかはない。

3　不在としての他者

「私」と「他者」の成立

言語の習得によって、物体とパースペクティヴという根源的構造に加えて「私」という存在者が世界に登場してくるのであるが、「私」という言葉を習得した者は、他の「私」という言葉を理解した者（他の人間）をごく自然に承認する。他の「私」という言葉を習得した者を理解する者が「私」という言葉を習得した者にほかならないからである。すなわち、私は言葉を習得したとき、すでに周囲の多くの似通った有機体（人間）が「私」という言葉をそれぞれの固有の有機体に関連づけて使用していることを知っているのである。

彼らは、あたかもそこから世界が見えるかのような語り方をし、そこで痛みが生じているかのような、過去を想起しているかのような語り方をする。こうした語り方を不思議に思わないことによって、言語を習得した有機体S_1は「私」になったのだから、このことをあらためて正面から問題にすること、その問題を正確に表現すること、ましてそれを解決することは至難の業なのだ。

S_1は、むしろ世界には一つの物体に対して多様なパースペクティヴが開かれていることを端的に理解してしまい、その多様なパースペクティヴを引き受ける多様な有機体が「そこから」世界を知覚していることをも理解してしまい、一般的な多元的世界を理解してしまっている。こうした理解によってS_1が「私」の普遍性を習得した瞬間に、S_1は言葉としての「私」が「この独特の私」をとらえきれないことを自覚し、それを問題化するのである。

よって、「私」という言葉の習得とは、一見そう見えるように、世界を自己中心的に知覚することを習得することではない。むしろまったく逆に、すでに自己中心化された身体とともに現れる世界に対して、脱自己中心的観点すなわち多元的世界の観点からそれを問題にすることなのである。「私」という言葉を理解した者は、有機体として自己中心的な自分の身体に反逆して脱自己中心化を遂行し、諸物体とその多様なパースペクティヴという世界の根源的構造を理解し、その上に立って、まさにそれによって脱自己中心化を達成した言語をもってふたたび自己中心化した世界を語り出そうとするのである。

S_1が言語を習得して、脱自己中心化を遂行するとは、すでに言語を習得した有機体S_fに出会っていることである。その一つをS_2とする。S_2が、〈いま〉S_1が知覚しているKをS_1とは異なったパースペクティヴから知覚しているだけでは、S_2はS_1の他者ではない。イヌやネコも、あるいは拡張した使い方をすれば、防犯カメラも、ヴォイスレコーダも〈いま〉私と異なったパースペクティヴからKを「知覚している」と言っていいかもしれない。

ここには、「不在」に浸透されている世界の根源的構造が隠れている。私は、そのつどの〈いま〉において特定のパースペクティヴから対象を知覚しながら、同時にそこに想起ないし再認によって、「もはやない」かつての光景、すなわち「不在」を意味付与している。そして、私は、別のパースペクティヴから世界を知覚しながらそこに同時に不在を意味付与している（らしい）者を自分の同類すなわち私の「他者」として認める。S_2も「私」という言葉を使う権利を認めるのだ。

しかも、S_1はS_2もまた「私」という言葉を適切に使用していることを承認し、「私」という言葉の普遍性を習得した後に、「私」という言葉をこの有機体S_1に適用できるとしても、それは他のS_2に適用できるのと同様であって、けっしてS_1という有機体に固有の「私」を表現しきれないことを自覚する。S_1は言語を習得し脱自己中心化した後も、有機体としての自己中心化を廃棄したわけではないから、それをいわば「感じている」のだが、それを表現する手段を見いだせないのである。

さきの表記を用いて、各有機体を撃つ刺激に応じた「私」を「刺激＝私」と呼び、代名詞の意味としての「私」を「観念＝私」と呼べば、S_1は任意のS_fと「観念＝私」を共有しうるが、「刺激＝私」を共有することはない。両者の世界像は重なり合わない。この場合、興味深いことに、S_1は、各有機体に自己中心化された「原事実」である多元的な「刺激＝私」の側から普遍的意味を持つ「観念＝私」を不思議に思うことはなく、逆に、普遍的意味を持つ「観念＝私」の視点から、多元的「刺激＝私」を不思議に思うのである。「私」という言語を学んだ有機体は、「観念＝私」としての「他者（他の私）」を承認しつつ、「刺激＝私」としての他者、すなわちその「内部」に入りきれないことに疑問を覚え、ここに大きな哲学的問題があると感ずるようになる。これが疑似問題としての「他者問題」の成立である。

M述語とP述語

ストローソンは、「心」に関する言葉が自他の身体へ帰属する仕方という観点から、あらゆる述語を単なる物質に関するM述語と人物に関するP述語とに区別する。前者は、Sが身体である限り、物体にすぎないのであるから、われわれはある人に「身長一七〇センチメートルである」とか「かくかくの脳状態である」という述語を、他の物体に帰属させるのと同じように帰属させる。これが、M述語である。だが、「痛みを感じている」とか「意気消沈している」という述語のように、「人間（person）」だけに帰属する述語もある。これがP述語であり、ストローソンによれば、「その主体の行動の観察にも基づかずに自己帰属的であるとともに、行動の判定基準に基づいて他者帰属的であることが、これら述語〔P述語〕の性格に本質的である」(11)。S_1が「痛い」という言葉を習得するとは、この言葉をS_1自身の身体に帰属させる仕方とS_fの身体にそれを帰属させる仕方（互いにまったく別の帰属の仕方）を一挙に習得すること、その差異性を理解することなのである。

Xの意気消沈はあるもの、Xによって感じられるが観察されず、X以外の者によっては観察されるが感じられないところの同一のものである。[12]

ここには、初めから一つの接着剤が隠されている。扱われているのは、個々の具体的な「意気消沈」ではなくて、一般化された「意気消沈」すなわち観念あるいは意味としての意気消沈だということである。「痛み」の場合も同様である。t_1においてS_1に生ずる特定の痛みとt_2においてS_2に生ずる特定の痛みを、S_1は「痛み」と表現された単なる観念（意味）としての痛みの限りで、自分に帰属させるとともに、S_2に帰属させるのだ。

S_1は〈いま・ここ〉でS_1が感じている現在する痛みと〈いま・ここ〉で感じていないS_2の不在の痛みを初めから同じ「痛み（観念＝痛み）」として理解し、このことに疑問を感じないことが「痛み」という言葉を習得したことなのである。言語を習得した者は、観念（意味）としての痛みに関わることができ、それによって〈いま・ここ〉で現に生じている痛みのみならず、過去の痛みをも未来の痛みをも（過去形や未来形を使って）自分に帰属させることができる。それればかりか、眼前のS_2の痛みをも本の中のS_3の痛みをも（同じ言語の現在形、過去形、未来形、推量形を使って）それらに帰属させることができる。すなわち、現に〈いま・ここ〉で感じている痛みのみならず、膨大な「不在」の痛みをもそれに適切に付与することができるのだ。S_1は、きわめて異なったあり方をしている現在する痛みと不在の痛みのあいだに基本的な差異性を認めることはなく、ごく自然に両者を「同一」の痛みであるとみなすのである。

ストローソンの理論は、S_1が「痛い」という言葉を使用する限り、現在する痛みと不在の痛みとの同一性を了解しているのでなければならないというものであり、その限り妥当する。だが、問題はそれでは済まない。ストローソンの理論は、「観念＝痛み」の成立の段階までしか至りえないが、各個体がその身体に固有の「刺激＝痛み」を覚えるとき、確かにS_1はその「刺激＝痛み」に「観念＝痛み」を適用するのであるが、同時にそのあり方が独特であること（すなわち現に痛いこと）をも知っている。S_1は、自分固有の痛みの独特のあり方を知っているゆえに、いかなるS_fが「痛い！」と叫んでもそれらを自分の痛みと混同しないのである。

このことは、いかにして可能であるのか？　まず、誤解してならないことであるが（ストローソンの理論からは、この誤解が感じられるが）、S_1は初めから「刺激＝痛み」をそのものとしてとらえていて、次にそれに「観念＝痛み」を適用するのではない。S_1は、脱自己中心化を達成することによってはじめて「痛み」という言語を、すなわち「観念＝痛み」を学びえたのである。その次に、S_1はまさにその言語によってみずからが埋めてしまった溝それ自体をもう一度築こうとする。だが、S_1が語り出してしまえば、その営みは絶えずその語り出した言語そのものによって埋められてしまう、という運命にある。

とはいえ、いかに脱自己中心化しようとも、S_1が依然として有機体である以上、S_1は言語習得以前の自己中心化した世界構造を失っていない（S_1の知覚世界は依然として自己中心化している）。その世界に「刺激＝痛み」が走るとき、S_1は「痛い」という脱自己中心化した言語、すなわち「観念＝痛み」を適用せざるをえないが、同時にそれが「刺激＝痛み」を表しえないことも知っている。すなわち、言語を習得したS_1はまず「刺激＝痛み」をとらえていて、次にそれに（重なり合わない）「観念＝痛み」を適用するのではなく、「観念＝痛み」を含む言語を習得することによって、自分固有の「刺激＝痛み」が「観念＝痛み」によっては表現できない否定的なもの、すなわち「不在」であることを知るのである。

「刺激意味」と「意味」とのあいだ

ストローソンは、一定の言語共同体の成員どうしのあいだで共通の意味がすでに確立されている状況をモデルに議論を展開しているが、いつもそうであるとは限らない。一見、そこに疑いなく共通の意味が確立しているように見えても、探究してみるとそうではないかもしれない。

このことを、クワインはある有名な思考実験によって提示している（『ことばと対象』）。ある言語集団（a）に属する者Aと別の言語集団（b）に属する者Bとのあいだに、外部からの観察によって共通に了解可能なものがあるように見える状況を考えてみる。英米人の探索隊がある未開民族の部落を観察して、ついに数々の証拠から、彼らが「ガバガイ」と呼ぶ小動物Rが、英米人にとっての（英語の）「ラビット」を意味しているらしいことを突き止めたとしよう。すなわち、Rが現れるごとに彼らは「ガバガイ！」と叫び、Rを指さすと「イエス」（に相当する語）を発し、他の動物を指さすと「ノー」（に相当する語）を発することを確認したとしよう。しかし、だからと言って、「ガバガイ」が「ラビット」と同じ意味であることは導けないとクワインは主張する。なぜなら、Rが現れるごとに、彼らが「ガバガイ！」と叫ぼうとも、それはRという小動物と同時に、「祖父の生まれ変わり」や「禍が消え去ったこと」や「これから生ずる望ましいこと」など、英米人には想像もつかない特有の意味を表しているかもしれないのだから。

クワインはとくに強調しないが、とりわけ時間に関する「不在」を表す言葉、「昨日」「一時間後」「一週間前」「ずっと後」などの言葉の意味を、観察だけから導き出すことはほとんど不可能であろう。a集団の構成員は、「ガバガイ」という言葉の繰り返しや微妙な抑揚によって、「ガバガイは昨日ここにいなかった」とか「ガバガイは明日ではなくて明後日ここに来るであろう」ということを意味しうるのかもしれない。こうした意味を理解することが言語を理解することであって、このことは膨大な不在を通してしか到達できないのである。じつのところ、「刺激意味」と（通常の）「意味」とのあいだには、まさに刺激の「不在」が隠されている。眼前の男に「独身者」という意味を付与するには、感覚を通して獲得する刺激意味以外の意味、別に取り入れた知識に基づいて、すなわち〈いま〉刺激に与えられていないという意味において「不在」の意味をそこに付与しなければならないのである。

こうして、言語を習得するということは、刺激意味の段階を超えて、ある確立した言語システム（ラング）における意味を受容することである。私は個人的に「赤」や「大きい」や「四角い」という意味を与えることはできず、「犬が走っている」や「猫が眠っていた」などの文章においても、すでに与えられている意味を受容することができるだけである。とはいえ、同じ対象や出来事を（ほとんど）同じ状況において知覚しても、私はそれを他人と異なった仕方で知覚していることにも気づいている。すでに考察したように、それを「不在」として知覚することが知覚することにほかならない。

だが、言語の意味の差異性が最も鮮明に表れてくるのが、物理的に同一の対象に、複数の人間が異なった想起的体験に基づく想起的意味を付与するときである。前に挙げた例を使って具体的に考察してみよう。私は〈いま〉六〇年前の運動会の写真を机上に数枚並べている。それは、木造校舎を背にして妹と並んでしゃがんでいる写真である。一緒に写った妹はそれを「そのときの光景」として判別でき、直接そこには示されていない白黒のその画面の「色」もその前後の状況も憶えている。彼女はその写真の「上に」それらの（先に使った言葉を使えば）想起的意味を付与する。だが、私の想起と多少ずれていることもある。これに反して、妻がその写真を見ても、そのときそこにいなかったのであるから、その「上に」いかなる想起的意味も付与することができない。

机上には物体としての一枚の紙片が置かれ、そこから各人の網膜を電磁波が刺激するだけである。では、そこにいる私と妹と妻という三人の見え方の差異は何によるのか？ 各人の網膜に達するまでの刺激内容はわずかな位置の差異だけに依存し、ほとんど異なっていないと推測される。〈いま〉各人の網膜を撃ち、そこに直接示されていることを表すような一般名詞や形容詞などに関する限り、各人は「同じ」意味付与をする。だが、過去体験は、三人とも異なるゆえに、そこに付与する想起的意味は異なるのだ。

とはいえ、知覚的意味はその写真の「上に」張りついているのに対して、想起的意味はそこにはなく過去から引っ張ってくる、というわけではない（過去は「ない」のだから）。また、想起的意味を大脳内の記憶物質から引き出しているわけでもない（物質は「記憶する」ことはできないのだから）。とすると、各人は、〈いま〉知覚的意味を外的対象の「上に」直接付与するように、〈いま〉想起的意味をもその「上に」直接付与している、と言うしかないのではあるまいか。

否定的判断・否定的態度・否定的行為

以上のことを言いかえれば、他人とは、私と同じように、「これは机ではない」とか「これは赤ではない」とか「私は痛くない」という否定的判断を下している存在者だとも言える。サルトル的に言えば、対自（人間存在）とは、それ自身のうちに「無」を抱え込んでいることによって、世界に「無」を到来させる存在者なのだ。

まずは、知覚のレベルで考えてみよう。私とある他人S_2は〈いま〉赤いバラ（R）を眼前にしている。S_2は特定の色のついた特定の物体を眼前にし、そこに初めから意味を付与して見ている。すなわち、その特定の物体を「バラ」として、その特定の色を「赤」という「スペチエス」としてイデア的に統一しているのだ。

だが、それだけではない。S_2は同時にRを「ユリではない」とか「スミレではない」、その色を「黄色ではない」とか「白ではない」と判断することもできる。この場合、S_2の網膜に「赤い」という特定の電磁波に加えて「黄色ではない」という別の電磁波が入っているわけではない。S_2の網膜を刺激しているのは一定の電磁波であり、それをS_2は「赤い」とも「黄色ではない」とも判断するのである。

私が「赤い」と判断するチューリップを、S_2も「赤い」と判断していることは予想がつく。だが、S_2がそれを「黄色ではない」と判断していることは、S_2をいくら観察しても私にはわからない。もちろん、Rは「黄色ではない」のであるが、Rは「赤以外のいかなる色でもない」のだから、S_2がそれを「白ではない」と判断しても、「紫ではない」と判断してもいいはずであろう。だが、私はS_2の振舞いを、さらにはS_2の大脳をいかに観察しても、S_2がこのうちでいかなる否定判断をしているかは（S_2に聞いてみなければ）わからないのである。

自己同一的な「私」、すなわち「心」を持った存在者がなしうるものは否定的判断だけではない。サルトルはわれわれがとるさまざまな否定的態度を具体的に分析している（『存在と無』）。サルトルの挙げる例を使って別様の仕方で他者の「心」の問題を考えてみよう。S_2が彼の友人S_3を探している場合、S_2はS_3がいるだろう場所（例えば行きつけのカフェC）に行ってそこを見渡す。S_3はそこにはいない。その場合、私はS_2の振舞いを観察して、S_2が誰かを探していることはわかるであろう。

だが、S_2がそこにS_3を見つけるまでは、S_2が誰を探しているのかはわからない。S_2の網膜から入り込む電磁波をたどってS_2の大脳の知覚中枢まで至っても、S_3を「そこに」見出すことはできない。たとえ、そのときの大脳状態が特定のもの（C）すなわちカフェの光景（C）にぴったり対応するものであるとしても（それを導けるとしても）、観察者はカフェに集う人々を見いだすだけであって、そこに誰が欠けているかを見いだすことはできない。S_3は「否定的なもの」であるから、S_2の大脳内の「光景C」の中にも存在しない。否定的なものは「カフェにS_3はいない」あるいは、「カフェでS_3を探している」あるいは「カフェでS_3を探そうと思う」と表現される「言語のうち」にしか存在しない。そして、これらの言語の使用者S_2を特定するとき、S_3はS_2の「心のうち」にしか存在しない、と言えるのである。

こうして、他者は私の到達できない心を持つ者なのであるが、「到達できない」とは、私の世界を超越しているという意味ではなく、同種の有機体（人間）として、私と同じ能力を持ち、同一の知覚風景を私とは異なった中心から観察し続け、しかも言語を習得したことによって、その知覚風景に否定的にかかわる（否定的に意味付与する）ことができる、そういった存在者だということである。「私」以外の有機体S_fが〈いま〉私の「刺激＝痛み」を直接感ずることができず、私もS_fの「刺激＝痛み」を直接感じることができないとしても、それだけではS_fは私の他者ではない。S_fが、さらに私とは異なった中心から「否定的なもの」すなわち「不在」にかかわることができてはじめて、S_fは私の他者なのである。私の他者は、こういう存在者であるからこそ、私には「見えない」のであり、それ自体「否定的なもの」なのだ。

アスペクトと他者

以上の「否定的なもの」の線上で、野矢茂樹は、ヴィトゲンシュタインの「アスペクト論」を下敷きにして、他者問題を考察している（『心と他者』中公文庫）。心理学上反転図形と呼ばれる物理的対象（「アヒルウサギ」と呼んでおこう）を前にして、Aはそこに「アヒル」を、Bはそこに「ウサギ」を知覚しているとする。物理的対象は同一の図形であるから、AとBの見方の違いは、AとBとの「心」の違いに解消されるように思われる。しかし、その違いは両者の心の深奥に隠されているのではなく、AとBがその同一の物質の「かたち」に異なった意味を付与していることによるのだ。Aから見れば、Bが自分の他者であるとは、自分と異なった意味付与をすることができることにほかならず、よって、物理的対象に意味を付与しえない者（人間以外の動物、言語習得以前の人間、あるいは完全な狂人）がAの他者でないのは当然であるが、意味を付与しえても、常にAと同じ意味付与しかなしえない者もまたAの他者ではない。同一の物理的対象がさまざまな人間（言語を学んだ有機体）によって、異なって見えることは、通常頻繁に見られる現象であるが、「アヒルウサギ」の場合は、一つの物理的対象が「アヒル」か「ウサギ」かという二つのどちらかに見える、という特殊例として現われているだけである。

ここでとくに強調したいことは——ヴィトゲンシュタインや野矢の触れていないことであるが——想起という場面に目を移してみるに、AとBは（過去に「アヒル」および「ウサギ」に関する共通体験をしているのでなければ）眼前の「アヒルウサギ」に共通の想起的意味を付与することはないだろうということである。たとえAとBとが「アヒルウサギ」から「アヒル」である限りの「アヒル」を読み取る（読み込む）としても、Aはさらに過去の個人的体験X（例えば「そのころ学校で飼っていたアヒル」）をも読み取る（読み込む）かもしれず、Bはそこに、別の個人的体験Y（アンデルセンの童話『醜いアヒルの子』の挿絵のアヒル」）を読み取る（読み込む）こともあろう。この場合、AとBとは「アヒル」である限りの「アヒル」において一致していても、いかなるアヒルかにおいてずれてくるであろう。

さらに、Aはそこにある種の想像物M_1を読み込み、Bはそこに別の想像物M_2を読み込むかもしれない。あるいは、Aはそこに「ペンギンではない」という否定的意味を、Bはそこに「カモノハシではない」という否定的意味を読み込むかもしれない。こうして、AとBは同一の物理的対象に無限に異なった意味を付与しうるのである。アスペクトが特別な状況なのではない。他者の心は、物理的対象が実在である限り、物理的対象以外の「意味」という「不在」にかかわるときに登場するのである。

他者の二つの意味

本章の最後に、（哲学的）他者問題における「他者」の意味を確認しておこう。他人の痛みに対する違和感に基づいて「他者問題」を立てる一群の哲学者たちがいる。彼らは、私以外の人間（他人）がこの世界において痛みを感ずること、痛みを感ずる主体であることに違和感を覚える。この違和感は、客観的世界とそれを見渡している唯一つの視点という確固たる世界像に支えられている。他人の痛みは、この世界像と矛盾する。この場合、私は自分の視点をこの唯一の視点に重ね合わせることによって、その対象は客観的世界の全体にほかならなくなる。私の痛み以外の痛みの主体（他者）は、この世界に載らないがゆえに、神秘的な存在者となってしまうのである。

とはいえ、このこと自体に哲学的問題はない。われわれが住んでいるこの世界には初めから可能的に多元的パースペクティヴが開かれ、あるP_1に（神経系と脳を持った）有機体が位置すると、P_1は現実化され、そこから世界が現に「見える」ようになるのだ。だが、このことはすでに述べたように、「原事実」であって、人間以外のさまざまな有機体も同様であろう。それぞれの有機体は、それを構成する物質が異なるのに応じて世界を異なった視点から知覚しているであろう。

だが、こうした原事実の上に、言語を習得した有機体が登場すると、哲学的他者論のアポリアが生ずるのだ。意識を持った有機体は言語の習得とともに成立し、その場合、各有機体（人間）は、私と同様に「世界を意味づける主体」として登場する。単に、私と別の視点から知覚刺激を受ける者ではなく（あらゆる動物も同様である）、世界を私と別様に意味づける主体は、私の対象世界において、そこには載らない絶対的に超越的なものとして私にとって不可思議なものとなる。

「他者」という場合、「刺激を受ける」という意味での知覚の主体（「他者$_1$」）と「刺激を意味づける」という意味での知覚の主体（「他者$_2$」）とを混同してはならない。両者を混同することにより、ここに潜む問題を取り逃がしてしまう。他者$_1$は問題ではなく、他の有機体と同様、それが刺激＝知覚を受けることは原事実にすぎない。他者$_2$こそ他者問題のすべてなのである。他人の神経系をその大脳中枢までたどっても、私は「意味づけの主体」を見出すことはできない。なぜなら意味づけの主体は、知覚刺激に面しながらそれを不在との関係においてとらえる主体であり、それ自体の存在論的身分として「無」だからである。よって、他者とは、私と別の視点から世界を見ているというモデルではなく、私とは別の視点から本を読んでいるというモデルのほうがふさわしい。

　S_1にのみ〈いま〉現出している「刺激＝痛み」が、S_1以外の有機体にとって到達できないあり方をしていることが不思議なのではない。S_1の大脳を点検しても「刺激＝痛み」それ自体が見つからないことが不思議なのではない。そうではなくて、言語を学んでしまうと、S_1は脱自己中心化された（一般的）観点を獲得したがゆえに、もともと自明であった自己中心化された（固有の）「刺激＝痛み」それ自体が、あらためて不思議になってしまうのである。

　ここに深刻な問いが発生する。すなわち、同じ「痛い」という言葉を使用し、しかも同じく自己帰属させながら、なぜ「この私」が感じ「他の私」が感じない痛み、あるいは

「他の私」が感じ「この私」が感じない痛みがあるのか、という問いである。すなわち、S_1は、「私」という言葉を学び、「他の」私という言葉を学んだ者S_fに出会うのだが、彼らは同じ「私」という言葉を使い、同じ「痛い」という言葉を使っているにもかかわらず、その痛みにもその「私」にも到達できないことが、あらためて不思議になってくるのだ。ここに注意すべきことは、問いは、同一性の側から差異性に向かって発せられていて、逆ではないことである。

言語を習得した有機体S_1が、有機体としての自己中心化に反逆し、むしろ脱自己中心化した一般的観点あるいは統一的な「そと」の観点を獲得すると、その観点から、自分（S_1）は他の言語を習得した有機体S_fの痛みを感ずることができず、S_fも自分（S_1）の痛みを感ずることができないという「根源的事実」が奇異に感じられてしまうのだ。

意味づけの主体としての他者

サルトルは、対象としての他者ではなく主体としての他者を問題にしているが、その場合、「私」に注がれる他者の「まなざし」に注目する（『存在と無』）。「まなざし」を注ぐ他者は、単に私を見る者ではなく私を判断し、私に意味付与する者だということである。犬や猫も私を「見る」が、私に関して判断することはなく、私に意味付与することはない。よって、彼らは、私の他者ではないのだ。

すなわち、「他者」の登場とは、有機体として自己中心化している初めの段階でもなく、これに反逆して脱自己中心化を遂行する二番目の段階でもなく、その次のふたたび自己中心化をして自己に回帰する段階である（二次的自己中心化）。言語を学んだ有機体は、みずから自己中心化すると同時に、他の言語を学んだ有機体をも、他の自己中心化の主体、すなわち自分と同等の「他の私」として認めるのだ。

こうして、他者問題の核心は、他の有機体の刺激内容に特定の有機体S_1が直接アクセスできないというところにはない。この有機体はなぜ〈いま・ここ〉で他の有機体の痛みを感じられないのか、この有機体が〈いま・ここ〉であの有機体の「うち」に生じているであろう、あの痛みを感じることができないのか、という問いに答えることはできない。

だが、言語を習得した有機体S_1は、自分の身体に生じた痛みを自分自身に帰属させるとともに、単に痛みを受動的に感ずる（刺激＝痛み）のみならず、特定の刺激に対して「痛み」という意味を能動的に付与する（観念＝痛み）ことができる。すなわち、S_1はいまや「痛み」という意味を能動的に付与する「私」に変身したのである。

同時に、S_1は他の言語を習得した有機体S_fの痛みも各々のS_fに帰属させる。その場合、各々のS_fは単なる刺激の受容者ではなく、S_1と同じく能動的意味付与者としての「私」なのである。

こうした操作によって、世界の相貌は一変する。机の向こう側にいる猫も〈いま〉もしかしたら「痛み」を感じているであろうし、〈いま〉机から何らかの刺激を受けているであろう。だが、猫は「痛い」と叫ばず、私が叫ぶ「痛い」という言葉も理解しない。それは私とは関係が途切れたものであって、私の「他者」ではない。私の他者とは、私と同じように「痛い」という言葉を自己帰属させうる者のことである。

言語習得の基本構造を想い起こしてみよう。私が「赤」という言葉を使用できるのは、〈いま・ここ〉に現に与えられた「赤」と〈いま・ここ〉に現に与えられていない観念（意味）としての「赤」とのあいだの差異性を跳び越すことによってである（「脱自己中心化」）。こうした過程において、私は私と同じように「赤」という言葉を学んだ（であろう）他者に気づく。彼（女）が「赤い」と語るとき、彼（女）は固有の視点からその色を意味づけている（だろう）ということを学ぶ。「意味付与する」ことは、私のいかなる知覚の対象でもなく、そもそも物理的に存在するものではない。私の他者は、現在する物理的対象である写真を過去の体験、すなわちもはやない「不在」との関係において意味づける作用の主体であり、意味づける作用は自発的な作用であるから、その総体としての主体＝他者の「心」は、いかなる私の対象ともなりえないという意味で「不在」なのである。

第五章　観念としての客観的世界

1　客観的世界の観念化

実在から観念へ

これまで、「実在」という概念が、われわれ（言語を学んだ有機体S）が直接知覚している風景や想起する光景など、ありとあらゆるパースペクティヴのもとに現れるものを排除して、むしろけっして現れないものである諸物体の諸関係を基準にして成立していることを見てきた。これは、物理学における実在概念にも、じつはそれと密接に関係している日常的語り方にも適合している。われわれはある条件のもとで知覚しうるものを「実在」と呼ぶのであって、〈いま・ここ〉でその特定のパースペクティヴ、特定の相貌のもとに現に知覚しているものを「実在」と呼ぶのではない。理性的（合理的）存在者は、太陽や月を実在と呼び、「私に見える太陽や月」を実在と呼ばないこと、私の脳を実在と呼び、「私の心の状態」を実在と呼ばないことを受容せざるをえないであろう。言語を学んだ有機体S_1である私は、「実在」という言葉をそう使用するように学んだからである。

しかし、あらゆるパースペクティヴを排除した物体の相互関係だけの世界を「実在世界」と意味付与することを学ぶのであるが、われわれはそのつどの現実的〈いま〉がいかなる特権的地位も持たず、他の過ぎ去った諸々の〈いま〉と同等の地位しか占めないことを受け容れねばならないことを知る。さらに、その実在世界は、言語を学んだ有機体（人間）Sに開かれている膨大な自己中心的世界を「不在」として切り捨てて成立したものであるが、個々のSに特権的に「現在」する「私の世界」をも切り捨てていることを知る。

こうしたことから、われわれは実在的世界を受け容れつつ、その統一的・客観的・持続的・物理学的世界は、けっしてそれ自体として存立しているのではなく、実在をそういうものとして設定したいという人間の欲望に支えられて成立しているにすぎないのではないか、という疑念に陥るのだ。カントのタームをもって言いかえれば、物理学的実在世界とは物自体（それ自体として存在している物）という意味においては実在ではなく、われわれにとってのみ「ある」という意味における実在、すなわち観念ではないか、ということである。まさにこれこそが、カントによって提唱された「超越論的観念論（transzendentaler

Idealismus)」にほかならない。すなわち、統一的・客観的・持続的世界は、そのあらゆる性質を保持したまま、実在から観念へと存在論的に希薄化されるのだ。

観念とは、その翻訳語の一つ“repraesentatio”（再提示）がよく示しているように、「（本物を）ふたたび提示すること」である。統一的・客観的・持続的に描かれた自然は、それが諸物体間の諸関係において整合的であればあるほど、それ以外の豊饒な不在を指し示してしまう。すなわち、それは諸物体間の諸関係に限定したがゆえに、統一的・客観的・持続的姿を維持しうるのであって、それが排除した膨大なパースペクティヴを編入すれば、けっしてそうは言えないであろう、という単純な疑念が生ずるのである。カントが示したように、観念としての世界の「そと」に想定される実在は物自体と言うことができるだけの未知のXである。Xをここでは漠然とそれ自体として存在する「全体」と解しておこう。実在世界と見なされた統一的・客観的・持続的世界が、それ自体として実在するものでなく、全体Xをある観点から限定したものにすぎないことが自覚されたとき（それが超越論的観念論の視点を獲得することである）、それは観念へと、すなわち非実在へと転落していくのだ。

そして――ここを強調したいのだが――客観的世界はみずからを観念へと希薄化させることによって、かえって生き延びるのである。本章では、主に時間という観点から、その不思議な転回を追究してみよう。物理学的世界像は〈いま〉を消去するのではない。現在する〈いま〉とこれまでの不在の〈いま〉群とのあいだ（さらには、これからの不在の〈いま〉とのあいだ）の差異を、すべて「可能な〈いま〉」へと平準化することによって消去するのだ。この〈いま〉は、ただ可能な〈いま〉にすぎず、よって「すでにない」どの〈いま〉とも、まだないどの〈いま〉とも等価であるにすぎない。

現在・過去・未来は平準化された世界像に支えられて、かつての〈いま〉群は「すでにない」というあり方のまま、客観的時間において固有の位置を占め、その限り消滅することはない。これまでの一三八億年に及ぶ過去世界は「すでにない」という不在として〈いま〉「ある」のだ。そして、さらにこうした過去世界を（〈いま〉を跳び越して）やはり〈いま〉「まだない」という不在として過去と反対側に延ばしたものが未来である。

カントは、物体の諸連関を基準に統一的・客観的・持続的世界を描く限り、時間順序だけから成る客観的・物理学的時間をその背骨に貫通させねばならないこと、すなわち、現在・過去・未来の根源的差異性を客観的時間から消去しなければならないことを知っていた。それは、常に新たなことが刻々と湧き出す〈いま〉からまず身を離し、むしろ〈いま〉「すでにない」という不在（過去）と〈いま〉「まだない」という不在（未来）を基準にした時間を構築することである。

これらそれぞれの不在のあり方は異なるのだが、それを無視して両者ともに刻々と湧き出す〈いま〉では「ない」という共通項をもってそれを平準化するのだが、その骨子は未来を未来完了という相に変形してしまい、すべてを過去化することである。客観的世界とは、いわば世界の終焉から振り返ってみた世界の姿であり、それは、すべてが「すでにない」という不在というあり方をしている。そして、最後に、新たなことが刻々と湧き出す〈いま〉をもこうした不在と同等の不在へと強引に格下げして並べることによって、ここに現在・過去・未来は消去されて、均質な客観的時間が完成する。

同時に、これが超越論的観念論の完成なのであるが、それは〈いま・ここ〉にありありと現在する物体ではなく、「すでにない」あるいは「まだない」という「不在」の諸物体の諸関係を「実在」とみなす立場なのである。

観念としての過去

「外界の実在」という哲学的難問がある。観念論の構図において、周囲世界が私の観念の限りで「ある」ことは確実だが、いったい観念の「そと」にこれに呼応して「実在」と呼ぶべきものが「ある」のかどうか、という問いである。「観念」という概念はもともと実在「の」観念を意味しているのだが、こうした文法的事柄を超えて「外界という実在」がそれ自体として「ある」のか、「ある」としたらそれをいかにして認識できるのか？　これを裏返してみると、外界の実在が「ない」とすると、なぜこの世界は観念なのか、という問いである。

これは、「偽りの問い(Scheinfrage)」であるように見えるが、必ずしもそうではない。この問いにおいて、観念と実在はおうおうにして非時間的に(すなわち空間的に)とらえられがちである。「観念としてのテーブル」の背後に「実在としてのテーブル」があるのか否かと問えば、バークレィを待たずしても、「こうした二通りのテーブルを認めることは重複である」と答えることが自然であろう。といって、外界のモデルは、まさに物理学の描く世界なのであるから、この問題は、バークレィのように、観念の「そと」に意味付与以前の物質が「ある」かどうかと問うているのでもない。

むしろ、「外界の実在」の問題は、〈いま・ここ〉を超えて延び広がっている物理学が描くような客観的世界がはたして「ある」のか、という問いに収斂する。ここに見えてくることは、物理学的世界とは過去を普遍化した世界なのであるから、「客観的世界がそれ自体として実在するのか」という問いは、「客観的過去がそれ自体として実在するのか」という問いにほかならないことである。これに対して、イエスと答える者は、実在論者である。彼は、過去の出来事は不在なのではなく、ただこの〈いま〉に位置していないだけなのであって、他の〈いま〉という位置に実在していると信じている。それぞれの〈いま〉は対等であって、この〈いま〉だけが特権的に実在しているわけではない。そして、この問いに対して、ノーと答える者は観念論者である。過去の出来事は、完全に全宇宙から消え去ってしまったのだが、同時に、過去の出来事の「観念」は、やはり他の〈いま〉の位置に観念として実在しているのである。

こうして、実在論者と観念論者は――興味深いことに――存在論的には対立しながら、過去が何らかの意味で「ある」ことでは一致している。そして、その一致を支えているものが、客観的時間なのである。これが、（超越論的）実在論と超越論的観念論との奇妙な相互一致関係である。超越論的観念論とは、世界全体を観念とみなす立場なのだが、単に「実在」を「観念」と呼びかえたのでないとしたら、それは超越論的実在論といかなる点で区別されるのであろうか？ ぐっと絞っていくと、過去の「あり方」であろう。超越論的実在論は、〈いま〉なお、いや未来永劫にわたって、過去は過去というあり方で実在するとみなすが、超越論的観念論は、過去は完全に消え去り、〈いま〉その観念のみが存在するとみなす。両者の世界観は大いに異なる。

過去は〈いま〉実在せず、「私が表象する限りにおいてある」にすぎないということを、カントは『純粋理性批判』の「アンチノミー」において、きわめて明確に語っている。少々長いが引用してみる。


しかし、それらの現実的な諸物が私にとって対象であり、過去の時間において現実的であるのは、経験的な諸法則にしたがうところの可能的な諸知覚の背進的系列（それが歴史を手引きにするにせよ、原因と結果の足跡をたどるにせよ）が、要するに世界経過が、現在の時間の条件としての流れ去った時間系列に帰着するということを、私が表象するかぎりにおいてのみであるが、それにしてもこの流れ去った時間系列は、そのときにはやはり、可能的経験の脈絡のうちでのみ現実的なものとして表象され、それ自体そのもので現実的なものとして表象されるのではないのであって、かくして、太古以来私の現存在に先立って経過したすべての出来事は、現在の知覚からはじまってこの現在の知覚を時間の面で規定する諸条件へとさかのぼる経験の連鎖をどこまでも延長しうるという可能性以外の何ものをも意味しないのである(1)。

「流れ去ったすべての過去世界」は、「現実的」である（むしろ「実在的」と言うべきであろう）が、それは「現在の知覚を時間の面で規定する諸条件へとさかのぼる経験の連鎖をどこまでも延長しうるという可能性」以外の何ものでもない。過去を空想ではなく実在であるとみなすのは、現在の知覚からのさまざまな合理的推量の結果であって、それ以上ではない。これが、観念としての限りで実在を認めるということにほかならない。こうして、それ自体として「すでにない」はずの過去は観念として、すなわち想起の対象ないし〈いま〉与えられているものからの推理としてとらえられる限りのものとして〈いま〉「ある」のであり、その場合「これまで」の全出来事はそれ自体として「すでにない」と同時に観念として〈いま〉「ある」ことになろう。ここに、超越論的観念論の基本図式が完成する。

この図式の成立する前提をさらに反省してみるに、〈いま〉私に物質的に（電磁波や疎密波が私の身体を撃つことによって）与えられているのは、（大脳という物質を含む）物質の特定の構造だけである。そこには、ありとあらゆるパースペクティヴが消去され、同時に「意味」（知覚的意味および想起的意味）は寸毫も与えられず、意味づける主体（私ないし意識）も登場してこない。

超越論的観念論はこうした世界像を古典物理学と共有し、この世界から物理学的言語に登場してくる以外のあらゆる「意味」を剝奪したあり方が「実在的可能世界」なのである。こうして、言語を習得すると、〈いま・ここ〉に端的に与えられている事柄ではなくて、〈いま・ここ〉に与えられていない「不在」なものが「実在」の名を帯びることになる。〈いま〉端的に体外に知覚できるいかなる光景でもなく、〈いま〉端的に体内に感じられるいかなる感じでもないものこそが「実在」の名に値することになる。なぜなら脱自己中心化は物理学と手を結んで、世界の計量的同一性、すなわち物体の時空における位置を優先するように「実在」という言葉を使用するからである。そして、単に〈いま〉存在するものではなく、過去・現在・未来を通じて存在する自己同一的なものから成る客観的世界に、「実在」という言葉を明け渡してしまったとき（それ以前ではなく）、あらためて観念以前の〈いま〉の湧き出しに気づき（二次的自己中心化）、客観的世界とは単に抽象的な意味構成体、すなわち整合的かつ客観的な「不在」であることが予期されるのである（詳細は、

第2節に譲る)。

未来を観念化(過去化)する

客観的世界を保持しようとして、観念論は「まだない」未来をも、「すでにない」過去と「不在」として同種であるがゆえに、同じ「観念」として客観的世界のうちに取り込んでしまう。過去を完全に消滅したものとみなさず、何らかの場所に〈いま〉保持されているとみなす過去の観念化は未来の観念化にも及ぶ。まったく生じていない未来の事象Efですら、すでに観念として「ある」。Efは〈いま〉はまだ「ない」が、明日、来月、来年、一億年後に「あるだろう」出来事であって、実在としては「まだない」が、すでに観念として〈いま〉「ある」わけである。

〈いま〉刻々と新たな事象が湧き出していることを体験するとき、私はごく自然にこの事実を未来から何ごとかが〈いま〉へと「来る」という運動学的図式で見てしまう。ちょうど、過去が、〈いま〉から「去る」という運動であるように。だが、過去の場合と同様、ここに単純な錯覚を認めることができる。未来が「来る」のだとすると、それは、一体「どこ」から来るのであろうか? 空間的な場所でないことは確かである。この宇宙にはどこにも(たとえ可能的にせよ)未来を蓄えておく場所などないからである。では、それは時間的な場所なのか? だが、時間的場所とは空間化された未来以外の何であろうか?

未来は過去よりさらにあり方が希薄である。過去が観念として「ある」ことは、想起や証拠によって裏付けられるが、未来に撮った写真もなく、未来の音声を吹き込んだヴォイスレコーダもない。未来の生物の足跡もなければ、未来の建築物の痕跡もないのである。すでに考察したように、フッサールは「原印象」に関して「プロテンツィオン」を、「レテンツィオン」と対照をなすものとしてとらえている。音楽会で次に期待されるメロディーが「まだない」という仕方で「ある」のがプロテンツィオンであって、これはたった〈いま〉聴いたメロディーが「すでにない」という仕方で「ある」のと同じく（広義の）〈いま〉を構成するのだ。

レテンツィオンにおいてもプロテンツィオンにおいても「淡い音」が響いているわけではなく、そこには「すでにない」と「まだない」という不在が出現しているにすぎない。だが、「すでにない」という不在は「原印象」に依存する不在、すなわち「さっき聴いたメロディー」の不在であるのに対して、「まだない」という不在は何にも依存しない不在、すなわち「無」に依存する不在である。聴きなれたメロディーなら、次にどのような音が響くか〈いま〉私は予期しているが、それでもその音が必然的に次に響くわけではない。たとえプロテンツィオンという言葉が表す意味において、私が次に響くはずの音に身構えているとしてもCDデッキが突如故障するかもしれず、演奏者が突如演奏をやめるかもしれない。その場合、私がいかに驚いたとしても、だからといって私が予期していた音が未来の現実の音であったわけではない。それは未来の音ではなく、私がそのとき想像していた音にすぎないのである。

こうした考察からわかるように、じつのところプロテンツィオンとは「過去における未来」のプロテンツィオンによって、はじめて規定されるのであって、「まだない出来事A」そのものが〈いま〉とらえられるわけではない。私がいかに「過去における未来」をとらえているとしても、このことは〈いま〉私が次の〈いま〉において「ある」Aをプロテンツィオンという仕方でとらえていることを保証しない（それは未来に実現しない単なる想像かもしれない）。狭い意味でのプロテンツィオンを超えて、私がAを予感、予期、予測するとき、すでにAが〈いま〉に侵入している気がするのは錯覚である。いかなる精緻な予測も、〈いま〉とはまったく関係のないただの推測であり、その点単なる想像とも変わるところはない。

純粋な三角形がイデア界から来るのでなく、私が〈いま〉紙の上の三角形に「純粋な三角形」という意味を付与して見ているにすぎないように、予兆とは、何らかの現象が「まだない」未来からわずかに姿を現しているのではなく、われわれが〈いま〉それを「予兆」という意味を込めて見ているにすぎないのだ。未来は「不滅の魂」や「第一原因」や「無限大」などと同じく、ただの言葉上の存在、すなわち概念にすぎないのである。

〈いま〉を観念化する

超越論的観念論は「もうない」という不在と「まだない」という不在との「あり方」を基準にするのであるが、その狭間に取り残された〈いま〉をもそこに位置づけねばならない。それはすなわち〈いま〉をも観念とみなすことであり、刻々と湧き出す〈いま〉を無限に不在に近づけることである。〈いま〉現にある出来事Eは、しばらく前には「まだない」というあり方であったが、しばらく経つと「すでにない」というあり方に移行する。Eの自己同一性という観点から見ると、Eは「まだない」未来というあり方から「現にある」現在というあり方へ、そして「すでにない」過去というあり方へ移行するだけであって、〈いま〉は特権的位置を持たないのだ。

私は次々に新たな湧き出しに面し、そこに新たな〈いま〉の楔を打ち込みつつ、これまでの〈いま〉をそのつどもはや不在の〈いま〉すなわち過去としながら生きている。だが、振り返ると、現在する〈いま〉以外の〈いま〉群は一様に不在の〈いま〉として溶け合い、同質のものであるかのような相貌を有する。このとき、ふたたび擬似物体化により、こうした不在の〈いま〉群こそ〈いま〉のあり方であるという転倒をしてしまう。そこに新たに湧き出している〈いま〉ではなく、擬似物体化された〈いま〉こそ、〈いま〉の本来的形態であると思い込んでしまうのである。

こうして〈いま〉をも観念化するとき、観念論の体系は完成する。客観的時間は、単に空間の比喩ではない。それは、すべての現象をすでに過去化され測定されてしまった視点から見た時間であって、この過去化された時間はごく自然に空間表象と重なり合う。この世界像は、あらゆる未来の出来事がすでに決定されている決定論的世界像でもある。決定論とは、あらゆる現象を過去化してとらえるときに自然に成立する一つの世界像である。この世界像は古典物理学的世界観ときわめて相性がよく、よってごく自然に時間の空間化が推し進められることになった、と言っていいであろう。

だが、すでに（第一章第3節で）見たように、〈いま〉新たな物質は絶え間なく湧き出し、絶え間なく消え去っている。そのうちのある物質は相当長いあいだその構造を変えることはないであろうが、ミクロ的には絶えず変化しているはずであり、その物質が瞳孔に入ってくる光あるいはそれがエネルギーを変換して神経系に伝達されるプロセスは、一度限りのものであり、一定の物体から私の大脳に至るプロセスを含んだ物質のあり方は、常に新たなものの湧き出しである。

〈いま〉を観念化するとき、この物質の新たな湧き出しを無視することはできないはずであろう。だが、刻々と新たな物質の湧き出しがありながら、同時にこれまでの物質はそのうちにこれまでの「かたち＝痕跡」を正確に保持し、湧き出している新たな物質にそれを伝達している。〈いま〉をも観念化できるのは、まさにこの保存される「かたち」によるのだ。Eを「日の出」としよう。太陽から私の瞳孔に入ってくる光はいつも異なった光、言いかえれば異なった電磁波である。太陽自身を形成する物質も刻々と変化している。

とはいえ、日の出Eは、午前五時には「まだない」あり方であり、午前七時には「すでにない」あり方だとしたうえで、あらためて午前六時には「現にある」あり方と意味づけるとき、Eが自己同一的・疑似物体的な意味構成体であるのと連動して、〈いま〉もまた、自己同一的・疑似物体的意味構成体とみなされるのだ。

よって、この操作の余波として、真の〈いま〉とは知覚できないほどの微小な《いま》であるという錯誤も起こってくる。すでに確認したように、私は、連続的に変化する物質からの刺激に支えられてΔtにおいて「いま」と発話するのではあるが、その場合、けっして、微小な《いま》が濁流のように眼前で生成消滅しているわけではない。私は、Δtにおいて「いま撃て！」と命じたり、「宇宙はいま膨張している」と語ることによって、それぞれの「いま」に一秒未満から一三八億年に至るまでのさまざまな幅を設定しうるのである。

観念化している時としての〈いま〉

超越論的観念論は〈いま〉を観念化することによって完成するのだが、われわれは〈いま〉を観念化することによって、かえってもう一つの〈いま〉に気づかされる。それは、観念化された〈いま〉ではなく、観念化以前の〈いま〉でもなく、まさに観念化している時、意味付与している時（「★いま」）である。これは、すでに（第二章第1節で）触れたように、フッサールの「流れゆく現在（die fließende Gegenwart)」（のちの「生き生きした現在（die lebendige Gegenwart)」）に相当すると言っていいであろう。

なじみの部屋に入り電気を点けてぐるりと見渡すとき、ホワイトボードやテーブルや椅子が昨日と同様に「そこにある」だけであり、私はそれを受容しているにすぎないように思われる。だが、じつはそのときでも私が知覚している限り、「ホワイトボードやテーブルや椅子が昨日と同様にそこにある」というふうに私は〈いま〉眼前に与えられた光景に能動的に意味付与しているのである。あまりにも見知った光景なので、「そこにある」意味を受容し確認しているような気になっているだけである。しかも、部屋の光景は知覚の対象と想起の対象とに分かれているわけではない。それは、両者の意味の混在したものである。私は「昨日と同じ光景を見ている」と感ずる。これは再認であり、こうした感じを削ぎ取った純粋現在だけの光景を見ているのではない。私が、純粋に現在の光景だけを見ているように思い込むのは、ホワイトボード上に昨日私が「カテゴリー」というドイツ語を書き殴った記憶をそこから消し去って、ただそこには「カテゴリー」というドイツ語が書かれているとみなすからであり、すなわち、あえて眼前の光景から想起的意味を剝がす操作をしているからである。

このことは、視覚の場合を考えるからわかりにくいのであって、それ以外の感覚の場合はごく自然に了解できる。ホワイトボードを拳骨で叩くとコツコツという独特の音がする。もともと叩く前にコツコツという音がホワイトボードの表面に含まれていて、私が拳骨で叩くことによってその音を確認したわけではない。この音は〈いま〉ホワイトボード表面から空気の疎密波として私の鼓膜を震わせているのであって、それに〈いま〉私が「コツコツ」という意味を付与しているのである。同じように、その表面を撫でるときの冷たい感触は〈いま〉掌に伝わっているホワイトボードからの刺激に対して、私が「冷たい」とか「滑らかだ」という意味を与えているのである。

　言語を学び脱自己中心化した有機体S_1としての私は、あたかもそこにすでに与えられた意味をそのまま受容して確認するかのように、意味付与するほかない。私は恣意的にホワイトボードに「テーブル」という意味を付与することはできず、その銀白色に「緑」という意味を付与することはできない。だが、いかに私が付与する意味が拘束されているからといって、初めから意味が「そこにある」わけではない。私は拘束されつつ、やはり部屋に入るつど、ホワイトボードやテーブルに視線を向けるつど、それらに能動的に意味付与しているのである。

　先の記号を使えば、私は「観念＝ホワイトボード」という一般的意味を受容しながら「刺激＝ホワイトボード」という固有の意味（すなわち、〈いま・ここ〉でこの有機体にこのように見えているホワイトボード）を注ぎ込み、「観念＝テーブル」という一般的意味を受容しながら「刺激＝テーブル」という固有の意味（すなわち、〈いま・ここ〉でこの有機体にこのように見えているテーブル）を注ぎ込むのだ。

さらに細かく見ると、私は「知覚的観念＝ホワイトボード」という一般的意味を受容し、同時に「そこに書かれている文字は昨日私が書いたものだ」と想起しながら「想起的刺激＝ホワイトボード」という固有の意味を付与することもできる。「知覚的観念＝テーブル」という一般的意味を受容しながら、「そろそろ買い換えねば」という「予期的刺激＝テーブル」という固有の意味を付与することもできるのである。こうして、私は（普通の意味で）周囲を知覚するとき、じつは、一般的意味を受容しながら固有の意味を付与するという二次的自己中心化を遂行している。そして、このとき、私は単なる時間位置としての客観的〈いま〉と、私が新たに意味付与しつつある「★いま」という二重の〈いま〉に生きているのである。

実在的可能性と現実性

本節の最後に、あらためて統一的・客観的世界の相貌を正確に記述しておこう。それは、時間という観点から見れば、「もうない」過去も「まだない」未来も〈いま〉と同じく「ある」世界、言いかえれば、「もうない・まだない」というあり方で「ある」世界であって、その中心に客観的時間という背骨が貫通している。

こうした世界はカントの用語を使えば「実在的可能性（reale Möglichkeit）」というあり方をしている。それは、物理学が記述する世界そのものなのであるが、微小な物体の集合が相互作用する世界であって、そこにはあらゆるパースペクティヴが欠けている。その世界は、ある時、ある場所に位置するP_1というパースペクティヴのもとに見たらE_1として現れるような特定の構造を持った物質G_1のみを残留させて、P_1とE_1とを完全に消去した世界である。同じG_1を、他のパースペクティヴP_2から見たら「E_2として現れる」であろう、P_3から見たら「E_3として現れる」であろう、P_4から見たら「E_4として現れる」であろう……が、こうしたパースペクティヴ群とその現れ群も完全に排除されているのだ。

その世界においては、E_1、E_2、E_3……として現れるような物質の特定の構造G_1とは別に、F_1、F_2、F_3……として現れるような物質の特定の構造G_2も残留しているが、やはりG_2のパースペクティヴ群とその現れ群は完全に排除されている。このことは、その世界におけるあらゆる対象G_3、G_4、G_5……に関しても同様である。こうして、実在的可能な世界とはあらゆるパースペクティヴとそれに対応する現れを完全に消去し、特定の構造を持った物質群G_1、G_2、G_3……とその連関だけを残留させた世界なのである。

さらに、次のことも付け加えねばならない。すなわち、こうした実在的可能な世界には想起や再認という「現れ」も登場してこない。G_1は、ある一人の観察者S_1にとって、E_1という知覚的現れとは別にL_1（という想起ないし再認内容）として現れ、他の観察者S_2、S_3……にとってL_2（という想起ないし再認内容）、L_3（という想起ないし再認内容）として……現れるのであるが、これらすべての現れも消去されている。

これらすべての知覚的ならびに想起的パースペクティヴとその相関者は実在的可能な世界においては「不在」であって、その世界のうちに場所を占めることはない。よって、それらが生じても消えてもその世界のあり方にまったく変わりはなく、それらは「不在」なのであるから、それぞれの〈いま〉世界のいたるところで生じては消える幻のようなものである。カントの用語を使えば、それらは客観的・実在的世界をさらに主観的に区別する「現実性」という様相の出没にすぎない。

私がテーブルに着き、その表面に触るときの冷たい感触、眼前のパソコンの画面に映る映像の光景、その画面からの音、それらを通じて想い起こされること……は実在的可能な世界にいかなる場所も占めることはない。その場合、テーブルも、その表面から瞳孔に入る電磁波も、瞳孔から大脳に至る神経系も、大脳内の知覚中枢も、記憶物質も、その世界に属するが、そのときの私の知覚内容・想起内容はその世界から零れ落ちるのである。

先に（第一章第1節、第3節で）挙げた例に立ち返ると、私は現にテーブルを眼前にしているのだが、それを斜め上から見ているために、本来長方形であるテーブルは、〈いま〉私には長細い台形に見えている。こう語ることによって、「長方形」が物質の側に、さらには実在的可能な世界の側に配置され、私に〈いま・ここ〉から見える「細長い台形」はそこから排除される。だが、事態を正確に見ると、この区別自体は私がおこなっていることであって、「長方形」が物質に属するというのは、定義であって、適当な距離をもって真上から見るという特権的パースペクティヴを物質の側に配置しただけである。しかも、それを認めるとしても、物質に帰属するのは、「長方形」という意味ではなく、「長方形」と見えるようにさせるような物質の構造なのであるが、それを表す言葉がないのだ。

こうして、「かたち」は物質と心の両方に配置され、それらがうまく対応しているというような世界観がごく自然に登場してくる。テーブルの「長方形」は、一方で物質の構造として物質の側、実在的可能な世界の側に配置され（これを「物質＝長方形」と呼ぼう）、他方で、それを現に見る場合、心の状態として私の心の側に配置されるのだ（これを「心＝長方形」と呼ぼう）。私がテーブルを真上から見るとき、「物質＝長方形」からの光が私の瞳孔に届き、私は、いわば心の中で「心＝長方形」をとらえる。そして、私が同じテーブルを斜め横から見るとき、「物質＝長方形」からの光がテーブルから斜め横に位置する私の瞳孔に入り、私は心の中で「心＝台形」をとらえる。前者の「物質＝長方形」は物質と正確に対応しているゆえに、実在的可能な世界に属するとみなされ、後者の「心＝台形」はそう見えるに至るプロセスは物理学的・生理学的に説明できるが、知覚風景それ自体はこの実在的可能な世界からは不在として排除されるのである。

そして、想起の場合は、私は〈いま・ここ〉で、特有の想起をしているのだが、それらは総じて実在世界から排除される。さらに、私はあらゆる他人の知覚内容も想起内容も実在世界から排除されることを知っている。ここで注目すべきことは、私に視点を合わせると（自己中心化した視点からは）、世界は実在世界と不在の他人の体験内容からなっているのだが、しかも私は言語を習得することによって、脱自己中心化し「そと」の視点も獲得したのであるから、脱自己中心的な言葉の意味――物理学の教科書における文章の意味や他人の発話する言葉の意味――をも理解できるのである。すなわち、言語を習得した有機体S_1である私は、有機体に密着した自己中心化された視点を失うことなく（第二次自己中心化）、みずからの知覚内容や想起内容を「現実的」なものとしてとらえると同時に、脱自己中心化して、「そと」の視点を獲得することを通じて、統一的・持続的、客観的な物理学的世界を実在として、他人の知覚内容や想起内容を永遠に現実化されない不在として理解できるのである。

超越論的仮象

カントの「超越論的（transzendental）」というタームの意味するところは、次の文章から明らかであり、（『イデーン』における）フッサールの用法とはかなりずれがある。

ところが、私が対象についての私の概念を超越論的な意味にまで高めるやいなや、その家はいかなる物自体そのものでも全然なく、一つの現象、言いかえれば、その超越論的対象が未知であるところの一つの表象でしかない(2)。

私はさまざまな見え姿(射映)にもかかわらず、一つの家という対象をとらえている。その場合、眼前の家を物自体ではなく現象として見ることが「超越論的」なのである。このことをカントは、コペルニクスによる天動説から地動説への転回になぞらえる。惑星Mが「逆行して見える」ことを、そのまま「逆行してある」とすると、円運動に矛盾するが、太陽を中心に据えて同じ運動を見直すと、Mは円運動しているのだが地上からは「逆行して見える」ことになる。地上で見える運動を物自体ではなく現象としてとらえることによって、それもまた合理的な円運動として説明できるのだ。

コペルニクスにとって、静止する太陽を中心にそれを公転する惑星群の運動は実在であり、地球から見える火星の運動は現象である。こうした「二重の観点(3)」を獲得すること、それが超越論的視点を獲得することにほかならない。なお、このコペルニクスの天文学上の転回とカントの哲学上のコペルニクス的転回とを文字通り同視してはならない。カントはコペルニクスと異なり、現象ではない実在世界が広がっていることをそのまま認めているのではなく、カントにとって太陽中心の実在世界とは単なる概念(理念)であり、ただそれを想定すると、眼前の対象（火星の運動）が合理的に説明できるにすぎない。

以上のように、カントにおける超越論的視点とは（フッサールに見られるように）そこからのみ真理が見渡せるような絶対的視点なのではない（むしろ、それはコペルニクス＝カントにとっては太陽からの視点となる）。超越論的視点とは、（太陽ではなく）地上の視点であり、みずからの視点を絶対的視点（それは天動説である）とみなさず、可能な絶対的視点からの単なる一つの相対的視点とみなすこと、それを自覚することである。

このことを自覚せずに、みずからの視点を実在的＝絶対的視点とみなすとき、そして、その視点から見える世界を、単なる現象としてではなく物自体とみなすとき、われわれは仮象に陥るのだ。超越論的視点を忘れて絶対的視点に立つことによって引き起こされる仮象、すなわち超越論的仮象は、神学・宇宙論・心理学という特殊形而上学の三分類に沿って神・自由・永遠不滅の魂の三種類に限定される。理性は、一方で、みずからが欲している神や永遠不滅の魂が実在するとは証明できず、実在しないことも証明できず、それらはただ人間的理性の関心の対象、すなわち「あたかもあるかのようなもの」にすぎないことを知っている。だが、他方、それにもかかわらず、理性は自然に、――すなわち理性の自然本性（Natur der Vernunft）に従って――それらがあたかも、「それ自体として実在する」かのようにみなすという「超越論的仮象（transzendentaler Schein）」に陥ってしまうのである。

とすると、物理学が描き出す物体の諸関係を基本にする統一的・客観的世界はわれわれ人間の相対的視点に現れる観念にすぎないのに、あたかもそれを絶対的視点に現れる「それ自体として実在する」ものとみなすのも、これらに並ぶ超越論的仮象と言えるであろう。「理性」を「言語」に置き換えてもいい。言語を習得した有機体S_1は、脱自己中心化することによって、普遍的に意味付与された客観的世界が「それ自体として実在する」かのようにみなすという超越論的仮象に陥ってしまうのである。

2 客観的時間の構成

時間の空間化

観念としての客観的世界をその根底において支えているのは、客観的時間である。客観的時間は物理学においても、歴史学においても、日常生活においても、リアルなものとみなされるが、この「みなし」はいかなる〈いま〉も他のいかなる〈いま〉とも対等である「現在」という時間様相に読み換える操作が基本になっている。この〈いま〉とあの〈いま〉の（誰でもが知っている）根源的差異性は無視される。すべての〈いま〉は客観的時間上の一点として対等であり、可能な現在であり、そこから見ると、他の点は過去になったり未来になったりする。そして、このことはすべての点において成り立つ。すなわち、すべての客観的時間上の点は可能的に現在でも過去でも未来でもありえることにおいて対等なのである。

こうした客観的時間に基づいた世界像に決定的に欠けているのは「不在」である。この世界においては、それぞれの時点においてその他の時点は「不在」なのだが、じつのところそれらがあたかもその他の場所に「現在」しているかのように描かれている。その場所を提供するのが、直線としての時間表象であり、時間は直線的形態を有していて、それぞれの時点は「時間」という名の一つの直線上の点に対応する。こうして、あらゆる現象の変化は、時間上の場所の変化に翻訳され、すなわち時間という直線上の場所の変化、すなわち運動にすぎない。過去の出来事は、世界から消え去ったのではなく、時間という直線上を運動しただけであり、現在から過去という場所に移行しただけなのである。これまでのすべての出来事は「すでにない」という不在なのだが、それらはこの〈いま〉において不在なだけであって、過去のそれぞれの点において立派に現在しているのである。こうして、不在が消え去り、それぞれの時点において現在するものだけから成っている世界、それが客観的世界なのである。

先に（第二章第2節で）見たように、フッサールは、〈いま〉の核である「原印象」を確保し、次にこれとの関係において「すでにない」過去の萌芽である「レテンツィオン」と

「まだない」未来の萌芽である「プロテンツィオン」へと拡張することによって、客観的時間を構成することを意図したが、実際のところそれを遂行することはなかった。フッサールは、まさにデリダの言う「現前の形而上学」から抜け出せなかったがゆえに客観的時間構成には至りえなかったと言っていい。〈いま〉にこだわり、それを特権的とみなす限り、それをどこまでも平準化する客観的時間とは相容れない。マクタガートの分析において明らかになったように（第二章第2節）、t_1、t_2、t_3という時間順序から成る物理学的時間と現在・過去・未来という時間性格は両立するはずがないのだ。

そして、興味深いことに、カントは時間探究においてフッサールのように〈いま〉に目を向けなかったがゆえに、客観的時間を基軸にした超越論的観念論を築くことができたとも言えよう。時間から、現在・過去・未来の根源的差異性を消去することは、時間の空間化にほかならないのだが、ハイデガーはこうした時間を「いま系列（Jetzt = Reihe）」と呼び、それをヘーゲルの時間論のうちに見ている（『存在と時間』）。ヘーゲルにとって、時間と空間とは異質なものではなく、一にして二なるもの、すなわち空間は時間であり、かつ時間は空間であるのだ。ヘーゲルは次のように言う。

> しかし、時間における過去と未来は、自然のうちに存在するものとしては空間である。というのは、空間は否定された時間だからである。[4]

「否定された時間」という表現をもってヘーゲルがここで言いたいことは、空間とは、空間として表された限りにおける時間、すなわち現在・過去・未来という時間性格を否定して成立したものにほかならず、よって空間の本質はじつは時間だということである。これは、かなり粗っぽい規定であるが、これによって、自然哲学（物理学）における空間と時間は、基本的に同一の構造を持ったものと解することができるようになる。

空間はそれ自身、無関心な相互外在と区別のない連続性との矛盾であり、自己自身の純粋な否定性であって、まずさしあたって時間へ移行する。同様に、時間もまた、無差別への、区別のない相互外在、すなわち空間への直接的な崩壊である。[5]

ここに言う「自己自身の純粋な否定性」は、先の「空間は否定された時間」という文章を踏まえて読まねばならない。すなわち、空間はそもそも「時間自身」なのであり、よって、自己自身の純粋な否定性とは、時間自身の純粋な否定性と同義である。こうした大枠を押さえて引用文を解読すると、空間は「無関心な相互性」という空間特有の性格を有するが、同時にそのうちに「区別のない連続性」という時間性格をも併せ持っている。だが、前者もじつは自己自身である時間の否定性にほかならないのであるから、こうした「矛盾」は、さしあたり自己自身の否定性であるが、言いかえれば時間自身の否定性であり時間における時間とその否定との矛盾でもあって、すべてが自己自身である時間へと差し戻される（移行する）わけである。

以上の持って回った抽象的論述を嚙み砕いてみると、ヘーゲルはカントを踏襲し、もともと単位の加算から成る数多性、すなわち「無関心な相互外在」（外延量）を空間の側に、単位の内部の連続量から成る数多性、すなわち「区別のない連続性」（内包量）を時間の側に配している。空間は外延量であるが、その起源は時間であるから、そのうちにやはり内包量を含む。同様に、時間は内包量なのであるが、やはり必然的に空間へと「移行（崩壊）」するものであるから、そのうちに外延量を含む。すなわち、空間と時間は相互に独立のあり方をするのではなく、時間は空間化される（無関心な相互外在に転化する）ことによって時間なのであり、空間は時間的起源を持つ（区別のない連続性）ことにより空間なのである。こうして、ヘーゲルの時間論は時間こそが根源であるという側面と時間と空間とは互いに他を前提する対等概念であるという側面の両面から成り立っている。

これはまさに物理学的時間論・空間論に合致する。時間と空間は濃度が同一である実数無限の稠密な点から成っており、空間的距離を時間で微分して速度を出すこと、さらにその速度を時間で微分して加速度を出すことが正当化される。こうして、表面上すべてが空間のレベルで動いているように見えるが、じつのところ「空間は否定された時間」なのだから、空間を時間で割れるのも（速度や加速度を距離の時間微分で表現できるのも）、空間がもともとそれ自身時間だからである。

客観的世界を構築するためにまず必要なのは、客観的時間を構築することであり、それは空間化された時間でなければならない。客観的世界における諸事象が消え去ってはならないように、それらを位置づける時間も消え去ってはならないからである。そして、時間測定という時間の基本的機能を考慮すると、物体Kがt_1からt_2まで同一の物体であることこそ、この世界における実在性の基準なのだということがわかる。客観的時間においては、複数の物体さらには複数の出来事が時間上の「どこ」にあったか、さらにこのことから、AとBという物体ないし出来事が同時であるのか、AはBより先かあるいは後かという相互関係が最も重要なこととなる。ここに、自然に現在・過去・未来の境界は取り払われ、それぞれの物体あるいは出来事は客観的時間上の「どこからどこまで」あるのかが、実在的なものと時間との関係のすべてとなるのである。

以上のように、客観的世界にリアリティーを与えているのは、背骨のようにそこを貫通している空間化された客観的時間である。われわれは時間が空間のように延びてはいないこと、〈いま〉に至るすべての〈いま〉は消滅してしまったこと、よってそこで生じたすべての出来事も消滅してしまったこと、これらのことを明らかに知っているのであるが、x、y、zという空間の三次元とtという時間の一次元から成る四次元連続体の客観的世界というイメージは、抵抗し難くわれわれを縛りつけ、思考を麻痺させ、その結果、過去は確かに「すでにない」のだが、絶対的に消滅したのではなく、客観的時間において〈いま〉とは別の場所（過去という場所？）に移行しただけだ、と思い込んでしまうのである。

年表的世界像

こうした思考の麻痺状態において、奈良時代、平安時代、鎌倉時代、室町時代、江戸時代が直線表象としての客観的時間における固有の部分を占めているような「年表的世界像」が完成する。この世界像においては、過去・現在・未来の差異は線上の位置の違いによって表され、すべての時点は消えていないのであるから、平安時代や江戸時代の「長さ」は線分の長さによって表現され、しかもわれわれはこのことにとくに奇異な感じを抱かない。

言語を習得すると、われわれは言語の罠にかかってしまう。言語は存在と無の二元論を世界に持ち込み、さまざまなものを「無」と名づけるが、まさにそのことによって、「無」を「無という名の有」にしてしまう。平安時代も江戸時代も「すでにない」が、「すでにない」というあり方で〈いま〉「ある」わけである。

年表的世界像に物理学的世界像がぴったり重なり合う。物理学においては、時間を空間の三次元x、y、zと並ぶ四番目の次元tとみなし、いかなる物理学的状態Zもその四次元連続体のある位置に「ある」のだ。その場合、t_1におけるZ_1がt_2においてZ_2に変化したときに、Z_1が依然としてt_1に「ある」ことは奇妙なことである。t_2においてZ_1はZ_2に変化したのだから、Z_1は完全に消えているのでなければならないはずなのに、直線時間表示によると、変化の後の状態Z_2と並んで変化の前の状態Z_1が依然としてそこに「ある」のだから。

この世界像は、直線時間だけによって生み出されるものではなく、一つの出来事が時間軸上を「運動する」という不可解な表象によってさらに堅固に固められる。過去の出来事は「すでにない」のだが、ちょうど過ぎ去った電車が隣の駅に「ある」ように、「過去」という場所に〈いま〉依然としてある。それは、現在という場所ではない別の場所である。こうして、あらゆる出来事は、それが現に生起している時点においても、それ以前の「まだない」時点においても、それ以後の「すでにない」時点においても、同一なものとなり、同一の電車がレールの上を滑って行くように同一の出来事が時間というレールの上を滑って行くのである。

では、ある出来事E_1がt_1からt_2に「移行する」とはいかなる運動なのであろうか？　それは、次々に新しい〈いま〉が湧き出すにつれて、それまで世界の先端にあった〈いま〉が次々に後退するという運動である。年表の紙の上にその都度の〈いま〉を指示する動くカーソルが付けられているとしよう。カーソルがt_1の位置からt_2に前進することは〈いま〉が t_1 から t_2 に移行することである。そのとき、それにつれて t_1 および E_1 は年表の上では位置を変えないが、世界の先端から、あるいはカーソルから見ると後退していくことになる。過去への運動とは、こうした幾重にも誤った像から成る壮大な錯覚である。

タイムトラベル？

だが――驚くべきことに――こうした年表的世界像を微塵も疑わず、それを前提して哲学議論が展開される場合が少なくない。その一例として、「タイムトラベル」というテーマを見てみよう。タイムトラベル論者は、次の三つの前提に立っている。

（1）過去は〈いま〉何らかの仕方で客観的にあり、消え去っていないこと。
（2）時間が何らか直線的なものであること。
（3）その直線上を〈いま〉から未来に向けて運動することも、過去に向けて逆向きに運動することもできること。

いずれも途方もなく誤った前提である。（1）が根本的な誤りであることは、すでに充分指摘してきた。過去が〈いま〉いかなる意味にしろ客観的にあるとする場合、その「あり方」は――イデア界に準じた「過去界」という神話を認めるのでない限り――まったく理解できない。多くの（すべての？）タイムトラベル論者は、物理学と物理学的時間を前提している。それが（2）の前提を形成するのであるが、時間を表す変数 t が空間の三次元を表す x、y、z と並んで世界を四次元連続体として記述できる限りでは容認できるであろう。（1）と（2）を肯定しても（3）には否定的見解を取る道もありうる。だが、（1）と（2）を肯定する者がタイムトラベラー論者であるのは、まさに彼らが（3）を認めるからなのだ。

時間がたとえ直線的な何かであるとしても、それが空間でないことは明らかであるのだから、その上を何ものかが運動すると言っても、それは物理学的運動以外の「運動」を意味するはずである。それは、どのような運動なのであろうか？　じつは、運動らしき表現を用いてはいるが、いかなる運動でもない。大森荘蔵は、「過去は立ち現われる限りにおいてある」という科学にも常識にも反する苦しい見解を取ったが、あえて言えば「立ち現われ」という運動は「想起するという意識作用」にほかならない。ビデオを巻き戻しても、時間は過去へと背進することはない。そのつど新たな〈いま〉が生ずるだけである。たとえ私が同じ道を戻り、同じ家に入り、同じ傘を取ってきたとしても、時間は（いわば）前方に進行している。それは時間的には同じ道ではなく、同じ家ではなく、同じ傘ではない。過去へ「戻る」ことができるはずはない。「戻る」とは空間における場所に戻るのであって、過去とは空間的場所ではないからである。

現代物理学の成果によれば、過去へ戻る運動はありえない。百歩譲って理論的に「ありえる」としても、そこには次の二つの難問が聳えている。

（1）過去に戻るのが物理学的運動であるとすれば、それは近い過去から遠い過去へと連続的に戻るのでなければならない。だが、そうすると「タイムトラベル宇宙船」を作製する前に戻らねばならず、さらに、私が生まれる前に戻らねばならず、タイムトラベル宇宙船も私も存在しないはずだから、私はタイムトラベルができない。

（2）それにもかかわらず、私が何らかの方法で一挙に過去に戻れたとすると、そこが現実の過去であるなら、そこに「二〇一五年からその時に戻った宇宙船」はなかったはずであるから、タイムトラベル宇宙船が現実の過去に「降り立つ」場所がない。そればかりか、その過去を私は「見る」ことすらできない。なぜなら、見るとすれば、二〇一五年の宇宙船の中にいる私とその過去との「あいだ」を光が伝達しなければならないはずであるが、これは物理法則に反するからである。

タイムトラベル論者が過去へ「戻る」と主張するとき、（1）が採用されることはない。そのとたんに、タイムトラベルは不可能になるからである。よって、（2）を採用せざるをえないのだが、——ドラえもんのように——私が何らかの方法で一挙に過去に戻ったら、そこから後、私は時間の進行（過去から未来へ）にそって新たなことを体験することができる、と想定されている。だが、ただちにわかるように、たとえ私が何らかの仕方で一挙に過去に戻ることができたとしても、「そこから」の私の体験は、まさに過去にはなかったこと、まったく新たなことなのであるから、その体験は過去に属さないであろう。それが、過去に属するなら、同じ過去の t_{-50} において「五〇年前に体験したこと（大学一年の夏休みに祇園祭を見に京都に行ったこと）」とタイムトラベルの結果「〈いま〉体験していること（東京で暑さに喘いでいること）」との二重の私の体験があることになり、このことは物理学的世界像とそれを支えている物理学的諸法則を徹底的に破壊しなければ成立しない。

では、私がタイムトラベルの結果、まったく同じ体験をするならどうであろうか？　私は五〇年前にタイムトラベルして、五〇年前と同じ場所から、同じ気分で、祇園祭を見ているのである。だが、いかに外形的に同じであっても、私がタイムトラベルの結果、祇園祭を見ているときは、そのあいだの五〇年間の記憶を携えて、例えば、「五〇年前に祇園祭を自分が見ていたこと」を思い出しているであろう。とすると、その想起は五〇年前に祇園祭を見ていたときにはなかったのであるから、同じ体験ではない。

こうした方向で考えていくと、次のような過去への回帰は考えられるかもしれない。すなわち、「神のいたずらで（？）」全宇宙が丸ごと五〇年前に戻るのだ。その場合、私は大学一年生であり祇園祭を見ているのだが、心の状態を含めてまったく同じ内容を体験しているとすると、私は五〇年前に「戻ったこと」それ自体にまったく気づかないであろう。

こうして、（過去に戻り、かつその過去を〈いま〉知覚するという）タイムトラベルの夢はついえる。いかなる思考実験をしても、過去に戻れないことは明晰判明である。なぜなら、過去は「ない」からであり、いかにしても無に戻ることはできないからである。

3 客観的世界を統一する意識

唯一の特権的パースペクティヴ

古典力学的世界像に合致した統一的世界には統一的客観的時間が貫通しているのだが、こうした「統一」の根拠（源泉）を「私」に求めるという観念論の図式が誘導される。これ以外の世界像は可能であるが、統一の根拠を、神のような超越的万能者に求めるのでないとしたら、いかなる特定の存在者にも求めないという消極的選択しか残っていない。その場合、「もともと」世界は統一されている、という硬い実在論（フレーゲ、ラッセルなど）をとるか、それとも統一そのものが幻想である（相対的にしか決まらない）という方向（後期ヴィトゲンシュタイン、クワインなど）に傾くかの差異はあるが、根拠を「求めない」という立場としては一致している。客観的世界の統一の根拠を「私」に求めるという図式は広くフィヒテ、新カント学派、フッサールなどに見られるが、「不在の哲学」では、カントの「超越論的統覚」に照準を合わせる。まさに、それのみが「不在」というあり方を鮮明に示していると思われるからである。

先に（第四章第2節で）「人間的私」である内的経験は客観的世界の実在性と並ぶ実在性を有するものではなくて、むしろ不在の自己同一性であることを示したが、超越論的統覚もまた物体を基準にした客観的・実在的世界と同列に並ぶのではなく、そこから排斥されるという意味で不在なのである。このことは、超越論的統覚をデカルトの「考える実体（res cogitans）」とみなすことを、カントが「実体化された意識（apperceptionis substantiatae）の詐取[6]」と呼んでいることのうちに明瞭に見られる。以下、すでに論じた内容とある程度重複することを覚悟のうえで、「人間的私」を超越論的統覚の側から見直してみる。

超越論的統覚が実体でないことは、それがヌーメノン的実体（物自体）でもなく現象的実体（物体）でもないことを意味する。このことを「構成」というタームで言いかえれば、超越論的統覚とは自己同一的な物体ないし出来事の構成とともに、反射的にいわば反対側に構成されるものである。よって、超越論的統覚は、それ自体として成立するものではなく、あくまでも対象の同一性把握によって成立するのだ。こうした超越論的統覚は、じつのところ日常言語が意味する「私」と無縁の抽象物なのではない。超越論的観念論は、

（ニュートン物理学のように）あらゆる多元的世界を形づくるパースペクティヴを消去してしまうのではなく、それらを超越論的統覚という唯一のパースペクティヴのうちに解消してしまうのである。客観的世界と「私」とのあいだに唯一の特権的パースペクティヴを残しておくのだ。（『イデーン』における）フッサールの場合、この唯一のパースペクティヴは剝き出しになり、現象学的還元を経た後においても、個々の経験的パースペクティヴとは別の現象学的・超越論的パースペクティヴである「ノエシス」は残留する。

こうして、物体の諸関係を基礎にして統一的・客観的・持続的世界を承認するときに、それを根拠づける（カントのタームを使うと「可能にする」）限りの「私」が登場してくる。ここで注意すべきことは、超越論的統覚は、人間的私とはあまりにも異なって見えながら、じつは単なる論理的要請物でも作業仮説でもなく、理念でもなく、固有の意味で（この意味は本節の最後に考察する）「実在的なもの」だということである。言いかえれば、言語を学んだ有機体であるS_1は、まずもって自分が超越論的統覚として「実在する」ことを自覚しているのであり、それはすなわち、固有の身体K_1に依存する個々のパースペクティヴを消去しながら、同時に統一的・客観的世界のみを「捉える（構成する）」唯一の特権的パースペクティヴを自覚しているということである。なぜなら、まさにS_1は言語を学ぶことによりまず脱自己中心化し、言葉をそのつどの固有のパースペクティヴP_1、P_2、P_3……からひとまず離れて理解しえたからであり、特定の身体K_1に依存する「私」は、K_1に依存しない普遍的「私（超越論的統覚）」の一例にすぎないものとして理解しえたからである。すなわち、S_1は言語を習得する過程において自分がそれを習得しなければ、「私（超越論的統覚）」になりえなかったという意味において、初めからその固有の「実在性」を理解しているのである。

さらに具体的に見てみよう。超越論的統覚は、『純粋理性批判』第一版の「演繹論」ではじめて登場してくるが、そこでカントは次のように言っている。

> ところで、この規則によるこうした統一は、すべての多様なものを規定し、だからそれを、統覚の統一を可能ならしめる諸条件に制限するが、こうした統一の概念が、私が三角形という前述の述語によって思考する対象＝Xについての表象にほかならない。[7]

カントの論の進め方は単純である。三角形という対象を思考するとき、それは規則にかなった一つの対象なのであるから、それを「統一する」ものがなければならない。それは三角形自体の「うち」には見いだせない。それは、三角形の「そと」にあって三角形を構成している「超越論的統覚」である。物質の「なか」に意味が含まれているのではない。無から「私」が意味を創造するのでもない。まさに、言語を習得した有機体S_1が〈いま〉意味付与作用を遂行しつつあることによって、与えられた物質に「三角形」という一つの客観的・普遍的意味を付与することを通じて、S_1はそのつど超越論的統覚になりつづけ、ありつづけるのだ。

しかも、三角形の作図という場面で、すべてのSは同じように作図するはずであるから、超越論的統覚である限りのSのあいだには、その作図作用においていかなる差異もない。こうして、作図作用の限りにおけるSの差異性の消去を認めることは、すなわちそれぞれ作図するSのパースペクティヴの差異性を消去すること、それらが超越論的統覚という唯一のパースペクティヴのうちに解消することを意味する。

このことは、物理学的知識においても同様であろう。だが、本来は、ここでカントは三角形の作図のみならず、物理学的対象の構成に関しても付言すべきであった。なぜなら、物理学的世界においては、あるものGを実在的対象として認めることは、すなわちGがあらゆる他の実在的対象と相互関係にあることを意味し、よって、一つの経験(唯一の物理学的客観的世界)を認めることを意味するからである。ここに至って、その作用主体が超越論的統覚であるという意味が際立ってくる。すなわち、超越論的統覚とは、唯一の統一的・客観的・実在世界を成立させる一つの意識として、「実在する」のだ。

このカントの物理主義的世界像は、そのまま言語の普遍的意味一般に拡張することができる。すなわち、言語を学んだ有機体S_1はまず脱自己中心化し、言語の普遍的意味を習得しなければならない。それだけを切り離せば、S_1は言語を学ぶことによって、まず言語の一義的・客観的・普遍的意味を習得する。この普遍的意味は、S_1が言語を学ぶとともにS_1が世界に帰属させるのだが、S_1は世界がその普遍的意味を初めから持っており、自分はそれを受容しているだけだ、と思い込んでしまう。だが、そういうS_1が自己反省して、自分が能動的に世界に意味を付与していることを自覚するとき、S_1は自分が超越論的統覚であることを自覚するのである。

現存在する「私」

カントはデカルトを批判し、「私は考える、ゆえに、私はある」は同語反復だとし「私は考える（私は考えつつ、ある）は現実性を直接的に言いあらわしている」[8]と主張する。だが、超越論的統覚は「意識が他の物へと置き移されたもの（Übertragung）以上の何ものでもない」ゆえに「蓋然的（problematisch）にしか解せられていない」[9]のである。このことを、正確に読み解いてみよう。デカルトにおいては、「私は考える、ゆえに、私はある」は、各人が身体の現実的知覚を伴ってそう語る現場であって、「私」は言表行為（énonciation）の主体である。しかし、その現場を離れて、「私は考える、ゆえに、私はある」という命題自体を取り上げても、この「私」は言表（énoncé）の主体であって、この命題の意味からのみ理解可能である。

現実的知覚の削除とは、それぞれ特定の身体に依存するSの多様なパースペクティヴを消去することであって、ちょうど三角形を作図するときと同じく、「私は考える、ゆえに、私はある」という命題をそれぞれのSが承認するとき、そこに差異性はないゆえに、そこに多様な現実的なパースペクティヴは消去されて、唯一の蓋然的パースペクティヴのうちに解消されるわけである（ここでは、「蓋然的」は「現実的」と対立的に「可能的」と同意義で使われている）。

こうして、カントにおいて、超越論的統覚とは、言語を習得した有機体S_1が脱自己中心化することにより「私」という言葉が一般的に意味する限りのものであって、フィヒテやフッサールのように、客観的世界から独立にそれ自体として実在する絶対的・実在的な自我なのではない。それは、ただ客観的対象に意味を付与する限りS_1とS_f（他の言語を獲得した有機体）との差異性が消去されるような自我にすぎない。このことを暗示するかのように、カントにおいては、「私の現存在」もまた大きなテーマとなっている。

> この（「私は考える」という）命題は、ある無規定的な経験的直観を、言いかえれば、知覚を表現する（後略）[10]。

こうした無規定的経験的直観を伴う私の現存在とは、言語を学んだ有機体S_1が端的に「私はある」と直観することであるように思われる。しかし、自己認識も世界認識も成立していない段階における「私」とは何であろうか？　それは、それだけを取ったらじつのところ「私」ではない。「私」とはすでに自己同一的・擬似物体的なものでなければならないからである。したがって、この段階において「私」と呼ばれているものは、自己認識と世界認識の能力を有する超越論的統覚から見返されたときに現実的に「私」になるような抽象的な「私」にすぎず、言いかえれば、あらゆる現実的な経験的統覚はすでに可能的・蓋然的な超越論的統覚であるのでなければならない。

以上のことを、これまでの図式をもって言い直せば、S_1は言語を習得した瞬間に、超越論的統覚として世界認識の能力を有し、さらに内官を触発して自己認識の能力を有している。とはいえ、まずS_1のうちで超越論的統覚と内官という名の要素が別々にあって、次に自己触発という作用によって両者が関係づけられる、というわけではない。これは単なる説明方式なのであって、内官を触発しない超越論的統覚や超越論的統覚によって触発されない内官とはただの概念であって、それ自体として存在するものではない。むしろ、S_1は、言語を学び脱自己中心化を達成して超越論的統覚になったのであるが、それに留まらず、固有の内官を触発することによって二次的自己中心化に向かうのであり、そのことにより経験的統覚になるのである。

超越論的統覚の導出過程からもわかるように、超越論的統覚はS_1が「私が考える」と現に（心の中で）語るときの現実的知覚を伴った経験的統覚から現実的知覚を抽出したものであるゆえに、超越論的統覚には経験的統覚が先立つように思われる。しかし、単純にそういうわけではない。確かに、経験的統覚の現実性はすでに成立している。だが、むしろ経験的統覚を「可能にする」という意味では、超越論的統覚が経験的統覚に先立つのである。これはどういう事態か？

言語を習得することによって脱自己中心化を達成し、すでに超越論的統覚であるS_1は、「私」という言葉の普遍的意味を習得している。だが、S_1はまさにそのことによって、二次的自己中心化に進み、あらゆる言語を学んだ有機体Sのうち「私」がS_1自身を指示するのであって、（S_1以外の）Sfを指示するのでないことを知る。その場合の質料を提供するものが、ここで言われている「無規定的な知覚」という現実的知覚なのである。言いかえれば、S_1が「私」という言語を習得するとき、S_1は自己中心化された言語習得以前に感じていた「無規定的知覚」に（現実的知覚を欠いた）「私（超越論的統覚）」という普遍的意味を付与し（脱自己中心化）、このことを通じてはじめて、その「私（超越論的統覚）」にあらためて（現実的知覚を伴った）「私（経験的統覚）」という意味を付与するのである（二次的自己中心化）。『プロレゴメナ』から引用してみよう。

なお、私はある現存在の感じ（Gefühl eines Daseins）以上のものではない（後略）[11]。

S_1は「無規定的な経験的直観」を、あらためてS_1固有の身体K_1において「感ずる」のであり、それによって、他のS_fとの差異を知るのであるが、その差異を認識しているわけではない。S_1は超越論的統覚として「私」という言葉の普遍的意味を「現実的知覚」すなわち「ある現存在の感じ」を捨象することによって習得し（脱自己中心化）、まさにそのことによって、あらためてその「現存在の感じ」を「私」と名づけるのである（二次的自己中心化）。

超越論的統覚と私の身体

以上のことからわかるように、超越論的統覚と経験的統覚との関係は抽象的なものではなく、超越論的統覚と特定の身体（私の身体）との関係なのである。超越論的統覚が内官を触発するとは、固有の身体を触発することであり、経験的統覚になるとは、固有の身体を持つ人間的私になることである。ここで、あらためて超越論的統覚と身体との関係を探ってみることにしよう。カントは、表立ってはその関係を語らないが、次の文章はその関係を暗示している。

（前略）、むしろこの「私」という表象は、それが思考一般に属するがゆえに、純粋に知性的（intellektuell）である、ということである。しかしながら、思考に対する素材をあたえるなんらかの経験的表象なしでは、「私は考える」という作用は生じないにちがいなく、だから経験的なものは、純粋知性的能力の適用ないしは使用の条件でしかない。(12)

すでに確認したように、一方で、超越論的統覚はそれ自体としては存在しえず、統一的世界に客観的意味を付与する限りでしか存在しない。そして、さらに、それは何らかの経験的なもの（身体、大脳？）の条件のもとにしか具体的に「作用」しない。この意味において、超越論的統覚はすでに同時に経験的なものを具備する経験的統覚でなければならない。とはいえ他方で、「私は考える、ゆえに、私はある」という超越論的統覚の普遍的作用自体が大脳の中に経験的に見いだせるわけではない。「私（超越論的統覚）」が作用するためには、何らかの経験的なものの条件（固有の身体）が必要なのであるが、そして、それを離れては「私（超越論的統覚）」は存在しえないのではあるが、とはいえそれ自体経験的なものではなく「純粋に知性的なもの」なのである。

視点を変えれば、経験的統覚もまた超越論的統覚なしに存在しうるわけではない。なぜなら、S_1は言語を習得し「私」という言語をも理解した瞬間に、まず「私」一般すなわち、「私は考える、ゆえに、私は存在する」限りでの「あるもの一般」としての「私」を理解するのであって、次に二次的自己中心化によって（S_fではない）S_1を選び出すのであるから。こうした作用が、第四章で見た「自己触発」なのであるが、これを無規定的知覚（感情）という点から見直すと、有機体としてS_1は言語習得以前から無規定的知覚を有している。しかし、そこには「私」が成立していないのだから、それはS_1を他の言語を習得した有機体S_fから区別する機能を持つ「私の」感じではない。S_1が脱自己中心化し言語を習得しても、この無規定的知覚（感情）は残留する。そしてS_1が二次的自己中心化に進み、あらゆるS_fとの対比でこの「私」の独特なあり方を摑むとき、この「無規定的知覚（感情）」はまさに言語化された「（人間的）私の」感じになるのである。

よって、じつのところ、S_1はすでに二次的自己中心化まで至った存在者であって、超越論的統覚であるとともに経験的統覚なのだ。これを言語習得のモデルを使って言い直すと、S_1が言語、例えば「痛み」という言葉を学ぶとき、S_1はまずその普遍的意味を学び、同時にそれを通じて現に痛い場合も痛くない場合も、その同一の言葉を使わざるをえないことを学ぶ。すなわち、「観念＝痛み」の同一性を通じて、自分にとっての「刺激＝痛み」とS_fにとっての「刺激＝痛み」の差異性をも学ぶのである。これは、逆転できない。S_1はまず自分とS_fとのあいだの「刺激＝痛み」の差異性を学んだうえで、その「観念＝痛み」の同一性を学ぶことはできないであろう。

以上のことは、カントが超越論的統覚を「純粋統覚」と言いかえていることからも見透せる。純粋統覚とは、経験的統覚の質料を洗い流したものであり、まさに形式だけの「ある物一般」なのであるが、この最も基本的なモデルは幾何学図形の作図である。われわれは三角形を作図するとき、紙やホワイトボードや砂の上に作図することしかできない。純粋直観の上に作図はできないのだ。そして、そこに描かれた三角形T_1、T_2、T_3……は鉛筆やサインペンや砂の凹みから成っていて、幾何学図形としての三角形T_0ではないし、それらはどんなに正確に描こうとしても歪んでいる。しかし、それを通じてわれわれはT_0を作図したとみなす。カントのタームを使えば、紙やホワイトボードや砂の上のT_1、T_2、T_3という経験的綜合は同時に幾何学図形としてのT_0の純粋綜合なのである。

こうした三角形の純粋綜合と経験的綜合との関係に、純粋統覚と経験的統覚との関係はパラレルである。純粋統覚としての「私」は、固有の身体を持つ経験的統覚を通じてでしか作用しえないのだが、同時に経験的統覚にほかならないのではなく、固有のあり方をしているのだ。

固有の実在＝不在？

超越論的統覚は理念でも物自体でもない。それは、「実在的なもの（etwas reales）」と呼ばれるが、実体としての超越論的実在的なものではなく、実在のカテゴリーを適用するような現象における実在的なものでもない。それは、他のいかなる実在するものとも異なる固有の実在的なものなのである。次の箇所は、カントの表したいことがよく表現されている。

これに反して、私が、諸表象一般の多様なものの超越論的綜合において、したがって統覚の綜合的な根源的統一において、私自身を意識するのは、私が私に現象するとおりに(wie ich mir erscheine)意識するのでもなければ、私が私自体そのものであるとおりに(wie ich an mir selbst bin)意識するのでもなく、私は存在する(daß ich bin)ということだけを意識する[13]。

超越論的統覚としての「私」は、現象と物自体とのいずれにも配置されないような実在的なものなのであり、それは、ひとえに超越論的統覚が客観ではなく主観(主体)であるというところに行きつく。

ところで、私は考えるという命題(蓋然的な意味での)は、それぞれの悟性判断一般の形式を含み、カテゴリーの乗り物(Vehikel)としてすべてのカテゴリーに伴うものである[14](後略)。

超越論的観念論においては、本来、「超越論的実在性」と「経験的実在性」との二種類の実在性しかないはずである。カントは、前者を現象における実在性として認め、後者の実在性を超越論的観念論から追放した。といって、後者が観念の「そと」に物自体として実在しているわけではない。それは、実践的実在性や理念や理想などが住まうところとして有意味になる。しかし、超越論的統覚は、こうした世界にも住まうことができない特殊なものである。

その実在性は、「経験（すなわち経験的実在世界）を可能にする」という意味に尽きる。実在世界を可能にするものは、それ自体実在的なのだ。しかし、それだけの意味だとするなら、それはそのまま物体の諸関係を実在性の基準とする世界においては、やはり「実在しない」という意味で「不在」と言いかえうるのではないだろうか？

数学的対象と物理学的対象をモデルに実在性を意味づけ、それから排除されるもののうち、それを可能にする条件をその限り実在と称しても、それは固有の意味で「不在」にほかならない。ちなみに、パースペクティヴは、時間・空間・カテゴリーのように、経験を可能にする積極的条件ではないが、それが不在へと退くことによってはじめて経験が可能になるという意味で、経験を可能にする消極的条件だとも言えよう。そして、超越論的統覚も、時間・空間・カテゴリーは、これとは異なり、実在世界を積極的に可能にする条件として、あえて言えば一種の能動的不在として、やはりそれが不在へと退くことによって、経験を可能にすることができるのである。もし、経験を可能にする条件自身が経験と同じレベルで実在的であるのなら、これら実在的なものとこれらによって可能にされる実在的なもの（経験）という二つの異なった実在的なもののあいだの関係が問われねばならなくなろう。ここに、ふたたび心身問題の深淵が開かれることになるだろう。

超越論的統覚とは、言語を習得した有機体S_1が、脱自己中心化し客観的世界を構成する限りにおける呼称なのであるが、このすべてをスタティックにとらえてはならない。超越論的統覚とは、客観的世界を〈いま〉構成しつつある限りにおけるS_1であり、観念以前の〈いま〉から観念における〈いま〉への転換を成し遂げつつあるS_1である。言いかえれば、S_1はみずからが発明したのではない普遍的意味を有する言語を、あたかもみずからが能動的に〈いま〉世界に原的に意味付与するかのように作用する限りにおける自我なのだ。S_1はホワイトボードには（ブラックボードではなく）「ホワイトボード」という意味を、その長方形の形には（三角形ではなく）「長方形」という意味を付与するように強制される。

こうして、S_1は、次々に湧き出ては消えゆく多元的実在世界から、過去が保存され、森羅万象に一定の意味が付着しているかのような客観的統一世界（実在的な可能世界）への転換を成し遂げるのであるが、こうした能力を持つものが超越論的統覚にほかならない。しかも、S_1は、一度脱自己中心化すれば済むというものではなく、そのつどの〈いま〉においてこの転換を遂行しなければならない。しかも、それは意図的あるいは意識的ではない。むしろ語の正確な意味で「自発的（spontan）」である。すなわち、その作用以前に超越論的統覚が「ある」わけではなく、それを遂行している「私」がそのつど世界に意味を付与するとともに、いわばその反対側に超越論的統覚を形成する。これがそのつどの〈いま〉において繰り返されるのである。

観念以前の〈いま〉から観念の〈いま〉への転換

超越論的統覚である限りのS_1は、客観的な統一世界である「実在的可能な世界」を可能にする諸条件としての時間・空間・カテゴリーを、世界に意味を付与する以前にみずからの「うち」に有しているわけではない。むしろ、S_1はそのつど眼前の風景に意味を付与することを通じて、常にすでにそこにはたらいている超越論的統覚、すなわち観念以前の〈いま〉を観念としての〈いま〉に屈折させる機能を自覚するのだ。しかもこの転換作用は「私」の深奥に潜む神秘的な能力なのではない。言語を学びかつ統一的客観的世界の理念を学んだ有機体S_1は、おのずからこの観念への転換能力を獲得するのであり、しかもS_1はみずからの責任において、その世界こそ客観的な実在世界であることを承認し、それを超える世界を実在から排除する（ように強制される）のである。これが、「理性的である」という意味である。

しかも、S_1は超越論的視点を獲得しているのであるから、こうした転換作用を経て獲得した統一的・客観的・実在世界がそれ自身で存在するもの（物自体）ではなく、観念にすぎないことも知っている。だが、客観的世界が総体として観念であるという命題が有意味であるためには、その「そと」の実在を前提している。なぜなら、「観念」とは実在「の」観念であって、観念だけが独立に存在することはありえないからである。では、この場合「そと」の実在とは何か？　それは、カントの提唱する実践的実在世界のような観念の彼方ではなく、むしろ観念の手前に見いだされ、あらゆる観念が形成されつつある観念化以前の〈いま〉という現場、すなわち〈いま〉が意味づけられつつある、すなわち生まれつつあり消えつつある、しかも多元的現場でないだろうか？　それは――カントがXと呼んだように――「実在」という概念が要求する統一性・持続性に反し、むしろ整合的ロゴスに抵抗する多元的なパースペクティヴが反射し合い、そのつど新たなものが湧き出しつつ消えてゆく、意味付与以前の現場としての〈いま〉である。

第六章　多元的原事実

1　偶然性と必然性

パースペクティヴとしての様相概念

これまでの各章において確認したことは、常識的かつ科学的な、あるいは西洋近代哲学において通用している「実在性」という言葉は、物理的物体を実在と呼ぶことに収斂するということである（数学的対象をこれに加えてもいいが、ここでは省略する）。これを別の視点から言いかえれば、夥しいものが実在性から排斥されている、というより夥しいものが、こうした実在性を支えるためにみずから姿を隠すのだ。それは、広く「パースペクティヴ」と呼ぶことができよう。空間的に見れば、一つの物体のさまざまな視点からの見え姿であり、時間的に見れば、現在・過去・未来という時間様相である。もちろん、感情も、善も、美も、社会も、歴史も……膨大な数のものが排除されているのであるが、本書では基本的に認識論的場面に限定している。

言語を習得した有機体S_1は、（なぜか）統一的実在世界を構成しようとし、その根本的欲求ゆえに、そこから排除するものを「不在」とみなす。こうして、奇妙なことに、もはやない過去やまだない未来のみならず、〈いま〉さえも不在となる。〈あそこ〉や〈そこ〉のみならず〈ここ〉でさえ不在となる。すでに過ぎ去った世界風景や他人が体験している体験内容のみならず、〈いま〉私が現に体験しているここから見えるこの風景も、この色も、この音も、この肌触りも、この臭いも、不在になるのだ（能動的不在）。

これらは「不在」であって、「無」ではない。「実在」のほうから一方的に「不在」という意味を付与されてしまうのである。本章では、「不在」を、とくに「偶然性」「必然性」という様相概念、そして「自由」という概念に照準を合わせて検討することにしよう。これらはすべて実在的世界から「不在」という刻印を押されたものである。そして、これらの検討を通じて、最後に「心身問題」という疑似問題に取り組むことにする。心身問題は、物理学的物体に基づいた実在概念に加えて、これとは異質の「心」という疑似物体的な実在概念を承認することによって生じた。とすれば、その解決は、物理学的実在概念を否定することによってではなく、それに加えて新たな実在概念を持ち込むことによってでもなく、むしろ、物理学的実在概念から零れ落ちるものを「不在」としてとらえ直し、それに正確に意味付与することによって解決されるであろう。

S_1は有機体として原的に自己中心的世界に生きているが、それが言語を習得するとともに、脱自己中心化して統一的実在世界を構成する。だが、まさにそのことによって、そこから零れ落ちる夥しいものに気づき、それらを拾い集めて二次的自己中心化に進む。すなわち、S_1はそれによって脱自己中心化を達成した言語そのものによって、あらためて自己中心的世界を語ろうと試みる。だが、そのことは言語習得以前の自己中心的世界に戻ることではなく、それを正確に描写することではない。S_1は固有の身体を自覚すると同時に、自分と似た身体を有し自分と似た振舞いをする他の言語を学んだ有機体S_fの存在に気づくのだ。そして、自分の自己中心化した世界のみが、実在から見ると不在ではあるが、現実的体験を伴った「現実的不在」あるいは「能動的不在」であること、それに対して、S_fに開かれている自己中心的世界は総じていかなる体験も伴わないという意味で純粋な不在にすぎないこと、この差異性を了解するのである。S_1は、こうして、一方で、脱自己中心化された視点からは、「痛い」という普遍的意味を理解し、他方では、二次的自己中心化した視点からは、自分の「痛み」のみが現実的痛みであり、他人の痛みはそうでないという絶対的差異性を理解している。二次的自己中心化されたS_1は、こうした二重の世界に生きているのである。

すべての出来事は一度だけ起こる

この世界におけるすべての出来事はただ一度だけ生起する。その出来事はある一定の時にある一定の場所で起こるのであり、それを構成する物質は「そのときそこにある」だけである。ただ、私は一定の物質の構造に、類似した、場合によってはまったく同一の意味を付与するゆえに、何度でも同じことが繰り返されるような気がするだけである。

私が自分の仕事机からトイレに行く数メートルの歩行でさえ、毎回少しずつ違った速度、角速度、加速度、軌跡を描いている。まったく同一の歩行を私はこれまで一度も実現していない。たとえ、あるとき、仕事机からトイレまでのかつての歩行（A）と限りなく似た速度、角速度、加速度、軌跡をもって歩行すること（B）があったとしても、周囲の状況、私の身体の疲れ具合、さらには私がそのとき考えていることは異なっている。現実の歩行は、それらと切り離されてあるわけではないのだから、AとBは同一ではないのである。そして、そもそもBはAから時を経て実現されるのだから、私の記憶を含む人生経験は異なり、世界全体の状況も異なり、よって、AとBは同一ではない。それにもかかわらず、それを「仕事机からトイレに歩いていく」と記述することによって、同一の出来事が何度も反復するかのように思われるのである。

同様の意味で、私はいかなるときも同一の仕事机を見ていないし、同一のパソコンを操作していないし、同一の自分の手にさえ触れていない。それらを構成している異なる時間における異なる物質に伝搬された一定の構造に、同一のあるいは類似の意味付与をしているだけである。この方向を突き進んでいくと、現実世界におけるあらゆる同一性は〈個体の同一性さえも〉消えてしまい、ある微小な時間的・空間的位置における特定の現象の自己同一性だけが残るであろう。これを厳密な同一性の概念として、以後〈同一性〉と表記することにし、そのうえで日常的な「ゆるい」同一性も認めることにしよう。それはまさに「仕事机からトイレに歩いていく」と記述される限りにおける出来事の同一性であり、「仕事机」や「トイレ」と記述される限りにおける物体の同一性であり、「歩く」と記述される限りにおける行為の同一性である。すると、私は膨大な数の同一的なものに囲まれて生きていることになり、絶えず同一的なものを反復していることになる。

〈同一性〉と同一性との谷間に落ち込まないようにしなければならない。われわれは、ほとんど疑問を持たずにさまざまな同一性を承認して生きているが、あるときそれらすべては〈同一性〉ではないことに気づく。まさに、哲学はそれに気づかせ、そこにさまざまな問題を提示する。そして、同一性とは言語的存在であるから、それにはいつも「不在」がまといついている。ある同一な出来事は、いかにそれに多様な仕方で「不在」がこびりついていても——それらはすべて「不在＝無」なのだから——同一性を維持する。「六〇年前の運動会」は「もう消え去ってしまった」という意味をそれに付け加えても、「なつかしい」という意味を付け加えても、これらはすべて「不在」であるから、依然として同一の出来事であり続けるのである。

天文学的に低い確率？

　ビッグバンからこれまでの世界は一通りであり、その中のあらゆる出来事は、一度起こったただけである。その意味で、あらゆるこれまでの出来事は現実的（ただ現にそう起こっただけ）であり、偶然的でも必然的でもない。だが、言語を習得した有機体であるわれわれ人間は、ただ一度だけの現実的なものをとらえた瞬間、現実的世界の「そと」の視点に移動して、現実的なものは膨大な量の「可能なもの」のうちで、（幸運にも？）実現したというとらえかたをしてしまう。そして、〈いま〉なお、依然として膨大な量の可能なものが実現されずに残っていると思い込んでしまうのである。

　では、われわれはどうやって可能性を世界に導入するのであろうか？　現に起こった一度限りのことから逆算して理論的に同様に起こったはずのことを想定するのである。これは、ライプニッツが「事実の真理」と呼ぶものに呼応する。空間は三次元でなくてもよかったであろうし、時間は一次元でなくてもよかったであろうし、物質がなくてもよかったであろうし、因果律もなくてよかったであろうし、あらゆる自然法則は「こう」でなくてもよかったであろう。それにもかかわらず、なぜ「現にこう」なのであろうか？

ライプニッツは、こうした推論過程をたどって、これを「神の意志」に帰する。「こう」でないことも矛盾律には反しない、その意味で可能的である。しかし、神は夥しい可能的な事柄のうちから「最善のもの」を選択し、したがって論理的には実現することもできたはずの他の事柄は可能的なあり方に留まり、われわれが知っている現実の世界のみが実現したのだ。これは「最善観（optimisme）」と呼ばれるが、現今、これを（うまい説明原理としてではなく）まさに言葉通り信じる哲学者はいないであろう。

だが、そもそもの時空や自然法則などの成立に関しては、問い自体があまりにも神学的であるから口をつぐむとしても、それ以降の宇宙進化史、地球進化史、古生物学、人類の歴史、世界史、そして「私」の個人史を振り返るごとに、われわれは、なぜか「他でもありえた」という想念を拭い去ることができない。言語を学んだ者は、現実的な事柄のうちに、ごく自然に「他でもありえた」という「不在」を読み込んでしまう。ごく自然に、宇宙に太陽系が存在しなくてもよかったはずだ、その三番目の惑星として地球が存在しなくてもよかったはずだ、そこに人類が生じなくてもよかったはずだ、そして、その人類の一員としてこの私が誕生しなくてもよかったはずだ……と思い込むのである。

地球が太陽からまさにちょうどいいこの位置にあることも、まさにそこにちょうどいい具合に巨大隕石が衝突して恐竜が絶滅し、それに代わって人類の祖先である哺乳類が発生したことも、その末端にまさにこの私が生まれたことも、すべて天文学的に低い確率で起こったことになり、すべてが偶然であり、さらには奇跡のような感じがしてしまう。

だが、こうした推論は壮大な錯覚である。すべての出来事は、ただ現に起こっただけであり、そもそものことに関して「確率を計算すること」それ自体が無意味なのだ。この錯覚の出所を突きとめてみよう。

高速度で回転する地球儀の「どこか」に針を刺すことは、さして難しくない。刺し損なうことがないとすれば、その確率は一である。だが、厳密に同じ場所に一突きすることは、ほとんど不可能なほど難しい。さまざまな確率計算ができるであろうが、これを一万分の一としよう。現実的出来事を驚くほどの低い確率で起こったとみなす錯覚は、前者を後者と取り違えることに起因する。すなわち、地球儀の「どこか」に針を刺すことを、あらかじめ地球儀は一万分の一の区域に分かれていて、その全体の一万分の一である一区域(A)に針を刺す、という意味に変えてしまうのだ。そして、「同じように」刺せたはずの他の九九九九の区域を排除してAを刺した、というふうに解釈してしまうのだ。

こうした錯覚は、いたるところに現出する。

サイコロを一〇回振る前に、私が一回振るごとに出る目を書きとめておくとする。例えば、②③①⑤⑤⑥①④③②のように。そうすると、すべての出る目の可能性は六の一〇乗であるから、以上の順序で目が出る確率は六の一〇乗分の一(約六〇〇〇万分の一)というわずかなものである。そして、今度は、現実に出た目を書きとめておく。それは、④⑤

②①①⑥③④⑤②であった。しかし、この現実に出た一〇の目の確率も同じ（きわめて起こりにくいはずの）六の一〇乗分の一なのである。

ここには、驚くべきことは何もない。とても低い確率であるはずの出来事を「予測」したとたんに、その出来事がほとんど「起こりえなくなる」ことに不思議はない。私が項目を増やすほど（例えば、サイコロの落ち方を一〇〇通りに分ける）確率は低くなるであろう。こうして、同じようにサイコロを振るだけなのに、私は出来事（系列）が出現する確率を六の一〇〇乗分の一、いや一億分の一にさえできるであろう。こうして、確率は出来事自身にかかわりのないことがわかる。それは、出来事に私が付着させる意味なのであり、出来事には属さない「不在」なのだ。私はある出来事を「一億分の一の確率で現出するもの」という意味を込めて見ているだけである。同じ出来事を、私は「偶数か奇数か」という予測のもとに見れば、それは「二の一〇乗分の一の確率」という相貌になるであろう。「①から⑥までのいずれの目でもいい」という予測をすれば、定義的に「一の確率」となるであろう。

付言すると、このことは、サイコロのような物的なことについてのみ妥当するのではない。「人間的なこと」についても同じである。例えば、毎朝家を出てから最寄の駅に向う途中で出会う人を六通りに分け（男・女／若い・中年・老年）、これらを組み合わせるだけで六通りになる。そして、出会った順にさっと何かに書きとめておく。「女・若い」「男・

若い」「男・老年」「男・中年」「女・中年」「男・中年」「男・若い」「女・老年」「男・中年」「男・若い」というように。こうした順序で人々が現れてきたことには何の不思議もない。だが、この順序をまず予測したうえでそのとおり実現されると、同じ人々の現れが(組み合わせの各項の確率が必ずしも同じでないことには目をつぶると)六の一〇乗分の一という極端に起こりにくいことになってしまうのだ。

われわれが人類の誕生や自分の誕生を天文学的に低い確率とみなすのは、一度限りの出来事にさまざまな「不在」の衣を着せて天文学的に低い確率という意味を付与しているにすぎない。われわれは、この天文学的に低い確率を世界における出来事自身の客観的性質と思い込んでしまうのである。

内部の視点と外部の視点

われわれが、ごく自然にこういう確率計算をしてしまうのはなぜであろうか? それは、言語を学ぶと、「内部の視点」と「外部の視点」という二重の視点を獲得するからである。言語を学んだ者は、「私」というあり方を自覚するとともに、「私」の内部の視点(有機体的視点)に加えて外部の視点をも獲得するのだ。現実の有機体的視点ではない、可能な外部の視点(可能な他者の視点)から自分自身を眺めているかのように語ることができるようになるのである。現実的なものは常に可能なものに囲まれているかのように思われる、いや、可能なものが現実的なものに存在論的に先行するように思われる。

内部の視点からは、現に起こっていることの確率は一である。それは、それ以上でも以下でもなく、ただ現に起こったのだ。だが、外部の視点からは、それは膨大な量の可能性の波に洗われることになる。そして、一万分の一、あるいは一億分の一、その一億分の一という天文学的な低い確率で起こったことになってしまう。こうした錯覚はさまざまな現れ方をする。時間の経過において、ある時点t_0を取って、「t_0以前」の視点と「t_0以降」の視点に二分する場合も、同じ錯覚が待ち構えている。

私はきわめて多様な原因によって、あるとき、ある場所で誕生した。正確に言えば、あるとき、ある場所で誕生した特定の人間S_1が「この」私になったのである。だが、「私」という言語を習得したS_1は、二重の視点を獲得して、自分の誕生を「t_0以前」から見ることも学ぶ。そして、その時点におけるS_1が生まれる天文学的に低い確率を算出して驚き、自分が生まれたことを奇跡だと思い込むのである。

これがいかに日常的に頻繁に見られる誤解であるかを確認するために、ふたたび先の例を挙げてみよう。私はこれまで数えられないほど仕事机とトイレとのあいだを往復してきた。そのたびに異なった身体運動（歩行）であったことは間違いない。いままで一〇〇〇回こうした往復歩行を行い、最近の歩行をHとしよう。Hを私はごく容易になしとげたが、それは、疑いなくこれまでの九九九回とは異なった独特の歩行である。

このとき――先に思考実験したように――一回の歩行の仕方の速度、角速度、加速度、軌跡などの要素に分けたうえで一回の一歩行には一〇〇〇の異なった仕方があるとしよう。さて、私はHの直前に視点を移してみると、私がHを選択するのは一〇〇〇分の一の確率となる。こうして、次第に時間を遡り、はじめて仕事机からトイレに歩いて行ったときの直前まで遡ると、その時点では「各々の歩行がその通りに、しかもその通りの順序で」実現する確率は、一〇〇〇×一〇〇〇＝一〇〇万という選択肢における一であるから、まさに一〇〇万分の一という微小な確率となる。だが、私はそれをあっけなく実現してしまったのである。

クリプキは、偶然的でありかつア・プリオリな事象があることを示したが（『名指しと必然性』）、これも同じ理屈である。いかなる可能世界においても、一メートルをどのような長さにするのかを決めることは偶然的であるが、いったん決まった一メートルの長さは（経験に依存しないという意味で）ア・プリオリである。一メートルをどのような長さにするかにおいては、ほぼ無限大の可能性（選択肢）が開かれていて、そのうち「これ」を採用することは天文学的に低い確率になるが、いったん採用してしまうと、それが一メートルなのだから、一メートルの長さはその長さ以外にはないのであって、いちいち経験的に調べる必要はなく、その意味でア・プリオリなのである。

偶然性という不在

以上の考察から、いわゆる「偶然性」も「必然性」も——確率計算と同様——出来事それ自体の性質ではなく、それにあらためて私が付加した「相貌」にすぎないことがわかる。それにもかかわらず、それを出来事の客観的性質とみなすと、そこに「仮象」が生ずる。両者は反対概念のように見えるが、奇妙に通底し合っている。

まず、「偶然性」から見てみよう。

再確認すれば、この世で起こる出来事は見通せないほどの多様な原因によって起こる。ただ、単純な変数で処理できるような天体（ロケット、ミサイル）の運動や、結果を確認する方法を狭く限定した閉鎖系（実験室）における現象を除くと、正確な予測は困難である。まして、個々の人間の行為は、わずかにでも正確に予測できない。だが、広く政治学や行動科学や実験心理学などで採用しているように、投票行動や消費者行動などを、統計的あるいは漠然と行為を記述し直して、「予測」することはできる。

では、原因の見通せない出来事は直ちに偶然的であると言えるのか？　そうではない。あらゆる自然現象は、きわめて多様な原因が作用して生起するのだが、そしてわれわれはそれを完全には見通せないのだが、偶然的ではない。私は偶然風邪を引くのではなく、明日晴れるのは偶然ではない。地球温暖化も真の原因はつかめないが、偶然ではなく、地震でさえ、予測はできないが、偶然に発生するのではない。およそ（人間の行為を含む）自然現象がいかなる原因も持たないことは考えられないし、いかに原因がわからなくても、われわれは「ある交通事故が偶然起こった」とも「ある難病が偶然生じた」とも言わずに、「未知の原因によって」起こったとみなすのである。

こうして、ある出来事Eの原因を見通せないということは、Eが偶然に生起したと言えるための必要条件であるが、それでは足りない。さらに必要なのは、「目的」である。アリストテレスは、目的を含む偶然性を「シュムンベベコス」と呼び、さらにそれを、動物などの非意図的行為に関する偶然である「アウトマトン」と人間の意図行為に関する偶然である「テュケ」とに区別している。逃げた馬が偶然主人のほうに走ってきて助かった場合、馬にとってはアウトマトンであり主人にとってはテュケというわけである。しかし、偶然が実在世界に属するのではなく、パースペクティヴに基づく「不在」である限り、テュケも多元的でありうる。

二人の人間があるときある場所で出会ったとしても一方にとっては偶然的であるが、他方にとっては偶然的でないこともある。私がある日、ウィーンの街かどで旧友のFに偶然出会ったとする。私はそのときそこでFと出会ったことが偶然だと思っていたが、じつはFは日本からずっと私を追跡していたのだとすれば、あるいは私がウィーンにいるという情報を頼りに連日ウィーンの街を探索していたのだとすれば、「Fにとっては」そのときそこで二人が出会ったのは偶然ではなく、自分の意図的行為の結果なのである。

また、私はウィーンの街かどで、いつも「誰か」見知らぬ他人に出会うが、彼らに偶然出会ったのではない。Fに対してなら「ああ、ここで出会ったのは偶然だね」と言ってもおかしくないが、隣にいる見知らぬ他人に対しては、「ああ、ここで出会ったのは偶然だね」とは言わない。なぜか？　この状況においては、見知らぬ他人はその個性を失い「一人の人」にすぎないとみなされるからである。私がウィーンの街かどで「一人の人」に出会うことは偶然ではない。「一人の日本人」に出会うことも偶然ではない。だが、あとでその日本人が知人の奥さんであることがわかったら、彼女は突如、「個性化され」、遡って、私がそのときそこで彼女に出会ったのは偶然だということになる。

たとえ私が偶然だと言いたくとも、社会常識がそう言わせない場合もある。私は鎌倉のことを何も知らずに鎌倉駅に着いたが、そのまま若宮大路を南に向かって歩くと偶然海に出た、わけではない。鎌倉駅から若宮大路を南下すると海に出るのは、あたりまえだとみなされているからである。だが、私が鎌倉駅を出て小町通りを北へ歩き出して、狭い路地に先輩が経営している酒場を見つけたとすれば、それは偶然である。

以上のように、あらゆる（人間行為を含む）自然現象は見通せないながら多様な原因によって生起することを承認したうえで、私（各人）がある自然現象に目的あるいは意図を読み込み、「それは偶然に生起した」と語ることは可能である。なぜなら、何が偶然であるかは、——確率と同じように——出来事あるいは対象それ自体に帰属する客観的特性ではなく、〈いま〉与えられている状況において、私(各人)がそのつどの関心において意味づける概念にすぎないのだから。

こうして、偶然性とは、自然因果性に対抗するもの、それを攪乱するものではなく、自然因果性を承認したうえで、それにそれぞれの「私」が、あるいは(ある共同体において)「われわれ」が、それぞれ固有のパースペクティヴからさまざまな「相貌」を付与するときに成立するものなのであり、客観的出来事に対して与える主観的意味であり、出来事それ自身には属さないという意味で「不在」なのである。

必然性という不在

必然性に関しては、偶然性に関する考察がほぼそのまま当てはまる。先に触れた可能性や「事実の真理」にも直接関係する。すなわち、一度限り現に起こった出来事Eを、広大な可能性の地平に押し戻し、そのつど開かれる多様な他の選択肢を排除しながら、この選択肢を取るところにまで至った、という物語に仕立て上げるとき、Eは「必然的に起こった」ことになるのである。

カントのア・プリオリという概念に典型的に現れているように、われわれは幾何学の定理を表す命題や物理学の予測を表す命題に「それ以外にはありえない」という意味を付与している。後者に沿って考えてみると、自然法則の必然性とは何であろうか？　なぜ、ある日蝕Nはある日ある時にある仕方でしか起こらないのか？　Nは「それ以外にはありえない」という仕方で一定の物理学の法則から導き出される、と答えることができよう。だが、このことはNが未来のある時に「現に起こる」こととはいかに違うのか？　客観的世界すなわち実在的可能的世界においては、いかなる違いもない。違いは――偶然性の場合と同様――Nに付与する意味（相貌）のうちにある。すなわち、私が他のさまざまな可能性を排除してその一つの選択肢が実現したという相貌を込めて自然現象を見るとき、それは必然的に起こったという意味を獲得するのである。

必然性もまた、フォン・ウリクトの言うように（『説明と理解』）、最終的には自然現象に「意志」ないし「意図」を読み込むことによって、成立する。「他のさまざまな可能性を排除してその一つの選択肢が実現した」と語る場合の親密な実例は、みずから意図的行為を実現したときである。私はAかBかCを選ぶ場面に直面している、というよりそのような三つの選択肢が「ある」というように私は〈いま〉状況を意味づけている。私は熟慮した結果、AとCを排除してBを選択するなら、私は「それ以外にはありえない」という仕方でBを選択したのである。なぜなら、私は「Bを選択しようと意図してBを選択した」のであるから。確かに、「Bを選択する意図」を私が持たないこともありえたが、「Bを選択する意図」を私が持ったなら、私はAとCを排除して「Bを選択した」のであり、よって、

「それ以外に生じえない」という意味でBの生起は必然的なのである。

こうした意図は、あたかも私の心理的事実であるかのようにみなされるが、そのときの心理状態は私自身にもわからないことが多い。それどころか、私自身の意図を他人が記述する権利を持つことは少なくない。私は、自分自身の意図に関して特権的な地位にはいないのである。

アンスコムの例を挙げれば（『インテンション』）、のこぎりを引いている男の行為は、隣人にとっては「騒音を立てている」という相貌のもとに見えるのであり、よってそう意味付与すべきなのであるが、本人はその「つもり」がないのだから、そういう相貌のもとで見るべきではなく、そう意味付与すべきではないと思っている。この場合、必ずしも本人の心理状態が優先されるわけではない。行為記述は科学の対象ではない。それは、世界の「相貌」に関わること、すなわち不在なのだから、複数の視点からの記述により、そのつど決める以外にない。

そして、意図はとりわけ過去の行為Hにおける「責任」と結びつく。過去の行為に関してその行為者Tに責任を負わせたいとき、きわめて複雑であるはずのHをそのTが「必然的に引き起こした」という相貌のもとに見ようとする。そのとき、責任追及者は膨大な諸原因を無視して特権的原因を「自由意志」という名の神秘的な力に帰そうとするのだ。それは、Tの心理的事実なのではなく、といって実現した行為Hに客観的に含まれている性質なのでもなく、T、判事、弁護士、検事などが「あとから」その行為を「必然性」という相貌で見ようとするときにはじめて生じるもの、その意味で不在なのである。

運命論

以上のことは、「運命」という概念にまで射程を拡大する。すなわち、自然現象がことごとく自然因果性に従っていることを認めながらも、それをとくに運命と結びつけるときに、偶然性や必然性という概念が入ってくるのである。まず包括的な全宇宙の摂理、あるいは神の意志を漠然と想定し、われわれ人間にとって偶然に見えることも、その超越的視点（神の視点）からはすっかり見通せるのであって、あらかじめ決定されているという意味で必然的なのだ。ここでも、偶然性や必然性の導入にあたって、いわば「視点の欠如した客観的世界」に特権的視点を導入していることに注意すべきであろう。それが、すべてを見透すような視点であろうとも、やはり主観的視点であることに変わりはない。

偶然的世界観は運命論（必然的世界観）の裏返しであって、「すべてが偶然だ」ということは、「すべてが運命（必然）だ」という語り方と表裏一体の関係にある。超越的視点からは摂理＝運命によって、すべての出来事が起こっているのだが、人間の眼にはそのすべてが偶然に見えてしまうのだ。なぜ自分には次から次に禍が降りかかってくるのであろう？　それが運命（必然）であることはわかっているが、自分には偶然にしか見えないのである。

オイディプスのように、あるいはマクベスのように、個人の意志を超えた「より強大な意志」を認めるとき、彼はいかにその意志に逆らっても、その意志通りのことが実現してしまう。これは、先に触れた「運命論」であって、彼個人は見透すことができないという側面を強調すると偶然性という様相が前面に出てくるのに対して、より強大な超越的なものの意志という側面を強調すると、必然性という様相が前面に出てくるわけである。

2　不在と自由

決定論と自由意志

古典力学的世界像に支えられた未来の予測可能性（決定論）は一つの信仰にすぎない。その後、統計力学や量子力学あるいはフラクタル理論やカオス理論によって、運動量と位置だけによって未来の世界状態が完全に決定されているという信仰は揺らいできたが、決定論に対する信仰はさらに深いところに根を張っている。もともと決定論はキリスト教神学のもとで維持され、さらにスピノザやライプニッツによって自然科学を取り込むかたちで生き延びてきた。こうした観点から見直せば、決定論は神学的決定論から古典力学的決定論に席を譲っただけであり、その基本構造は変わらない。
だが、完全に予測可能な唯一の未来がすでに絶対的に予定されているという思想は、神学によって基礎づけられないように物理学によって基礎づけられるわけでもない。言いかえれば、神学において信仰であったように、物理学においても信仰であるにすぎない。決定論は常に「未来は完全に決定されている、しかし、いかに決定されているかは知らない」という空虚な決定論としてのみ生き残ることができ、実際そういう空虚な形でのみ生き残ってきた。決定論は、何ごとも起こった後で「そのように決定されていた」と言えるだけなのだ。

決定論と対立するのは自由意志と考えられている。意志が自由に行為を引き起こすなら、この全体は自然因果性に基づく決定論に反すると考えられるからである。こうした決定論と自由意志との対立は、伝統的な哲学上のアポリアであるが、じつはこれも統一的・客観的・持続的実在世界とその「不在」との関係の特異な例にすぎない。実在世界は、物理学が典型であるように、特定の時間位置・特定の空間位置に生起した現象を精密に記述し尽くし、あらゆるパースペクティヴを捨象した一元論的世界であり、これに決定論が対応している。実在世界に知覚の対象Gは帰属し、各人を刺激する電磁波や疎密波も帰属し、各人の体内における神経系や大脳の状態も帰属する。だが、各人がGをさまざまなパースペクティヴをもって「知覚していること」は零れ落ちる。さらに、過去の現象を「想起していること」や未来の現象を「予期していること」も零れ落ちる。
行為に限定してみると、身体の運動は、身体＝物体の物理学的運動であるから、実在に属する。しかし、それを「ひき起こす」と見なされる意志は、実在から脱落し、不在の位置に転落する。とはいえ、身体内の「自由意志」という名のある心理学的なものが実在から排除されるわけではない。むしろここで実在から排除されるのは、適当な記述のもとにおける「行為」と呼ばれる現象の総体なのである。

具体的に考えてみよう。私は確かに自由に「右手を上げる」ことができるように思われるが、一定の速度で、一定の角速度で、一定の精密な軌跡を描いて右手を上げることはできない。だが、現に上がった右手は、一定の速度・一定の角速度・一定の精密な軌跡を描いて運動した（物理学によって記述できる）実在的なものである。よって、私が「右手を上げよう」と意志することによって右手が上がったとしても、私は「右手が上がる」と記述される限りの行為を引き起こしたのであって、特定の実在的な身体運動Bkを「ひき起こした」のではない。すなわち、実現された物理学的（実在的）運動Bkとその記述とのあいだには、溝が横たわっていて、「右手を上げる」という意志記述も行為記述も、Bkの実在的な運動の相貌をあらためて大まかに描写したものなのだ。

さらに立ち入って考察してみる。「右手を上げる」と記述される物理学的運動をB_1、B_2、B_3、B_4……としよう。それぞれ、物理学的にはその速度や加速度や軌跡が多少は違っているはずであるが、総じて「右手を上げる」と記述される。ここで、私が右手を上げた場合、〈いま〉実現されたBkは、厳密にはこれまでの「右手を上げる」と記述されるB_1、B_2、B_3……とはまったく異なった物理学的運動である。万が一同じ速度、同じ加速度、同じ軌跡の運動が実現されたとしても、筋肉の収縮などの細部が完全に同一ということはないであろう。それさえ構造的に同一であったとしても、右手という物体の「古さ」は異なっている、すなわち実現される時間は異なっているのだ。

意志は心理学的事実ではない。まず「右手を上げる」という意志が見いだされ、次に「右手を上げる」という行為が確認されるわけではない。〈いま〉実現されたBkはまったく新しい物理学的運動であるのに、次のような段階を踏んで、「右手を上げる」意志が「右手を上げる」行為を惹き起こしたとみなされる。すなわち、まず、(1)実現された行為Bkを「右手を上げる」と記述し、次に、(2)それと同一記述の「右手を上げる」という自由意志を遡って心の中に設定し、そのうえで、(3)「右手を上げる」自由意志が「右手を上げる」と記述される限りにおけるBkを「ひき起こした」とみなすのである。

行為における能動的不在

自由意志による行為は、実在的世界から二重の仕方で不在とみなされる、すなわち、それは二重の不在を身にまとっている。これまで述べてきたのが、不在の①であり、まとめて言えば、現に起こる身体運動は正確に物理学的にBkと記述され、それ以外の「右手を上げる」という記述は単なる世界の相貌であって、その意味で不在である。

一方で、物理学的身体運動は細部に至るまで規定されているが、他方、言語を学んだ有機体S_1は、行為を実現する〈いま〉新たにその大まかな意味を与えるだけである。S_1が無自覚のまま身体を動かす場合もあるが（サルトルの言う「非措定的行為」）、一般に自由意志がはたらいているとみなされる場合（サルトルの言う「措定的行為」）は、S_1がこれから実現する行為に、「右手を上げる」というような大まかな日常的意味をあらかじめ与え、その通り実行することである。この場合、S_1はあらかじめ自分の未来の行為に「右手を上げる（だろう）」と「右手を上げない（だろう）」という不在の選択肢を設定したうえで、決断し一定の行為を実現するのだが、S_1はみずから実現した行為に、先の選択肢の一つである「右手を上げる」という不在の意味をあらためて付与し、同時にその行為の直前の心的状態に「右手を上げる」という意志が作動したという意味を付与するのだ。このとき起こった実在的なもの（物理学的現象）は特定の身体運動Bkだけなのだが、これらの膨大な不在の意味をBkに付与することによって、S_1は「右手を上げる」という自由意志が「右手を上げる」という行為を「ひき起こした」という図式を完成するのである。

こうして、言語を学ぶことによって脱自己中心化を達成したS_1が二次的自己中心化する典型的な場面は、知覚するときではなく自由な意志行為をするときである。知覚の場面では、知覚対象の意味が固定していることが多いので、〈いま〉S_1は「ホワイトボード」を知覚しながら、その意味をただ受容しているとみなしてしまう。先に考察したように、とくに〈いま〉すでにない過去の不在をそこに意味付与するときに、S_1以外の言語を学んだ有機体S_2とのあいだに過去体験が一致しないとき、例えば、S_1はホワイトボードの字を見て昨日の講義風景を想起するが、S_2は昨日そこに居合わせなかったとき、S_1は〈いま〉自分が「ホワイトボード」という同一の知覚意味をS_2と共通に付与し、かつそこにS_2とは異なる想起的意味を付与していると自覚するのである。

さらにS_1が、「ホワイトボードの上にAという字を書く」という不在の意味をあらかじめ与えた後に、その通り実行する場合、S_1はそれをただ観察しているだけのS_2とは異なる意味を「ホワイトボード」に付与しつつあるという実感を持つ。こうして、まさにS_1が言語を学ぶことによって脱自己中心化を達成し、さらに二次的自己中心化をする典型的な意識作用とは、知覚ではなくて、想起なのであり、さらに自由な行為なのである。

そして、行為の場合、もう一つの不在②がまといつく。それは「実現されなかった行為」という不在である。われわれは、出来事Eの生起を、これまで現在したものの原因系列をたどることによって説明することができるが、これと並んで、「実現する可能性が開かれていながらも実現しなかった」諸原因、すなわち、現にEを引き起こしえなかった「不在の諸原因」をことごとく排除して生起したという説明もできる。後者の説明方式が自由を算入した説明方式なのである。これは次のように進む。実現された行為HはU_1～U_5という諸原因によって生起したということが判明したとしよう。その場合、同時に、HをU_6～U_{10}までの実現されずに可能性に留まった「不在の諸原因」によって取り囲んで、それらを排してHが生起したという物語を制作する。しかも、「現に起こらなかったもの」をいくら大量に加味しても、それらの総量はゼロである。

　こうして、自由な行為は、S_1によって実現された行為BをH（殺す）と記述すると同時に、それを否定する行為~H（殺さない）をそれに貼りつけることによって成立する。Hに一定の意味Hを付与すると同時に、その否定の意味~Hをも付与して、S_1は行為の瞬間に反対方向に延びていたHと~Hという選択肢を考量して、しかる後にHを選択したという図式を描く。この場合、Hのみが実現され、~Hは実現されなかったのであるから、自然現象ではなく、他の自然現象に何の作用も及ぼすことはない。ここに、自然因果性と自由な行為とは矛盾することなく両立する。両者の違いは、不在を投入して見るか否かという差異なのだ。

　ライプニッツがロックとの仮想の対話において反駁しているように（『人間知性新論』）、ある行為は（無限かどうかは知らないが）膨大な数の原因によって実現されるのであって、球突きの球のようにA→B→C→D……という具合に運動が伝達されて起こるのではない。意志と行為とのあいだには、球突きの球の運動のような実在的因果関係は成立しておらず、それは、まず実現された行為Bkを「右手を上げる」という行為記述Hによって記述し、次にそれと同一の「右手を上げる」という意志記述Wを遡って措定したうえで、WがHを引き起こした、というように、すべてが実在とは遊離した不在のレベルで語っているのである。

行為における一人称問題

以上の考察から見えてくることは、一人称の特権性である。未来の行為が決定されている、という主張に対してぎりぎり譲歩してみよう。しかし、その場合、「決定されている」という表現が有意味なのは未来の行為を〈いま〉行為の当事者ではない者（行為者から見れば他者）が「知っている」ところまでであって、行為の当時者が「知っている」ことは論理的にありえない。私の痛みと他者の痛みのあいだのように、私の行為と他者の行為とのあいだにも絶対的差異性が開かれているのだ。

これを、もし私の未来の行為が完全に決定されていて、かつそれを〈いま〉私が何らかの仕方で完全に知っているとすると、その行為は厳密には私の行為ではなくなる、と言いかえてもいい。合格発表の一〇分前に、私は緊張の面持ちで大学に出かける。そして、合格掲示板まで期待と不安でいっぱいになって走っていき、どきどきしながら掲示板を見上げ、自分の受験番号がないことを認めて、悲嘆にくれる。このすべてを知っていながら、それが決定されていることとはどういうことであろうか？　私は何らかの仕方で「落ちている」ことを知っていながら、このすべてをその通りに実行すること、それは苦痛であると言うより、何か世界のあり方の基本と齟齬をきたしているように思われる。

これは、すでに（第三章第2節で）考察したように、タイムトラベルで過去に戻った者が「戻ったこと」を知っているとすると――過去には「戻った」という意識はなかったのだから――それは過去ではない、という構造と似ている。私はたとえ過去に戻れるとしても、けっしてそのことを知っていてはならない。私はただ五〇年前に戻り、それを知らないまま同じことを繰り返すだけなのだ。

私が未来の自分の行為を知りながら、それが決定されているとすると、――その未来の行為は定義的に「まったくない」のだから――それはもともと「私が知っていることを含む」ということになる。その未来においては、もともと「不合格を知っている」ことが付け加わっているのだから、たとえ、合格発表の一〇分前に、私は緊張の面持ちで大学に出かけるとしても、「不合格を知りながら」そうするのであり、たとえ合格掲示板まで期待と不安でいっぱいになって走っていくとしても、「不合格を知りながら」そうするのであり、たとえどきどきしながら掲示板を見上げるとしても、「不合格を知りながら」そうするのであり、自分の受験番号がないことを認めて悲嘆にくれるとしても、「不合格を知りながら」そうするのである。

私は筋書きを知りながら忠実にそれをたどって演技している者のように行為するであろう。それは、そのすべてをまったく知らずに行為する者の行為とは別のものであろう。この場合、筋書きを外れないように私の意志を強制するものは何であろうか？　私はそのとき、ピストルを突きつけられて遺書を書くような状況にあるのか？　しかし、その場合なら撃たれることを覚悟すれば、私はそれに反することができる。未来は決定されていてかつ私がそれを知っているということは、それさえできないはずなのである。

では、私は反対の可能性を「想像すること」はできるのか？　一〇秒後に私が右手を上げることは決定されていて、かつ私がそれを知っているとき、私は「そうしないこと」を想像できるのか？　私があらかじめ知っているとは「言語的に、文章として」知っていることであるなら（そうであるはずである）想像できるはずであろう。その場合、「右手を上げない」ことを想像はできるが、私はそれを実行できないことになる。これは、ちょうど「私が一〇秒後にビルの屋上から跳び降りると落下する」ことを知ってはいるが、「落下しないで空中に留まっていること」を想像できることと同じであるように思われる。

しかし、そうではない。ここに提示されている問題は「自由意志」に関わるからである。一〇秒後に右手を上げることが決定されていて、かつそれを私が知っているとは、一〇秒経つと右手がひとりでに上がることではない。まして、上げまいと努力しても上がってしまうことではない。まさに、私が自由意志によって上げることなのである。だが、私が一〇秒後に右手を上げることを知っていて、しかも一〇秒後に私が右手を自由意志によって上げる、という状況を想像できるであろうか？　「Eを知っている」こと自体が「Eを自由意志によって実現する」ことに反するのではないか。

このことは、私が（普通の意味で）自分に不利なことを選ぶ場合を考えるとはっきりする。私は試験会場でAが正解と知っていながら、Bを自由意志で選ぶ、そして、その後正解を知って「後悔する」のだ。このすべてはきわめて不合理であって、人間のあり方そのものに反する（狂人の行為である）。あるいは、こう言いかえてもいい。私が明日の午前一〇時に、後にボヤの原因となる「電熱器を消すのを忘れる」としよう。だが、これは決まっているのだから、変えることはできない。これは、不合理であるというより、「不注意をあらかじめ知る」ということが「知る」という文法に反する。次の例はもっとはっきりしている。私が明日いままで心から信頼していた親友Kに裏切られる、ということが決定されていて、かつ私があらかじめそれを知っている、としよう。私が明日Kに突如裏切られることを〈いま〉すでに知っているということは、明日裏切られるまではそれを知らず、そのとき突然知ることであるが、この全体を知っているということは（人間的に）「知る」という文法に反するのである。

このことは、かつて議論されていた「予言破りの自由」のヴァリエーションと言っていい。それは次のものである。決定論者Aに対して、非決定論者Bが、近い未来のBの意志行為に関して具体的に予言してくれと頼む。そのとき、Aが「右手を上げる」と予言すれば、Bはそうしなければいいし、Aが「左足を伸ばす」と予言すれば、Bはそうしなければいい。そして、これが予言できないのなら、決定論は無意味である、という論法である。容易にわかるように、決定論が有効であるためには、「未来の世界状態について具体的に語らないこと」すなわち「知らないこと」が必要であることを示している。AとBという二人の人物が登場してくる必要はない。Bは自分で自分自身の意志行為を予言すれば、そうしないことができてしまうのである。そして、それにもかかわらずAが予言通りのことをすることは、それを「演ずる」ことになるのである。

ベルクソンは、たとえポールがピエールの未来の行為を完全に知っているとしても、ポールが（外側から）それを知っているというのは、それをピエールが（内側から）行為することではない、と言う（『意識に直接与えられたものについての試論』）。未来のある時に、ピエールが怒ることをポールが〈いま〉知っているとしても、いや〈いま〉知っているとすると、ポールはピエールではない。なぜなら、普通ピエール本人は、未来の怒りを知らないはずであるのだから。「明日の午前一〇時半に突如自分が怒ること」をピエール本人が知っていたとすれば、その時間になったときピエールは「怒る」とともに、（他人がそれを知るように）「その怒りが予測通りであると知る」であろう。それは、普通の怒りとは異なったもの、すなわち舞台上の役者のように怒ることである。

こう考えてくると、本人が自分の未来の行為を完全に「知っている」という前提、そしてそれを〈いま〉変えられないという前提が、人間としての基本的あり方、さらにはこの世界の基本的あり方と矛盾することに気がつく。決定論は一人称的行為に挫折することをもって、人間の行為一般に関して、さらには自然一般に関して挫折するのである。

意味付与としての自由意志

これまでの考察を整理してみよう。決定論と自由意志との両立不可能さは、じつは統一的・客観的世界像とそこから排除されたあらゆるパースペクティヴを含めた多元的世界像との両立不可能性であり、さらに、任意の言語を学んだ有機体S_1が二次的自己中心化を達成したとき、統一的・客観的・実在世界から零れ落ちる不在のうち、言語を学んだ有機体Sのうち、唯一「現に体験する」不在を見いだし、同時にS_1以外のあらゆるSfの体験を純粋な不在とみなすときに、生ずるものである。よって、各Sにとって統一的・客観的・実在世界と「私」の自由というように尖鋭化されることになる。

そして、それぞれの「私」にとって、私が自由意志によって右手を上げると語られるとき、そこには物理学的運動としての固有の身体運動Bkが生起している。私はそれにさらに「右手を上げる」という新たな意味Hを付与する（不在①）。そして、同時に、私は「右手を上げないこともできる」というその否定の意味~Hをも付与するのである（不在②）。

すなわち、自由意志のアポリアとは意味付与する作用のアポリアにほかならない。すでに客観的意味が可能的に付与された世界を実在性の基準にすると、意味付与しつつある世界は総じてそこから脱落していく、というより、意味付与された世界の中に吸収されてしまうように思われる。しかし、少なくとも「私の」自由な行為においては、その吸収が挫折するのである。

自由意志を意味付与という観点から記述しなおすと、私はまず与えられた状況CにHと~Hという二項対立的意味を与え、その次に~Hを選択せずにHを選択したという意味を与える。まさに私が完全に自由に世界のうちにHを実現したのである。だが、反省してみればすぐにわかるように、状況Cそれ自体がHと~Hという二項に分岐しているわけではない。私は、まず「Hか~Hか」という二項対立自体をCに意味付与し、次に、その一方を実現したと思い込んでいるだけであって、このすべてが物理学的運動としての身体運動Bkには関わらないことである。

たしかに、この場合、私はHに「右手を上げた」という意味を付与できるが、「左手を上げた」という意味は付与できない、とすると、私の意味付与はBkから独立ではなく、何らかの仕方でBkに依存しているとも思われる。その通りである。しかし、その場合は、私は「右手を上げよう」と意志して、あやまって「左手を上げてしまった」とみなされるのだ。もちろん、「左手を上げた」のも私である。われわれはここでHに（イ）「左手を上げようとして左手を上げた」というこれまで通りの意志＝行為の同一関係を認めると同時に、（ロ）「右手を上げようとしてあやまって左手を上げた」という新たな不同一関係を設定する。この場合、「右手を上げようとした」のは意志ではなく、単なる「心の状態」である。左手が自動的に上がったのでないとすれば、その「心の状態」のもとに、私はやはり「左手を上げようとして左手を上げた」のである。

では、行為が意志通りに実現するとき、行為者は（決定論的）自然法則に反して、未来を変えているのであろうか？　具体的に考えてみよう。私が〈いま〉ピストルの引き金に人差し指を入れた。私は指にわずかに力を入れるだけで眼前の男を射殺できる感じがする。次の瞬間、私が引き金を引くか否かは、完全に私の自由意志に依存しているのであろうか、それとも何らかの意味ですでにどちらかに決定されているのであろうか？　私が〈いま〉実現しようとしている「射殺」は、これまであった「射殺」とは同一ではない指の運動であり、異なる弾丸の運動であり、相手の肉体における作用であるはずである。よって、それは、やはりこれまでなかった新たな実在的運動Bkであって、たとえ私が引き金を引いて相手が死ぬことを確認し、遡ってそれを「射殺」と名づけたとしても、それはBkを「射殺」というこれまでのB_1、B_2、B_3……のクラスへと吸収したものにすぎない。たとえ意志が行為をひき起こしたことが認められるとしても、「引き金を引く」という意志が「引き金を引く」という行為をひき起こし、「射殺する」という意志が「射殺する」という行為をひき起こした、という物語を制作しただけなのであり、それを遡って「決定されていた」とみなすだけなのである。

自由な選択と帰責

こうして、自然因果性と意志の自由は両立し、自由は自然因果性をけっして脅かすことはない。私に〈いま〉与えられているのは、具体的な状況Cであり、それを「これから自分が為す」という相貌で見るとき、私はCに「そこから立ち去ること」と「(そこから立ち去らずに) そこに留まること」という二項対立的意味を与える。そして次に、私は「そこに留まること」によって、それを選択したという意味を付与するのである。このとき、(身体の内部変化はあるであろうが) 物理学的身体運動は静止していて、運動は生じていない。それをB_0と表記すれば、私の身体はB_0であるが、そのB_0に私は「立ち去らずに留まった」という豊かな不在の意味を付与するのだ。そのとき、私は「立ち去らずに留まろう」という内的叫び声 (意志) を聞いていた、というのも事実ではない。そうであることもあり、そうでないこともある。いかにそういう叫び声を聞いても、私は次の瞬間立ち去るかもしれず、いかなる叫び声を聞かなくとも、私はそこに留まり続けるかもしれない。

私の行為は、そのときの心理現象とは原理的に別のものである。むしろ、私は、ロックの言うように、ある「不安定 (uneasiness)」の心的状態にあったと言うべきであろう。それにもかかわらず、一定の行為（そこに留まったこと）の生起とともに、「あとから」その行為を惹き起こした意志（そこに留まろう）という不在の意味を付与するのである。

では、ここで視点を転じて、なぜわれわれは、かくもたやすく自分が〈いま〉端的に自由であると感じてしまうのであろうか？　厳密に言いかえると、Aという選択肢を実現することも実現しないこともできる、という二項対立を形成し、どちらを選ぶかはまったく「私」の自由意志にかかっている、という図式をとってしまうのであろうか？

それはひとえに「帰責」の問題に基づくように思われる。われわれは望まぬ行為に対して「そうしないこともできたはずだ」と思い込み、その主体に責任を追及したいのだ。それはカントの言うような道徳的場面でなくともよいし、大事件でなくてもいい。日常の些細な場面でも、われわれが望まぬ行為を後悔し、その責任を追及するという態度を変えない限り、世界は「自由」という相貌で現れるであろう。ニーチェは次のように語る。

私たちが「生起を理解する」とは、あることが生起したということ、また、それが生起した仕方に対して責任を負うべき主体を、私たちが捏造したということであった。(1)

さらに根源的には、原因を求めること、すなわち、責任を求めることは、われわれが常に「よりよいもの」を選択しようとすることに基づくように思われる。この価値意識がなければ、われわれは後悔をすることも、責任を追及することもありえないであろう。その場合、われわれが眼前の複数の選択肢のうちの一つを取るとしても、他のどれでもよかったのであるから、それはいわば盲目的選択であって、厳密には「選択した」とは言えないであろう。私があるときAを見てBを見なかったという知覚は、普通選択したという感じを伴わないゆえに、そこには統一的・客観的実在世界と私の知覚とのあいだにアポリアは生じない。しかし、私がBを見なかったがゆえに取り返しのつかない失敗をした場合、それは、「私がBを見るべきであったのに、そうしなかった」という当為の文脈に投じられ、私の「Aを見てBを見なかった」という行為に責任追及の網がかけられ、遡ってそのとき私の自由意志が「あった」とみなされるのである。

このように、自由は、「よりよいものを選択しようとした」にもかかわらず、それが失敗することを体験し、それを後悔する（あるいはその責任を追及する）という図式によってわれわれに降りかかる。とすると、自由意志は原理的に「自由であった」というかたちで「あとから」成立するはずであるが、この構造がただちに現在の行為の場面、さらには未来の行為の場面にも拡大して適用されてしまうのだ。私は私自身の行為に関して能動的に意味付与しているという実感を抱く。だが、私は〈いま・ここ〉で与えられた外的・内的刺激に対して「右の道を取る」という意味を付与するのではない。私はまさに「まだ起こっていないこと、起こるであろうこと」に対してあらかじめ〈いま〉意味を付与できる感じがし、その意味をその通りに私の身体を動かすことによって、実現できるような感じがする。〈いま〉私が「自由である」というのは、こうした感じ以外の何ものでもないように思われる。

しかし、状況を正確に見れば、じつのところ、私は「自由である」感じを伴ったその行為を実現してしまうことによって、はじめて「自由であった」ことになるのである。前者だけでは私は自由であるわけではない。〈いま〉私はただ（ロックの言葉を使えば）「不安定」な状態にあるだけである。〈いま〉私は自由であるとも決定されているとも言えず、ただ眼前の光景に知覚的意味と想起的意味とを付与しつつ何ごとかの身体運動をなしつつある。すなわち、ある場合は「右手を上げよう」と言語化して右手を上げ、他の場合は言語化せずに右手を上げるだけである。だが、私がある特定の身体状態を実現することによって、それは過去化され、図式化され、「不安定であった」ことは一挙に「自由であった」ことに変身するのだ。

私が立ち上がろうかどうか逡巡した後に立ち上がってしまえば、私はまさにその自分のなした行為に「立ち上がらないこともできたはずだ」という意味を付与するのであり、座ったままでいれば、「立ち上がることもできたはずだ」という意味を付与するのである。逡巡していたとき、立ち上がることと立ち上がらないことのどちらかが決まっていたわけではない。世界は何も決まっていなかったのである。とはいえ、私が「立ち上がる」ことをもって、次の世界のあり方を決定（創造）したわけではない。私が眼前の知覚世界に意味付与するとき、「無」に自由自在に意味付与しているわけではないように、自分自身の行為でさえ「無」に意味付与しているのではなく、何らかの身体的状態に拘束されて意味を付与する。私はそのとき、私の身体が新たな状態をとりつつあることに対して「立ち上がる」と意味付与するが、そのとたん私は「立ち上がらないこともできたはずだ」という不在の意味付与を（意図せず）招き寄せ、さらには、私はそのとき「立ち上がることも立ち上がらないこともできた」という二項対立図式を、すなわちそのとき私は「自由であった」という意味を（意図せず）呼び寄せるのである。

〈いま〉における根源的自由

こうして、自由意志という「錯覚」の源泉は、過去の行為記述を「自由であった行為」すなわち「他でもありえた行為」という相貌で見ること、そういう意味を付与するところにある。過去は実現した行為と実現せず不在のまま留まった行為という二重の相貌を持っている。だが、未来は現に何ごとも起こっていないのであるから、現に起こったことを「現存在」とし、現に起こったのでないことを「不在」とすること自体が不合理である。あえてそう語るとき、すでに決定論的世界観を投入し、本来総体として不在であるにすぎない未来を、過去と同じく現在するものと不在のものという二重の相貌によってとらえたつもりになってしまう。

われわれは未来に関してもこうした二重の語り方を投影してしまい、まだ実現されていない行為ですら、一方では、あたかも〈いま〉の意志（自由による因果性）によってはじめて決まるかのように語り、他方では、あたかもそれ自体がすでに自然法則（自然因果性）によって決定されているかのように語ってしまうのだ。そのつど新たに湧き出す〈いま〉は、その前のすでに消え去った〈いま〉群から「産み出された」のではない。それが「何から」あるいは「どこから」産み出されるのかは、皆目わからないが、それはこの宇宙におけるまったく新しい事柄なのであり、そうした〈いま〉において、私は根源的に自由なのである。

こうした根源的自由を否定する決定論的世界像は、すでに検討したように、とくに「一人称的自由」をそのうちに採り込めないことが致命的である。一人称においても決定論を貫くには、どうしてもその決定されている世界を「知らない」という前提が必要なのである。こうして、たとえ決定論を認めるとしても、言語を学んだ有機体Sそれぞれが自分の決定された未来を知らないことが論理的に要求される。とすると、決定論者は「行為の遂行者には原理的に知られえない未来が決定されている」と語ることがせいぜいであって、行為終了後にその行為遂行者に向かって、「じつはそれはあらかじめ決定されていた」と語ることができるにすぎない。この語り方は〈いま〉における根源的自由のあり方をいささかも否定することにはならず、ただいかなる自由な意志行為も「じつはあらかじめ決定されていた」かのように生ずるという〈いま〉における世界の相貌にすぎないのである。

結局、決定論と自由意志のアポリア（とされているもの）は、統一的・疑似物体的世界像と、多元的〈いま〉が湧き出す世界像との対立である。前者は、客観的意味を統一的に与える一つの特権的主体（超越論的統覚）とそこからの特権的パースペクティヴを設定するが、後者は、その都度の〈いま〉において自由に意味付与する主体を容認するのである。前者は、客観的世界像に、すなわち世界にはすでに意味が固定的に付着しているという世界像に支えられており、「そこから」見ると、多元的主体が、〈いま〉それぞれ自由に意味付与しているという現場をとらえられないゆえに、これらは総じて「不在」として切り捨てられることになる。しかし、すべてを逆転して、これら多元的能動性に基づく多元的事実こそ世界の真のあり方なのではないのか？　そして、そのとき統一的・客観的世界も、こうした真の実在世界の抽象的一形態としてそのうちに採り込めるのである。

3　心身問題のありか

「心身問題」という疑似問題――心身二元論

本章の最後に、いわゆる「心身問題」について綜合的に考察することにしよう。最初に確認したように、「不在の哲学」の構成、すなわち世界への大幅な「不在」の導入は、主として心身問題を解決（解消）するために設定されている。より正確に言い直せば、心身問題に深く絡みついている哲学の主要問題（アポリア）を、一定の角度から照射するために仕組まれている。とはいえ、このことは「不在」をそれ自体として考究することを妨げない。私見によると、存在と無との狭間にある（両者を含み込む）「不在」を探究することはほぼすべての哲学のテーマに連関するのである。

心身問題の発生源を見いだすのは難しくない。それは、多様な世界に於いて、ある限定された「実在的なもの」を抉り出すところに淵源する。「実在的なもの」は、必然的にそこにまといつく非実在的なもの（＝最広義における不在）を削ぎ落とすことによって成立する。

だが、実在から削ぎ落とされたものは、そのまま無として消滅するわけではなく、いわば不在としていつまでも生き残るのである。

そして、われわれ有機体にとって、実在的なものの最有力候補は固体をはじめ液体と気体を含めた物体である（液体と気体を含めても、議論の根幹に変化はないので、「不在の哲学」では、物体を固体で代表させる）。実在的なものとして物体を抽出すると、まず空間的・時間的パースペクティヴをそこから削ぎ落とさねばならない。過去ないし未来における物体の姿（想起する物体の姿、予期する物体の姿）はさしあたり捨象される。そして、〈いま〉という時においてさえ、われわれの住んでいる世界は可能的に多元なパースペクティヴが生じるようになっており、その可能な視点をある有機体S_1が占めるとパースペクティヴは現実化される。さらにS_1が言語を習得すると、S_1は脱自己中心化し、さらに二次的に自己中心化して、自分自身を他の言語を獲得した有機体群S_fから区別し、「私（心）」を得る。ここに、実在する物体から削除されたはずの不在が「心」という名を得て、第二の実在を主張するようになる。これが、心身問題の発生である。

心身問題は〈いま〉と深く結びついている。なぜなら、「心」とは、観念化される前の〈いま〉に深く結びついているからである。言語を学ぶと、われわれは、何かが根源的に湧き出して、消えて行くこと、そして二度と現実化しないことから眼を逸らし、それに代わってさまざまな人工的構築物を用いて答えようとする。それを〈いま〉という観点から読みかえれば、一方で、湧き出しつつありいまだ固定化されていない〈いま〉の独特のあり方に気づきながらも、それを固定化し、物化した〈いま〉、すなわち、観念としての〈いま〉へと変形し、他方で、〈いま〉ではないあり方（過去およびその延長としての未来）のほうも固定化し、物化したうえで、（現在という）この〈いま〉と（過去という）あの〈いま〉ないし（未来という）あの〈いま〉との関係を問うというかたちにまとめられる。

デカルトの議論では見えにくくなっているが、「私は考える、ゆえに、私はある（cogito, ergo sum）」において、デカルトは「私は考える」に観念以前の〈いま〉を、「私はある」に観念における〈いま〉を配置した。言語を学んだ有機体S_1が「考える」ごとに、すなわち「私は考える」と（心の中で）発話するごとに、そう考えている時はまったく新しく湧き出しつつある〈いま〉でありながら、その〈いま〉は観念としての固定化された〈いま〉へと吸収されてしまい、同時にS_1は「私は考える、ゆえに、私はある」という文章を充たすような「私」へと、すなわち固定的意味を担った自己同一的・疑似物体的な「私」へと吸収されてしまう。S_1は「私は考える」と（心の中で）語るや否や、その「考える主体（私）」が「ゆえに、私はある」の表す「ある主体（私）」と同一の主体であることを認めざるをえない。「私は考える」と（心の中で）語ることによって、語る以前の主体（S_1）から「私はある」という主体へと脱皮せざるをえないのである。

「私は考える、ゆえに、私はある」が哲学の第一原理であるのは、S_1が言語を習得してしまうと、語る前の時へはけっして戻ることができず、それからは言語で語ることができる世界を受け入れるほかない、という原理だという意味である。デカルトは、この第一原理から、直ちに「延長実体（res extensa）」としての物に並ぶ「考える実体（res cogitans）」としての心にたどり着いた。その推論が説得力のないのは、先に述べたように、デカルトは、「私は考える、ゆえに、私はある」という第一原理における「私はある」にすでに疑似物体を読み込んでしまっているからである。私が思惟実体であることは、じつのところ「私はある」においてすでに前提されていることである。

いかに物体と異なったものとして「私」を導入しても、それに特定の名前を付けたとたんに、「私」は「私」という記号の自己同一性に導かれて物体に似た名前だけ異なった自己同一的な擬似物体になってしまう。「私」は確かに自己同一的なものである。だが、すでに考察したように、その自己同一性は独特の性格を持つものなのだ。それは、およそ世界に対象が登場するときに、同時に開かれる無限の可能なパースペクティヴのうち、固有の身体にまといつくパースペクティヴであって、対象の成立とともに、その対象を現在する〈いま〉と不在の〈いま〉との関係においてとらえる限りにおいて自己同一的なものにすぎない。すなわち、「私（心）」とは不在を通じた自己同一的なものであり、それ自体不在であるような自己同一的なものである。言いかえれば、「私」とは、客観的世界における実在的なものを構成する（意味付与する）限りにおいて、そこから排除され「不在」とみなされたパースペクティヴとの相関においてのみ「ある」もの、すなわち実在しないというあり方でのみ「ある」ものなのである。

こうして、実在する物とはまったく異なる不在としての心のあり方を忘却し(無視し)、ひたすら物をモデルにしながら、そのじつ物と心という二つの名前だけ違う自己同一的な擬似物体を認めたうえで、二つのそれぞれ異なった実在するものはいかなる関係にあるのかと問うとき、心身問題という擬似問題が発生するのである。心身問題を「解決」する一つの方向としては、デカルト直後の「機会原因論(occasionaslisme)」やスピノザに典型的であるように、物と心という完全に互いに異種類の二つの実体を結びつけるほどの強力な第三の実体(神)を持ち込むことである。しかし、この解決は、心と物体とを互いに排他的な二実体とみなすという初めの前提が間違っているゆえに、どうしても解決のための解決という空疎なものに留まらざるをえない。

ジェームズの「それ」

もう一つの方向がある。それは、作用と対象、主と客、心と物体という二元論に分かれる以前の「一つ」のものを第一原理に持ってくるというものである。こうした一元論の代表がウィリアム・ジェームズの「根本的経験論(radical empiricism)」である。ジェームズは、物と心を「それ(that)」という共通のもの(純粋経験)から分岐してくるとみなす。

現前、経験とはひとことで言えば、それである——というのも、それが何であるかを決定するまでは、単なるそれとしか呼びようがないからである。このそれが、個人の側では感覚、感情、決心、引導、分類、予期等々から成る一連の流れの最終項として現在において終結し、同様な一連の「内的」作業の初項として未来へと延びている。他方、まったく同じそれが、建築、内装、家具設備、暖房設置などから成る数多くのこれまでの物理的作業の終点であり、物理的な部屋として辿る運命にかかわりを持つ数多くのこれからの作業の始点である。[2]

ジェームズは、心の擬似物体化に陥ることから免れている。心とは「それ」を「心に関する諸事象の一連の流れ」へとまとめ上げたものにすぎない。だが、なぜ私は〈いま・ここ〉にある「それ」を内的観点から「一連の流れ」へとまとめ上げることができるのであろうか？「それが何であるかを決定するまでは、単なるそれとしか呼びようがない」としても、いかにして「それが何であるかを決定」でき、例えば「感覚、感情、決心、引導、分類、予期等々から成る」個人的世界を得ることができるのであろうか？ また、別の観点から「それら」に関係づけて「客観的外的世界」を得ることができるのか？「それ」をさまざまな「それら」に結びつけたら、偶然に、あるいはまったく予期しない仕方で、個人的世界と客観的世界とが形成されたというわけではないであろう。とすると、私は初めから、Aという観点が個人的内的世界を形成する観点であることを知っているのでなければならない。同じように、私は初めからBという観点が「建築、内装、家具設備、暖房設置などから成る」客観的外的世界をつくる観点であることを知っているのでなければならない。

こうして、ジェームズの「それ」はすでに物と心に分岐する可能性をそのうちに含み持つような何かなのである。よって、「それ」は厳密には「一つ」のものではない。ジェームズが、「それ」を文字通り「一つ」とみなすなら、その「一つ」のものから、いかにして多様な世界の基本的区別が出てくるのか、いかにして無限に可能な組み合わせのうちでわれわれが知っているような内的世界と外的世界という基本的区別が成立しえたのかを、論点先取によらずに論証しなければならない。さもなければ、たとえジェームズが「それ」を「純粋経験」と呼ぼうとも、「それ」の中にはこの二元論の基本的区別が初めからことごとく含まれていることになる。「それ」とは、二元論的区別を維持したまま一元論を唱えるためにその一段下に設定された人工的・抽象的な構成物にすぎない。

ただし、ジェームズは、（たぶん彼自身予期しない仕方で）一つの鉱脈を探りあてている。それは、次のような問いから出て来る謎である。有機体S_1が言語を習得すると脱自己中心化が起こり、このS_1を「私」、この時を「いま」という概念によって表した瞬間に、「私」や「いま」は、この「私」以外の他の「私」にも、この「いま」以外の他の「いま」にも適用されうる普遍的な言葉（代名詞や副詞）になってしまう。そこで、S_1は、言語を習得したとたんに、さらにこの「私」やこの「いま」を特徴づける言い回しを求め続ける（二次的自己中心化）。

このことは、これまで論じてきた。だが、二次的自己中心化を推し進めた結果、普遍的「私」ではないこの私を、普遍的「いま」ではないこの「いま」を、抉り出すことができるのであろうか？　むしろ二次的自己中心化は、この「私」とこの「いま」との差異性が消失する領域（まさに「それ」）へと回帰するのではないだろうか？　概念としての「私」以前のこの「私」とこの「いま」が区別されるとすると、体験の差異によるはずであろうが、ここには体験の差異はない。両者をたとえ「この私」や「このいま」と呼んだとしても、これらはふたたびS_1のみならずS_fすべてに適用されうる一般概念である。概念適用以前の「私」と「いま」とを体験的に区別できるような感じがするのは、すでに概念において区別したものを体験に持ち込んだからである。

こうして、二次的自己中心化を推し進めた結果、われわれが手にするものは、ジェームズの言う「それ」だけなのかもしれない。しかし、「不在の哲学」はまさにここにおいてジェームズから離脱する。

自己中心化の根源的事実は「それ」ではなく、「いま」である。その他の基本的指示語である「ここ」や「これ」や「私」もまた、「いま」を二次的に他の系列連関においてとらえ直したものなのである。「Aは〈いま・ここ〉にある」「Bは〈いま・ここ〉にない」「Cは〈いま・そこ〉にある」「Dは〈いま・そこ〉にない」という文章の理解のためには、そう語っている時が〈いま〉であることが前提されている。このことは、「Eは〈さっき・ここ〉にあった」とか「Fは〈やがて・そこ〉にあるだろう」というように、過去形や未来形にするとさらにはっきりするであろう。「ここ」や「そこ」とは、時間の経過にもかかわらず保存される場所として、すなわち、その意味で時間を、すなわち〈いま〉を前提して理解されている。「私」の場合はさらに時間を前提していることが明瞭である。「私」という言葉を理解した者とは、瞬間的に「私＝私」という自己同一性（これは「私」という記号の自己同一性である）を理解した者ではなく、むしろ時間の経過における「私＝私」という自己同一性を理解した者なのである。

大森荘蔵の「重ね描き」

ジェームズとは別に、デカルトに代表される二元論を拒否して、いわゆる一元論を提唱する哲学者は少なくない。その典型はバークレィ、マッハなど「現象一元論（phenomenalism）」と呼ばれるものであり、世界の一次的構造は――ジェームズのような未分化な「それ」ではなくて――初めから分化された、「現象」という唯一のものであり、そこから二次的に主観＝客観、私＝他者、心＝物質、思考＝存在、普遍＝個物などの二元論的装置が枝分かれしてくるとする。

ファイヒンガーの「虚構主義」もこれに連なり、実在は「感覚の過程」だけであり、われわれはその上にさまざまな概念によって（ファイヒンガーの言葉ではないが）非実在的な意味構成体を構築するのであって、これらは客観的妥当性を有しているが、唯一の実在である感覚的過程ではないという意味で虚構にすぎないのである。

さらに、心的でも物的でもない「一つのもの」から心的なものと物的なものが異なった方向へ分岐するという発生学的な一元論も少なくない。ベルクソンの「イマージュ一元論」においては、その「一つのもの」とは「イマージュ」であり、ラッセルの「中性的一元論」においては、その「一つのもの」は「センスデータ」である。

これらの一元論は、（それぞれを詳細に比較検討する余地はないが）外見の相違にもかかわらず、その論理構造は酷似している。すなわち、まず（1）この世界の基本的な構造としての心身二元論をそのまま認めたうえで、（2）次にその「底」に「一つのもの」を想定して、最後に（3）「そこから」心的なものと物質的なものとがいわば反対方向に生じる、という説明方法である。だが、その「一つのもの」は二元論を解消するために持ち込まれたものにすぎないゆえに、いかにしてこの根源的な「一つのもの」がそのままの状態に留まらずに、あるいは三元論、四元論に向かわずに二元論に、しかもまさに心身二元論に枝分かれしていくのかを説明しえないのだ。

大森荘蔵の初期・中期のいわゆる「立ち現われ一元論」はバークレィ流の現象一元論と言っていいが、大森はこれと並んでデカルトの心身二元論を克服するものとして、「一つのものの二通りの記述」という「重ね描き論」を展開している。すなわち、日常言語の「略画」と物理学的言語という「密画」とを重ね合わせること、具体的に言えば、リンゴの表面の「赤さ」という日常言語（略画）と電磁波から大脳中枢に至る物質の微小な構造に及ぶ伝達過程（密画）を重ね合わせることである。これは、先に紹介した「一元論」とは一線を画したものであり、実在のレベルでなく、あくまでも言語表現のレベルでの一元論と言えよう。

だが、この「重ね描き論」もまた、二元的世界を保持したまま、それを解消するために持ち込まれたものにすぎない。世界はもともと多元的パースペクティヴへと拡散する基本構造を持っているかもしれないではないか？　とすれば、世界は二元論によっても、一元論によっても、描き切ることはできないはずであろう。さらに、「密画」にせよ「略画」にせよ、「重ね描き」は肯定的なものを重ね描くことができるだけであるが、言語は肯定的なもののみならず、否定的なもの（現在しないもの・不在のもの）をも語り出す。物理学は「密画」に徹し「略画」を排斥しているということは言えよう。しかし、ここに潜むさらに根本的な問題は、物理学が肯定的なもの、実在にのみ関与し、否定的なもの、「不在」を排除して世界を描き出しているということである。

「二元論」は、実在とはいかにしても重ね描くことのできない「不在」を正面から見すえなければ解消できない。「心」とは、物理学が物体を基準にして実在を決め込むときに脱落した多様なパースペクティヴを、不在として引き取るものであって、それは物理的実体とは独立の固有の領域を形づくっている。よって、物と心との関係はそれらを二つの独立な実体として前提することではなく、等根源的な「一つ」のものから別方向に分岐的に導き出すことでもなく、「二つ」の世界記述の方法として片づけることでもなく、物と心を物という「一つ」の存在と無限に多様な不在としてとらえなおすことである。

物と心との関係は、ある存在物とそれとは別種の存在物との関係なのではなく、ある存在物とそれによって否定されるもの、しかも、それによって無限に否定されるものとの関係なのだ。あえて、ここでヘーゲルの『論理学』第一巻第二章「定有」における「有限性」の中の「規定（Bestimmung）」と「性状（Beschaffenheit）」との差異を参照にして、物と心との関係を考察してみよう。物と心との関係は、「赤」と「赤くない色」との関係と言ってよい。「赤」と「赤くない色」との関係は、二つの積極的に存在する色どうしの関係ではなく、「〜ない」によって関係づけられた存在する色と不在の色との関係である。「規定」とは、「赤」は、「赤ではないあらゆる色」を排斥することによってみずからを実現しているという側面を、そして「性状」は「赤」は「赤ではないあらゆる色」と否定的に関係しているという側面、さらには「赤ではないあらゆる色」をその「うち」に含んでいるという側面を表している。この場合、「青」も「黄色」も「緑」も「赤ではないあらゆる色」のうちの一つにすぎないのだが、「赤」がそれぞれを「赤でない色」と規定するように、「赤」を「青でない色」「黄色でない色」というふうに規定し、それぞれが「赤」と対等に対立しているように振る舞ってしまう。しかし、ここで成立しているのは、「赤」という色だけなのである。

これと同じように、一つの客観的世界に対して、膨大な数の言語を学んだ有機体における膨大な数のパースペクティヴが対応しているのだが、この多数性は一つの客観的世界の否定性(すなわち不在)にすぎない。だが、伝統的二元論は、この多数性の側にも一つの客観的世界に対等に対立する「一つの主観」を打ちたててしまう。そうした後に、客観の側には「延長実体」を、そして主観の側には「思惟実体」という両立不可能な二つの実体を貼り付けるのである。ジェームズや大森をはじめとして、意図的にこうした二元論に反対する「一元論者」も、じつのところ、この二元論の基本構図を崩さないまま、この構図を一元化したにすぎない。すなわち、二つの実在の「手前に」一つの実在を前提したにすぎないのであって、物と心との関係とは一つの存在と膨大な数の不在との関係であることに気づかなかったのである。心が物と並ぶ存在ではないこと、むしろ「無」であることを完全に承知していたサルトルでさえ、その論述をたどっていくうちに、いつしか両者の関係として「存在」と「無という存在」との関係を語り出してしまっているのだ。

心身問題の多様な層

以上見たように、心身の関係は物と物との関係ではないにもかかわらず、それをある物Aと他の物Bとの関係としてとらえてから、両者を橋渡ししようとするときに「問題」として生ずる。これに反対して、物と心を存在と無との関係としてとらえ直そうとしても、無は「心という名の物」に変身してしまい、やはりある物Aと他の物Bとの関係の論理に吸収されてしまうのである。こうした自覚のもとに、あらためて整理してみると、心身問題は多様な層のもとに提示されている。

(A_1) 一つの物とその多様なパースペクティヴとの関係として。

(A_2) 一つの物をめぐるあるパースペクティヴP_1と別のパースペクティヴP_2との関係として。

(A_3) あるパースペクティヴP_1の担い手（身体K_1）と、K_1を見る別のパースペクティヴP_2との関係として。

(B_1) 一つの物と一つの「私」との関係として。

(B_2) 一つの物をめぐるある「私$_1$」と別の「私$_2$」との関係として。

(B_3) ある「私$_1$」の身体（K_1）と、K_1を見る別の「私$_2$」との関係として。

このうち、A_1～A_3は、動物たちが他の動物を観察し合う場面から想定できるように、一般に言語習得以前の有機体どうしの関係である。動物たちは互いの身体を物体として知覚するが、そのさいある犬D_1が他の犬D_2の（大脳を含む）身体K_2をいかに観察するとしても、D_2に開かれているパースペクティヴP_2を知覚すること、体験することはできない。だが、これは哲学固有の心身問題ではない。膨大な数の有機体に多様なパースペクティヴは開かれ、現在地上に棲息している人間に限っても、数十億もの異なったパースペクティヴP_1、P_2、P_3……Pnが開かれている。そして、いかなる有機体も互いのパースペクティヴの中には入れない。このことは根源的事実である。

哲学固有の心身問題は、こうした根源的事実に支えられながら、言語を習得した有機体として、まったく新しい相貌のもとに出現する。一つの有機体S_1が言語を習得し、その言語体系に「私」という言葉をうまくはめ込むことに成功するとき、S_1は有機体としての自己中心化した世界を維持したまま、新たに脱自己中心化した世界を語り出す。「私」という言葉を習得したS_1は、そのつどの湧き出し消えていくかけがえのない〈いま〉において、世界に能動的に意味を付与するのであり、S_1以外の言語を学んだ有機体Sfも同じ能力を持った者として認めるのである。

S_1は、Sfの「世界に意味を付与する」という能動的作用を直接とらえることはできない。

このことが、他者問題に衣替えした心身問題にとって最も根本的問いであるのに、おうおうにして、哲学者たちはA_1〜A_3が提示するような有機体の多元論的構造そのものを問題にしてしまう。それが一元論的世界（その典型は物理主義である）と両立しないことがアポリアを生むと思い込んでいるのだ。もちろん、それを心身問題に含ませることもできる。だが、そのとき、その脳を調べてもそのパースペクティヴからの知覚風景をとらえることはできない、という生理学的レベルのアポリアに留まり（これも難問であるが）、それこそが心身問題と思い込んでしまい、その奥に潜み言語の習得によってはじめて開かれるもう一つのアポリアが見えなくなってしまう。もう一つのアポリアとは、言語を習得した有機体が、自発的・能動的に各視点から世界を意味づけうることであり、しかもその視点が多元的だということである。このことこそ、本来の哲学的な他者問題であるはずであり、これは有機体の多元的構造という原事実から直接に導かれるものではない。

このレベルに視点を固定してみよう。有機体が言語を習得すると脱自己中心化が進行し、みずからを「そと」の視点からとらえることができるようになる。世界に意味付与する能力を持つ「私」という言語を習得するとは、他の同じ能力を持つ「私」を承認することである。世界はいたるところに、「そこ」から意味を付与することができる能動性の穴が開いているものとなる。

ここに、すべての構造が変化していることに注意すべきであろう。もちろん、この「私

（S_1）」からはあの「私（S_2）」の能動性はいかにしても直接見えないのだが、それは単にS_1からは〈いま〉S_2が見ているパースペクティヴP_2からの知覚の対象G_1が見えないという意味ではない。たとえそれがありありと見えたとしても、その「能動性」を把握できないということである。S_2に見えている「赤」とまったく同じ物理的性質をもった（同じ波長の）「赤」をまったく同じ大脳状態において見ているとしても（S_1の眼球をS_2の眼球に無限に近づけることは可能である）、私が意味付与しているのでない限り、それは私の見ている赤ではなく、他の能動的主体すなわち他者の見ている赤なのである。

こうして、本来の（哲学的）心身問題とは、他の有機体S_fがこの有機体S_1とは別の視点から世界を（受動的に）見ているという事実ではなく、言語を学んだ他の有機体S_fが言語を学んだこの有機体S_1（すなわち「私」）とは別の視点から世界に（能動的に）意味付与しているという事実なのである。

湧き出す〈いま〉の神秘

こうして心身問題というアポリアは、あらゆる哲学的アポリアと同様に、湧き出す〈いま〉と観念としての〈いま〉の「あいだ」に、跳び越しえない間隙が開かれていることに帰着する。湧き出す〈いま〉を忘却して、観念としての〈いま〉によって世界を覆い尽くそうとするとき、あらゆる哲学上のアポリアが発生するのだ。湧き出す〈いま〉とは、言語を学んだ有機体が世界を意味づけつつあり、同時にいわばその反対側に、「私」を生じさせつつある動的現場である。観念としての〈いま〉とは、すでに意味づけられた世界が開かれている静的現場であり、そこにおいてあらゆる意味はすでに確定されているとみなされている。各有機体は、世界にこびりついたそれぞれの意味をただ受容するだけなのである。S_1とS_2とでは視点が異なるだけであって、位置を交換すれば、それぞれ（ほぼ）同じ光景を見ることができるのだ。

しかし、この図式から完全に零れ落ちている事象がある。それは、私が世界に意味を付与しつつある時としての〈いま〉である。その〈いま〉において、世界における多様な意味はまだ確定しておらず、私は、まったく能動的に意味を付与するのだ。しかし、ほとんどの場合、この能動作用は、きわめて安定的に見える意味によって隠蔽され、私は世界にこびりついた意味をただ受容しているだけであるかのように思われてしまう。赤い色を見るとは「赤い」色を受容することであり、リンゴを見るとは「リンゴ」という名の果物を受容することである、というふうに。しかし、そうではない。いかに熟知した意味でも、私がそのつど新たに意味付与することなしには、私はそれを知覚できない。〈いま〉世界にこびりついた意味としての赤（一定の波長の電磁波）が私の網膜を撃ったとしても、私がそのつどそれを「赤い」と能動的に意味付与することなしには、赤い知覚は生じない。

知覚の因果説とは、新たに湧き出しつつあるこの〈いま〉におけるある現象（例えば

「赤」を、すでに意味が与えられたこれまでの〈いま〉における現象の集合から、「ひき起こされたもの」とみなそうという試みである。しかし、電磁波→瞳孔→知覚中枢→「赤」という因果関係において、最終項の「赤」は、湧き出しつつある〈いま〉に属するのであり、その〈いま〉において「私」が一定の刺激に対して「赤」という知覚的意味を能動的に付与しつつあるのであって、こうした受動と能動とが協働しているところの湧き出す〈いま〉の動的現場を、かつての〈いま〉における観念の集合から導き出すことはできない。

デカルトは、神が新たな〈いま〉を連続的に創造しつつ、その前の〈いま〉を絶えず破壊し続けているとした。これはいかにも荒唐無稽なお話であるが、としても新たな〈いま〉が絶えず湧き出すことは事実であり、それが「どこから」湧き出すのか、皆目わからない。そこで、哲学者たちは、新たな〈いま〉における現象は「これまで」から「ひき起こされる」とするのだが、そこに見られるのは「これまで」の現象が消えて、それに代わって新たな現象が生じ、両者の関係がこれまで規則的だった、ということだけである。〈いま〉刻々と新たなこと（新たな「刺激＝赤」）が湧き出していることが、すでに意味づけられたこと（「観念＝赤」）だけから成る世界においては、不思議なことになるのだ。

根源的現在としての〈いま〉とは、絶え間なく新たなことが湧き出し消えて行く現場である。いかに精緻な予測が行われても、そしてたとえそれが的中しても、新たな現実を産み出すのは、自然法則（自然因果性）でもわれわれの意識でもない。新たな世界は「どこから」ともなく、「何によって」でもなく湧き出してくる。われわれはこれをまさに「根源的事実」として認めるほかないのである。こうして、（いわゆる）心身問題もまた、物理学を背景にした統一的・疑似物体的世界像とそれぞれの〈いま〉の湧き出しにおいて新たに意味も湧き出すという多元的世界像との対立と見なすことができる。そして、この対立は、自由の場合と同様、とくに一人称において尖鋭化されるのである。

じつのところ、心身問題とは、〈いま〉まさに新たに生じている「刺激＝赤」と、固定化された意味としての「観念＝赤」（その複雑な記述が、電磁波→瞳孔→知覚中枢である）との関係の問題なのであって、前者が「心」の側に、後者が「物」の側に配置される。湧き出す〈いま〉と観念としての〈いま〉との差異は、意味を付与しつつある事態とすでに意味が付与されている事態との根源的差異であり、あらゆる二元論と同様に、心身問題もまたこの根源的二元論に帰着する。これは、ベルクソンに倣えば、純粋持続と線としての時間の関係、あるいは運動とその軌跡との関係であって、現に生起している運動はいかにしてもその軌跡からは再構成できないのである。

一方で、物理学が描く世界を「実在」とし、そのつど湧き出しつつある〈いま〉を不在とみなせば、整合的な客観的世界は実在を獲得するが、それは私に開かれているすべての光景とは無縁の世界であろう。他方で、湧き出しつつある〈いま〉のみを実在とみなすと、客観的世界は総じて不在となり、せいぜい統一的な意味構成体にすぎなくなるであろう。すなわち、両者の関係は、存在する二種類の物（実体）のあいだの関係なのではなく、存在と不在との関係、言いかえれば、世界にすでに固定された意味（観念）が成立している〈いま〉と私が新たに湧き出すものに対して能動的に意味付与する〈いま〉という二重の〈いま〉の関係なのである。

終章　不在と無

最後に、不在の哲学は、「無」をいかに扱うのかを語っておこう。「序章」でわずかに触れたきり、その後の各章では「無」にいっさい触れなかった。そのわけは、普通われわれが無と呼んでいるものは、そう呼べる限り、何らかの視点を前提しており、よって不在の一種にすぎないからである。では、われわれは無を何も知らないのか？　いや、そうではないであろう。われわれは未来という概念、とくに「（私の）死」ないし「（私の）死後」という概念の裏に「無」を嗅ぎつけている。われわれが「すでにない」と語る過去は〈いま〉という視点からの何ものかであり、言いかえれば概念の「そと」の何ものかを指示しているのであって、不在の典型であると言えよう。しかし、われわれが「まだない」と語る未来は、これとはまったく異なり、何ものでもないという意味をすでに含み、概念の「そと」はまさに文字通りの「無」なのだ。

そうした魂胆から、本書では「無」を未来を表す特権的用語として取っておいたのである。私が死後、「無に帰する」とはいかなることか？ これは、一見単純に答えられるようでいて、なかなか答えにくい問いである。第一に、それは私のあらゆる体験を超えるものであるから、そして第二に、他人は「私の死」を私の不在としてとらえることができるのだが、いったいそれは「私の死」なのかという問題が口を開いてくる。すなわち、言語を学んだ有機体S_1は、脱自己中心化することによって、「そと」の視点を獲得するのだが、さらに二次的に自己中心化して、「うち」の視点をも獲得する。S_1はこうした自己回帰によって、他の言語を学んだ有機体Sfを能動的意味作用の主体という特有な「そと」である「他者」として承認してしまうのだ。「私の死」とは、他者とのこの絶対的な間隙が露わになる独特の現象である。

サルトルによれば、「死」は私のあり方（現存在）とは何の関係もなく、他人のみが「J・P・サルトルの死」を有意味に語りうる。彼は死ぬことによって「私」という存在から逃れ出て、「J・P・サルトルの死」という形で、その存在を他人に明け渡すのだ。ということは、「私の死」という語り方は、「彼の死」を不用意に自分自身に適用した用法、すなわち誤用なのである。

死者であるとは、生者たちの餌食となることである。(1)

確かに「私（対自）」は、死後「生者の餌食」になるであろう。しかし、このことは「私の死」が無意味になることではない。他人が私の死後「私の死」について語ることが無意味でないように、〈いま〉「私」が「私の死」について語ることは無意味ではない。さらに、他人が私の死後「私の死」について語るであろうと推量することも無意味ではない。しかし、このすべては不在であり、不在のヴァリエーションにすぎないのだ。「無」には一歩も近づいていないのである。

「無」とは、こうしてさしあたり不在の否定性として理解できる。それは、不在からあらゆる視点を除いたものである。未来の現象は「無」なのであるが、われわれはそれを予測・予想・予期の対象と取り違えることによって、「まだない」不在とみなしてしまう。しかし、未来とはこうした心の作用の対象ではないことはじつは誰でも知っている。未来の現象とは、それが実現されることによって、その（未来という）あり方が消えてしまうようなあり方である。それは、永遠に「未来だった」と語れるのみの過去を介したあり方でしかない。未来そのものとは、端的に無なのである。

「私の死」も同じである。しかも、恐るべきことに、私のこれまでの体験のすべてが不在であるような統一的・客観的世界において私は死ぬのだ。私は言語を学ぶことによって、自分が不在であることを学び、その不在の自分がさらに死ぬことも学んだのである。しかし、統一的・客観的・実在世界そのものがじつのところ仮象なのではないのか？　とすると、その世界に対抗して不在の統一として私が存在していたこともまた仮象なのではないか？　世界の実相は、私が学び教えられたものとはまったく異なった姿のものかもしれない。こうした世界の中において「私が死ぬ」とはいかなることなのか？　それは、視点を有する不在から視点を有さない「無」への移行とすら言えないものではないのか？　たとえ私が「私の死」を「無」と呼んでも、私は「無という表象」を、すなわち、やはり一種の不在を表象することができるのみである。私が「無になる」ということは、私がこれまで学んだ言語の枠を完全に超えることであり、語ることも、予期することも、予感することさえできない、想像を絶した新しいことなのではないのか？

註

序章

(1)『人知原理論』大槻春彦訳、岩波文庫、一七ページ

第一章

(1)『物質と記憶』合田正人・松本力訳、ちくま学芸文庫、一五ページ
(2)『存在と無』I、松浪信三郎訳、ちくま学芸文庫、二五一ページ
(3)『イデーン』I―I、渡辺二郎訳、みすず書房、一八五ページ
(4)『内的時間意識の現象学』立松弘孝訳、みすず書房、六一ページ
(5)『物質と記憶』前掲、一五ページ
(6)同書、八九ページ
(7)『人知原理論』前掲、四五ページ

第二章

(1)『自然学』出隆・岩崎允胤訳、岩波書店、一七〇ページ
(2)同書、一七〇～一七一ページ

(3) 同書、一七〇ページ
(4) 同書、一七三ページ
(5) 同書、一七三ページ
(6) 『イデーン』I—I、前掲、一九七ページ
(7) 『時間は実在するか』講談社現代新書、二一三ページ
(8) *The Nature of Existence, Cambridge University* Press, 1921, p. 11
(9) 『内的時間意識の現象学』前掲、七二ページ
(10) 同書、六〇ページ
(11) 『告白』『世界の大思想』3、今泉三良・村治能就訳、河出書房、三〇七ページ
(12) 『内的時間意識の現象学』前掲、五三ページ
(13) 『世界・自我・時間』新田義弘・小池稔訳、国文社、一六六ページ
(14) 同書、一七七ページ
(15) 『内的時間意識の現象学』前掲、七〇ページ
(16) 『世界・自我・時間』前掲、一六一ページ
(17) 『生きられる時間』I、中江育生・清水誠訳、みすず書房、二一六ページ

第三章

(1) 『告白』前掲、三〇二ページ
(2) 『人知原理論』前掲、一七ページ

(3)『カントと形而上学の問題』木場深定訳、理想社、二〇七ページ
(4) 同書、二〇七ページ
(5)『物質と記憶』前掲、二一五ページ
(6)『内的時間意識の現象学』前掲、七七ページ
(7)『純粋理性批判』上、原佑訳、平凡社ライブラリー、三九一ページ
(8)『内的時間意識の現象学』前掲、八七ページ

第四章

(1)『哲学原理』山田弘明他訳、ちくま学芸文庫、八八〜八九ページ
(2) 同書、八八ページ
(3)『省察』山田弘明訳、ちくま学芸文庫、三五ページ
(4)『現象学の理念』立松弘孝訳、みすず書房、七六ページ
(5)『精神現象学』上、樫山欽四郎訳、平凡社ライブラリー、一二六〜一二七ページ
(6)『純粋理性批判』上、前掲、四四五ページ
(7) 同書、二九六ページ
(8)「『われわれが考えることは経験であるか?』という問いへの答え」『カント全集』第十六巻、尾崎達雄訳、理想社、一九四ページ
(9)『純粋理性批判』中、原佑訳、平凡社ライブラリー、一〇九ページ
(10)『存在と無』I、前掲、二三四ページ

(11)『個体と主語』中村秀吉訳、みすず書房、一三二ページ
(12) 同書、一三二ページ

第五章

(1)『純粋理性批判』中、前掲、二九七ページ
(2)『純粋理性批判』上、前掲、四〇二ページ
(3)『純粋理性批判』上、前掲、五〇ページ
(4)『エンチュクロペディー』樫山欽四郎他訳、『世界の大思想』15、河出書房新社、二〇九～二一〇ページ
(5) 同書、二一一ページ
(6)『純粋理性批判』中、前掲、一八七ページ
(7)『純粋理性批判』上、前掲、二七二ページ
(8)『純粋理性批判』中、前掲、九二ページ
(9) 同書、七六～七七ページ
(10) 同書、一三〇ページ
(11)『プロレゴメナ』篠田英雄訳、岩波文庫、一七八ページ
(12)『純粋理性批判』中、前掲、一三二～一三三ページ
(13)『純粋理性批判』上、前掲、三〇五～三〇六ページ、
(14)『純粋理性批判』中、前掲、七八ページ

第六章

（1）『権力への意志』下、原佑訳、ちくま学芸文庫、八二～八三ページ

（2）『純粋経験の哲学』伊藤邦武編訳、岩波文庫、二一ページ

終章

（1）『存在と無』Ⅲ、松浪信三郎、ちくま学芸文庫、二八八ページ

あとがき

古希を目前に控え（これも一種の仮象なのだけれど）、これまで考えてきたことをまとめようと決心し、いざ取りかかったものの、キーワードは「不在」と決まっておりながら、おそろしく筆は進まない。老化現象そのものであり、そこで、私は途中から方針を転換し、無理に「まとめる」ことを断念して、繰り返し襲ってくるテーマと格闘する現場を示すものを書くことにした。だから、私は本書で新しい理論を打ち立てたわけではなく、ただ自分に関心のある哲学の諸問題を「不在」という光で照らし出しただけである。それにより多少見通しのいい光景が開かれれば、それでいいと思っている。とにかく、古希に至る前にぎりぎりセーフで刊行できて、よかったと思っている。

なお、これにより、客観的世界は「ない」という実感がいままでよりいっそう強まったのであるから、これこそ（私にとって）大きな成果と言えよう。とはいえ、最大の問題は、さらに先送りとなった。それは、不在から無へ視線を移すことであり、無としての未来に、なかんずく「死」という無としての未来に切り込むことである。私が死んでも後に残す世界は「ない」ことまではわかった。それだけでずいぶん気持ちが楽になった。私が死ぬとき、私は「客観的世界」という名の仮象をあとにするだけなのである。しかし、だからといって、私は真の実在世界に突入するとは限らない。幻から幻へ、無から無へという移行もありうるのだから。あと数年生きて思考することが許されるなら、今度こそは「無」に挑もうと思う。

本書のテーマは、すでに書いた二冊の拙著、『明るいニヒリズム』（PHP文庫）と『生き生きした過去』（河出書房新社）で扱ったテーマの延長線上にある。とはいえ、本書において、そのころよりは（数段とはいかなくても）一、二段は向上したつもりであるので、併せて読んでいただければ幸いである。

今度も（三回目）、編集者の天野裕子さんにお世話になりました。簡明とは言えない内容を正確に理解し、手際よく一冊の本に仕上げる手腕に感心し、ここにあらためて感謝の意を表します。

二〇一五年　師走一日

未来があるかのような語り方をすれば、「今年もあと少し」

中島義道

本書は「ちくま学芸文庫」のために書下ろされたものである。

言葉とは何か　丸山圭三郎

言語学・記号学についての優れた入門書。ソシュール研究の泰斗が、平易な語り口で言葉の謎に迫る。術語・人物解説、図書案内付き。（中尾浩）

ニーチェは、今日？　デリダ／ドゥルーズ／リオタール／クロソウスキー　林好雄ほか訳

クロソウスキーの〈陰謀〉、リオタールの〈メタモルフォーズ〉、ドゥルーズの〈脱領土化〉、デリダの〈脱構築的読解〉の白熱した討論。

ニーチェ　オンフレ／ロワ　國分功一郎訳

現代哲学の扉をあけた哲学者ニーチェ。激烈な思想に似つかわしくも激しいその生涯を描く。フランス発のオールカラー・グラフィック・ノベル。

宗教の理論　ジョルジュ・バタイユ　湯浅博雄訳

聖なるものの誕生から衰滅までをつきつめ、宗教の根源的核心に迫る。文学、芸術、哲学、そして人間にとって宗教の〈理論〉とは何なのか。

空間の詩学　ガストン・バシュラール　岩村行雄訳

家、宇宙、貝殻など、さまざまな空間が喚起する詩的イメージ。新たなる想像力の現象学を提唱し、人間の夢想に迫るバシュラール詩学の頂点。

リキッド・モダニティを読みとく　ジグムント・バウマン　酒井邦秀訳

変わらぬ確かなものなどもはや何一つない現代世界。社会学の泰斗が身近な出来事や世相から〈液状化〉の具体相に迫る真摯で痛切な論考。文庫オリジナル。

世界リスク社会論　ウルリッヒ・ベック　島村賢一訳

迫りくるリスクは我々から何を奪い、何をもたらすのか。『危険社会』の著者が、近代社会の根本原理をくつがえすリスクの本質と可能性に迫る。

民主主義の革命　エルネスト・ラクラウ／シャンタル・ムフ　西永亮／千葉眞訳

グラムシ、デリダらの思想を摂取し、根源的で複数的なデモクラシーへ向けて、新たなヘゲモニー概念を提示した、ポスト・マルクス主義の代表作。

こどもたちに語るポストモダン　J＝F・リオタール　管啓次郎訳

〈普遍的物語〉の終焉を主張しポストモダンを提唱した著者が、アドルノ、ベンヤミンらを想起し、知のアヴァンギャルドたることを説く10の通信。

人間の条件　ハンナ・アレント　志水速雄訳

人間の活動的生活を《労働》《仕事》《活動》の三側面から考察し、《労働》優位の近代世界を思想史的に批判したアレントの主著。（阿部齊）

革命について　ハンナ・アレント　志水速雄訳

《自由の創設》をキイ概念としてアメリカとヨーロッパの二つの革命を比較・考察し、その最良の精神を二〇世紀の惨状から救い出す。（川崎修）

暗い時代の人々　ハンナ・アレント　阿部齊訳

自由が著しく損なわれた時代を自らの意思に従い行動し、生きた人々。政治・芸術・哲学への鋭い示唆を含み描かれる普遍的人間論。（村井洋）

資本論を読む（全3巻）　ルイ・アルチュセール他　今村仁司訳

マルクスのテクストを構造論的に把握して画期をなした論集。のちに二分冊化されて刊行された共同研究（一九六五年）の初版形態の完訳。

資本論を読む　上　ルイ・アルチュセール他　今村仁司訳

アルチュセール、ランシエール、マシュレーの論文を収録。古典経済学の「問い」の構造を問い直し、『資本論』で初めて達成された「科学的認識」を剔抉。

資本論を読む　中　ルイ・アルチュセール他　今村仁司訳

アルチュセール「『資本論』の対象」を収録。マルクスのテクストが解析した「対象」の構造を明かし、イデオロギー的歴史主義からの解放を試みる。

資本論を読む　下　ルイ・アルチュセール他　今村仁司訳

マルクス思想の《構造論》的解釈の大冊、完結。バリバール「史的唯物論の根本概念について」、エスタブレ「『資本論』プランの考察」を収載。

哲学について　ルイ・アルチュセール　今村仁司訳

カトリシズムの救済の理念とマルクス主義の解放の思想との統合をめざしフランス現代思想を領導した孤高の哲学者。その到達点を示す歴史的文献。

スタンツェ　ジョルジョ・アガンベン　岡田温司訳

西洋文化の豊饒なイメージの宝庫を自在に横切り、愛・言葉そして喪失の想像力が表象に与えた役割をたどる。21世紀を牽引する哲学者の博覧強記。

プラトンに関する十一章　アラン　森進一訳

『幸福論』が広く静かに読み継がれているモラリスト、アラン。卓越した哲学教師でもあった彼が平易かつ明快にプラトン哲学の精髄を説いた名著。

コンヴィヴィアリティのための道具　イヴァン・イリイチ　渡辺京二／渡辺梨佐訳

破滅に向かう現代文明の大転換はまだ可能だ！　人間本来の自由と創造性が最大限活かされる社会をどう作るか。イリイチが遺した不朽のマニフェスト。

重力と恩寵　シモーヌ・ヴェイユ　田辺保訳

「重力」に似たものから、どのようにして免れればよいのか……ただ「恩寵」によって。苛烈な自己無化への意志に貫れた、独自の思索の断想集。ティボン編。

ヴェーユの哲学講義　シモーヌ・ヴェーユ　渡辺一民／川村孝則訳

心理学にはじまり意識・国家・身体を考察するリセ最高学年哲学学級で一年にわたり行われた独創的かつ自由な講義の記録。ヴェーユの思想の原点。

工場日記　シモーヌ・ヴェイユ　田辺保訳

人間のありのままの姿を知り、愛し、そこで生きたい――女工となった哲学者が、極限の状況で自己犠牲と献身について考え抜き、克明に綴った、魂の記録。

論理哲学論考　L・ウィトゲンシュタイン　中平浩司訳

世界を思考の限界にまで分析し、伝統的な哲学問題すべてを解消する――二〇世紀哲学を決定づけた著者の野心作。生前刊行した唯一の哲学書。新訳。

青色本　L・ウィトゲンシュタイン　大森荘蔵訳

「語の意味とは何か」。端的な問いかけで始まるこのコンパクトな書は、初めて読むウィトゲンシュタインとして最適な一冊。（野矢茂樹）

法の概念〔第3版〕　H・L・A・ハート　長谷部恭男訳

法とは何か。ルールの秩序という観念でこの難問に立ち向かい、法哲学の新たな地平を拓いた名著。批判に応える「後記」を含め、平明な新訳でおくる。

解釈としての社会批判　マイケル・ウォルツァー　大川正彦／川本隆史訳

社会の不正を糺すのに、普遍的な道徳を振りかざすだけでは有効でない。暮らしに根ざしながら同時にラディカルな批判が必要だ。その可能性を探究する。

マラルメ論
ジャン=ポール・サルトル
渡辺守章／平井啓之訳
思考の極北で〈存在〉そのものを問い直す形而上学的〈劇〉を生きた詩人マラルメ――固有の方法的批判により文学の存立の根拠をも問う白熱の論考。

存在と無（全3巻）
ジャン=ポール・サルトル
松浪信三郎訳
人間の意識の在り方（実存）をきわめて詳細に分析し、存在と無の弁証法を問い究め、実存主義を確立した不朽の名著。現代思想の原点。

存在と無 I
ジャン=ポール・サルトル
松浪信三郎訳
I巻は、「即自」と「対自」が峻別される緒論「存在の探求」から、「対自」としての意識の基本的在り方が論じられる第二部「対自存在」まで収録。

存在と無 II
ジャン=ポール・サルトル
松浪信三郎訳
II巻は、第三部「対他存在」を収録。私と他者との相剋関係を論じた「まなざし」論をはじめ、愛、憎悪、マゾヒズム、サディズムなど具体的な他者論を展開。

存在と無 III
ジャン=ポール・サルトル
松浪信三郎訳
III巻は、第四部「持つ」「為す」「ある」を収録。この三つの基本的カテゴリーとの関連で人間の行動を分析し、絶対的自由を提唱。（北村晋）

公共哲学
マイケル・サンデル
鬼澤忍訳
経済格差、安楽死の幇助、市場の役割など、私達が現代の問題を考えるのに必要な思想とは？ハーバード大講義で話題のサンデル教授の主著、初邦訳。

パルチザンの理論
カール・シュミット
新田邦夫訳
二〇世紀の戦争を特徴づける「絶対的な敵」殲滅の思想の端緒を、レーニン・毛沢東らの《パルチザン》戦争という形態のなかに見出した画期的論考。

政治思想論集
カール・シュミット
服部平治／宮本盛太郎訳
現代新たな角度で脚光をあびる政治哲学の巨人が、その思想の核を明かしたテクストを精選して収録。権力の源泉や限界といった基礎もわかる名論文集。

神秘学概論
ルドルフ・シュタイナー
高橋巖訳
宇宙論、人間論、進化の法則と意識の発達史を綴り、シュタイナー思想の根幹を展開する――四大主著の一冊、渾身の訳し下し。（笠井叡）

自然権と歴史

レオ・シュトラウス
塚崎智／石崎嘉彦訳

自然権の否定こそが現代の深刻なニヒリズムをもたらした。古代ギリシアから近代に至る思想史を大胆に読み直し、自然権論の復権をはかる20世紀の名著。

生活世界の構造

アルフレッド・シュッツ／トーマス・ルックマン
那須壽監訳

「事象そのものへ」という現象学の理念を社会学研究で実践し、日常を生きる「普通の人びと」の視点から日常生活世界の「自明性」を究明した名著。

悲劇の死

ジョージ・スタイナー
喜志哲雄／蜂谷昭雄訳

現実の「悲劇」性が世界をおおい尽くしたとき、劇形式としての悲劇は死を迎えた。二〇世紀の悲惨を目のあたりにして描く、壮大な文明批評。

哲学ファンタジー

レイモンド・スマリヤン
高橋昌一郎訳

論理学の鬼才が、軽妙な語り口ながら、切れ味抜群の思考法で哲学から論理学まで広く論じた対話篇。哲学することの魅力を堪能しつつ、思考を鍛える！

反解釈

スーザン・ソンタグ
高橋康也他訳

《解釈》を偏重する在来の批評に対し、《形式》を感受する官能美学の必要性をとき、理性や合理主義に対する感性の復権を唱えたマニフェスト。

言葉にのって

ジャック・デリダ
林好雄／森本和夫／本間邦雄訳

自らの生涯をたどり直しながら、現象学やマルクスとの関係、嘘、赦し、歓待などのテーマについて肉声で語った、デリダ思想の到達点。本邦初訳。

声と現象

ジャック・デリダ
林好雄訳

フッサール『論理学研究』の綿密な読解を通して、「脱構築」「痕跡」「差延」「代補」「エクリチュール」など、デリダ思想の中心的〝操作子〟を生み出す。

省察

ルネ・デカルト
山田弘明訳

徹底した懐疑の積み重ねから、確実な知識を探り世界を証明づける。哲学入門者が最初に読むべき、近代哲学の源泉たる一冊。詳細な解説付新訳。

哲学原理

ルネ・デカルト
山田弘明／吉田健太郎／久保田進一／岩佐宣明訳・注解

『省察』刊行後、その知のすべてが記された本書は、デカルト形而上学の最終形態といえる。第一部の新訳と解題・詳細な解説を付す決定版。

フーコー・コレクション
（全6巻＋ガイドブック）
ミシェル・フーコー
小林康夫／石田英敬／
松浦寿輝編

20世紀最大の思想家フーコーの活動を網羅した『ミシェル・フーコー思考集成』。その多岐にわたる思考のエッセンスをテーマ別に集約する。

フーコー・コレクション1
狂気・理性
ミシェル・フーコー
小林康夫／石田英敬／
松浦寿輝編

第1巻は、西欧の理性がいかに狂気を切りわけてきたかという最初期の問題系をテーマとする諸論考。〝心理学者〟としての顔に迫る。（小林康夫）

フーコー・コレクション2
文学・侵犯
ミシェル・フーコー
小林康夫／石田英敬／
松浦寿輝編

狂気と表裏をなす「不在」の経験として、文学がフーコーによって読み解かれる。人間の境界＝極限を、その言語活動に探る文学論。（小林康夫）

フーコー・コレクション3
言説・表象
ミシェル・フーコー
小林康夫／石田英敬／
松浦寿輝編

ディスクール分析を通しフーコー思想の重要概念も精緻化されていく。『言葉と物』から『知の考古学』へ研ぎ澄まされる方法論。（松浦寿輝）

フーコー・コレクション4
権力・監禁
ミシェル・フーコー
小林康夫／石田英敬／
松浦寿輝編

政治への参加とともに、フーコーの主題として「権力」の問題が急浮上する。規律社会に張り巡らされた巧妙なるメカニズムを解明する。（松浦寿輝）

フーコー・コレクション5
性・真理
ミシェル・フーコー
小林康夫／石田英敬／
松浦寿輝編

どのようにして、人間の真理が〈性〉にあるとされてきたのか。欲望的主体の系譜を遡り、「自己の技法」の主題へと繋がる論考群。（石田英敬）

フーコー・コレクション6
生政治・統治
ミシェル・フーコー
小林康夫／石田英敬／
松浦寿輝編

西洋近代の政治機構を、領土・人口・治安など、権力論から再定義する。近年明らかにされてきたフーコー最晩年の問題群を読む。（石田英敬）

フーコー・コレクション
フーコー・ガイドブック
ミシェル・フーコー
小林康夫／石田英敬／
松浦寿輝編

20世紀の知の巨人フーコーは何を考えたのか。主要著作の内容紹介・本人による講義要旨・詳細な年譜で、その思考の全貌を一冊に完全集約！

わたしは花火師です
ミシェル・フーコー
中山元訳

自らの軌跡を精神病理学と文学との関係で率直に語った表題作を始め、フーコー中期の貴重な肉声を伝えるオリジナル編集のインタヴュー・講演集。

ちくま学芸文庫

不在《ふざい》の哲学《てつがく》

二〇一六年二月十日　第一刷発行

著　者　中島義道（なかじま・よしみち）
発行者　山野浩一
発行所　株式会社　筑摩書房
東京都台東区蔵前二―五―三　〒一一一―八七五五
振替〇〇一六〇―八―四一二三
装幀者　安野光雅
印刷所　明和印刷株式会社
製本所　株式会社積信堂

乱丁・落丁本の場合は、左記宛にご送付下さい。
送料小社負担でお取り替えいたします。
ご注文・お問い合わせも左記へお願いします。
筑摩書房サービスセンター
埼玉県さいたま市北区櫛引町二―六〇四　〒三三一―八五〇七
電話番号　〇四八―六五一―〇〇五三

ISBN978-4-480-09721-7 C0110